빛으로 그리는
신인왕제색도

빛으로 그리는
신인왕제색도

1판 1쇄 찍음 2010년 12월 10일
1판 1쇄 펴냄 2010년 12월 15일

지은이 이갑수
찍은이 도진호

주간 김현숙
편집 변효현, 김주희
디자인 이현정, 전미혜
영업 백국현, 도진호
관리 김옥연

펴낸곳 궁리출판
펴낸이 이갑수

등록 1999. 3. 29. 제300-2004-162호
주소 110-043 서울시 종로구 통인동 31-4 우남빌딩 2층
전화 02-734-6591~3
팩스 02-734-6554
E-mail kungree@kungree.com
홈페이지 www.kungree.com

ⓒ 도진호, 이갑수, 2010. Printed in Seoul, Korea.

ISBN 978-89-5820-202-8   03810

값 18,000원

빛으로 그리는
신인왕제색도

도진호 사진 | 이갑수 글

궁리
KungRee

| 책머리에 |

웨인 왕의 영화 〈스모크(Smoke)〉(1995)에서 브루클린의 담배가게 주인인 오기 렌(하비 케이틀)은 13년 동안 매일 아침마다 자신의 가게 앞에 삼각대를 세워놓고 길거리 반대쪽을 촬영한다. 단골손님인 소설가 폴(윌리엄 허트)은 아내를 잃은 뒤 그 아픔 때문에 소설을 한 줄도 쓰지 못하고 괴로워한다. 영화 막바지에 폴은 오기의 집에서 그가 찍은 사진을 인화한 앨범을 보게 된다. 폴은 앨범을 천천히 넘기면서 사진을 보다가 길거리를 바쁘게 지나가는 아내의 모습을 발견하고 오열한다. 그 장면을 보면서 사진은 정말 기록이라고 생각했었다. 역사적인 기록을 사진으로 남기기도 하지만 이 영화에서 오기는 자신의 담배 가게 앞을 촬영하면서 누군지 모르는 개인을 기록하고 있었다는 것이 참으로 인상적이었다.

미국의 사진가 니콜라스 닉슨의 사진 〈브라운 시스터스(The Brown Sisters)〉는 28년 동안 니콜라스 닉슨이 아내와 아내의 자매 넷을 매년 촬영한 사진이다. 정말 무표정한 네 명의 자매가 28년 동안 늙어가는 모습을 보면서 사진의 기본적인 본질을 한 번 더 느낄 수 있었다. 이 두 가지 이미지가 『신인왕제색도』를 작업하면서 머릿속에 항상 떠올랐다. 그러면서 나 자신에게 말했다. 그래 사진은 기록이다!

『신인왕제색도』는 궁리닷컴(www.kungree.com)을 새롭게 개편하려고 모인 회의시간에 농담처럼 말했던 것이 현실이 된 작업이었다. 그 회의시간에 이 책의 글쓴이가 "사무실에서 보이는 인왕산의 매일매일을 사진으로 남기는 건 어떨까.' 라고 제안했다. 처음에는 아주 쉽게 촬영을 할 수 있겠거니 생각에 인왕산이 잘 보이는 장소를 물색했다. 하지만 전깃줄과 건물이 너무 많이 인왕산을 가렸다. 부득이 건물 옥상에서 촬영을 할 수밖에 없었다. 여기저기 앵글이 좋아 보이는 건물을 찾아갔다. 하지만 대부분 건물들은 옥상이 출입금지였고 몰래 올라간 옥상에서 몇 번 촬영에 성공했으나 그 다음에 가면 여지없이 옥상으로 통하는 문에 자물통이 채워져 있었다. 이런 상태로 일년 사계절을 찍는다는 건 그야말로 대략난감이었다. 발품을 많이 팔았지만 마땅한 촬영 장소를 구하지 못하고 있으니 정말 눈앞에 있는 인왕산이 멀게만 느껴졌다.

그러던 어느 날 글쓴이가 소개한 건물로 가보았다. 인왕산에서 너무 가까워 인왕산 전경을 다 보여줄 수가 없었지만 어찌하랴 거기에서라도 찍을 수밖에 없는 것을……라고 아쉬워하면서 첫 촬영을 했다. 그런데 며칠 후, 글쓴이가 그 건물이 옛날 겸재의 집터라고 말하는 게 아닌가! 나는 그야말로 뒤통수를 한 대 얻어맞은 느낌이었다. 생각해보니 난 겸재의 〈인왕제색도〉를 제대로 한번 보지도 않고 인왕산 사진을 찍겠다고 덤벼들었던 것이었다. 마음으로 절을 하고 옷깃을 여미는 기분으로 〈인왕제색도〉를 찬찬히 보았다. 지금의 인왕산 모습과 거의 다르지 않았고 지금 내가 촬영하는 위치와 그다지 다르지 않았다는 것을 확인할 수 있었다. 그렇게 일주일에 세 번씩 일년을 같은 자리에서 인왕산의 모습을 담았다. 사정상 트라이 포드를 세워서 촬영을 하지 못한 것이 아쉽긴 하지만 최대한 같은 앵글로 촬영하려고 노력했다.

이 작업을 마감하고 난 지금 260년 전의 겸재와 교감한 느낌이 강하게 든다. 겸재가 붓으로 〈인왕제색도〉를 그렸다면 나는 빛으로 인왕산의 사계를 그렸다고 생각한다. 당시 겸재 나이의 절반밖에 안 되는 젊은이지만 대가와 함께 인왕산을 바라봤다는 것 때문에 즐거웠고 행복했다. 260년 전에 카메라가 있었다면 겸재도 인왕산을 사진으로 남기지 않았을까? **찍은이 : 도진호**

멀리 나아간 이야기는 아니다. 넓게 돌아다닌 이야기도 아니다. 인왕산은 늘 그 자리였다. 그 한자리에서 모든 모습을 보여주었다. 한결같되 한결같이 다른 모습들이었다. 인왕은 제 자리에 앉아 있었다. 그 한자리에서 변화무쌍함을 보여주었다. 그 모습의 한 자락이나마 희미하게 붙들 수 있었다면 다행이라 하겠다. 미미한 글에 재수록을 허락해준 분들께 감사드린다. 부족한 글을 사진으로 보충해준 찍은이에게도 고마운 마음을 전한다. **글쓴이 : 이갑수**

차례

책머리에 · 4

가을

10월 ...

비 오는 인왕산을 보다 · 13
인왕산에 오르다 · 14
낭떠러지에 서서 · 16
인왕산의 아름다움 · 18
인왕산 호랑이 · 20
통인시장의 큰스님 · 23
세상 구경 떠나는 빗방울들에게 · 24
골목의 힘, 골짜기의 효과 · 25
고구마 · 27
어찌할 도리가 없는 것들 · 28
인왕산의 역사 · 29
이름을 바꾸다 · 32

11월 ...

멀고 가까움에 대한 일 고찰 · 35
오후 4시의 인왕산 · 37
문패 있는 골목 · 38
막걸리가 콸, 콸, 콸 · 40
강이 운다 · 43
효자동이발사 · 44
청국장집을 찾아서 · 47
차마 할 수 없는 질문 · 49
눈물의 씨앗, 눈물의 공장 · 50
인왕산의 단풍 · 52
나의 늙음과 죽음 · 54
영점사미리가 왔습니다! · 55
인왕산에서 제일 높은 곳 · 57

겨울

12월 ...

하늘의 맨발 · 65
거문고 소리가 좋다 · 67
세상에서 가장 높은 곳 · 69
변신하는 집 · 71
인생의 총량 · 73
배꼽 아래 투명한 끈 · 75
인왕산의 꼬마 현자 · 77
인왕산의 모아이 · 79
올해의 사자성어 · 81
내 나이 벌써 오후 2시 · 82
교대역 지하통로 · 84
부드러운 쿠데타 · 86
세 동무, 자호(自號)를 짓다 · 88

1월 ...

풍장하는 나무 · 93
방황하는 버스 · 95
밤하늘에 보내는 신호 · 97
얄미운 몸통 · 99
지리산 봄 마중 · 101
주상막걸리 · 103
참 쌀쌀한 겨울 날씨 · 106
시원함에 대하여 · 107
인왕산의 안개 · 110
나문비를 아시나요 · 111
백 년만의 폭설과 그 고독 · 113
막걸리출판사 · 115
구름, 나무, 사람의 동네 · 117

2월 ...

그래도 하루는 슬피 울어주겠지? · 119
입춘대길 · 120
생각의 주인을 찾아서 · 122
첫 봄비를 맞으며 · 124
인왕은 우산을 쓰지 않는다 · 126
눈이 오고가는 형식 · 129
제자리의 무서움 · 130
가족들의 골짜기 · 133
둥근 소리 · 134
석굴암 가는 길 · 136
인왕산의 무늬 · 138
생각의 종소리 · 140
통인시장 감자탕집에서 · 142

봄

3월 ...

이봐, 겁먹지 마, 이젠 봄이잖아! · 149
어느 조각가와 죽음 · 150
인왕산의 해골바위 · 153
어제 내린 덤비 · 156
봄비를 맞으며 봄비를 부르다 · 158
눈이 오려나 비가 오려나 · 160
구름의 북소리 · 161
바람 부는 바위에 서면 · 163
과거는 총천연색 · 164
편집된 세상 · 166
혀로 보는 세상 · 168
부수고 찢고 빻는 옥인아파트 · 170
똑, 똑, 똑, 당신은 누구십니까 · 172

4월 …

통인시장 사람들 · 175
인왕산에서의 중얼거림 · 177
구름의 속도 · 178
인왕의 뒷모습 · 180
경주의 구름 · 182
이젠 고로초롬만 살았으면 싶어라 · 185
할머니의 유혹 · 187
해골바위 앞의 여러 해골들 · 189
오후의 나머지를 겨우 견디는 힘 · 191
동리목월기념관에서 · 193
할머니 더덕 가게 · 196
불국사 옆을 지나며 · 198
서울의 봄 · 200

5월 …

예술의 여백 · 203
나의 새까만 눈 · 205
서울과 저승 · 207
좋은 구름, 나쁜 구름 · 210
흙 한 줌 · 212
이사 가는 인왕산 · 214
호랑이가 돌아왔다 · 216
비 오는 첩첩산중 · 218
비(飛), 비(悲) 그리고 비(雨) · 220
바람만이 아는 대답 · 222
인왕산 너머 저 쪽빛 바다 · 225
5백 년 후 서울 · 228
세상이 둥글다는 증거 · 230

여름

6월 ...

세상을 바꾸는 소식 · 237
애월과 옥인 · 238
참 이상한 날의 저녁 날씨 · 241
꽃들의 인사말 · 244
수박 · 245
하늘의 한구석을 바라보는 각도 · 247
인왕산 꼭대기의 고운 빨래들 · 249
더덕 소주 · 251
발등바위의 웅덩이 · 254
피리부는 착각 사나이 · 256
손가락의 끝 · 259
그 기쁜 소식들은 다 어디로 갔을까? · 261
고정관념 · 263

7월 ...

수박 같은 세상 · 265
삼계탕집 옆 수제비집 · 266
인왕의 피서법 · 268
거인의 어깨 · 270
양자강의 보름달 · 272
인왕의 소금 · 276
춘천에서 만난 비 · 279
고개의 급소 · 280
끙끙 앓는 중 · 282
구름들의 잔치 · 283
인왕산의 자리 · 285
칼국수 코스 · 286
유무상통의 모래들 · 289

8월 ...

아스팔트의 작은 웅덩이 · 291
진미횟집에서의 마지막 점심 · 292
뒤집힌 세상 · 295
울보들의 합창 · 297
인왕산 계곡이 답하다 · 299
전신응시명월 기생수도매화 · 301
구름 도시락 · 304
매미의 독백 · 307
바둑 두는 쭈꾸미 식당 부부 · 308
인왕산 기획회의 · 311
빨간 티셔츠의 부부 · 313
먹구름 속에서 천둥이 울 때 · 315
퇴장하는 매미들 · 317

다시, 가을

10월 ...

잘 가거라, 알렙 · 323
가죽나무를 위하여 · 326
사과처럼 환하게 영글어가는 중 · 329
비 오는 날의 가뭄 · 331
9월 10일의 시 한 편 · 333
가을의 노래 · 335
해안선과 천안선 · 337
내 지갑 속의 인왕산 계곡 · 340
내가 놓친 사람들, 나를 떠나간 얼굴들 · 344
인왕산에서 다섯 시간 체류하다 · 346
윤동주 시인의 언덕에서 · 349
모든 게 그대로인데 나만 사흘을 더 늦었네 · 351
세상의 모든 퇴근 · 353

• **일러두기**

본문의 글순서는 처음 게재한 궁리닷컴의 연재순서와는 편집상 일부 차이가 있음을 알려드립니다.

가을

가을
❈
10월

비 오는
인왕산을 보다

저, 저기, 저 높으다란 곳에 인왕산이 있다. 광화문에서 인왕산을 본다는 것은 하늘을 우러른다는 것. 그, 그 깊고 깊은 곳에 인왕이 산다. 인왕산에서 인왕을 만난다는 것은 되돌아 나를 본다는 것. 오늘은 산의 골짜기보다 더 깊은 하늘의 공중에서 비가 내린다. 雨, 雨, 雨. 비가 내린다. 2009. 10. 1

인왕산에 오르다

인왕은 산이다. 멀리서 보면 나무들은 서 있고 바위들은 앉아 있다. 모여서 회의라도 여는 듯 표정들이 심각하다. 소곤소곤 무슨 소리들을 하는 양인데 알아들을 수 있는 귀가 내겐 없다. 구름들이 귀를 세우고 기웃거린다. 산꼭대기 근처를 지날 땐 더욱 천천한 걸음이다. 얌전한 산세를 방해하지 않으려고 하늘도 다소곳한 모습으로 인왕의 어깨에 걸터앉아 있다. 『지리산』의 작가 이병주는 〈산을 생각한다〉라는 글에서 말했다. "산에 오른다는 것은 한 걸음 한 걸음 나를 높여 가는 노릇이다. 산에 오른다는 것은 한 걸음 한 걸음마다에 나를 확인하는 노릇이다. 산에 오른다는 것은 걸음마다에 나를 발견하는 노릇이다."

이리도 왁자지껄한 서울 도심에서 저리 가까운 곳에 산이 있다니! 모두들 감탄을 하지만 정작 오르는 이는 드물다. 서울로 내려오는 것은 그나마 좀 편하지만 인왕산으로 오르는 것은 힘이 든다. 인왕산은 높고 서울은 낮기 때문이다. 그래서 그런 것일까. 우리 사는 서울에서 잘 되기는 무지 어렵고 못 되기는 아주 쉽다.

인왕산에 올라가 본다. 인왕산이라고 저기 산에 인왕만 있는 게 아니다. 소슬한 밤, 귀뚜라미 운다고 창문 너머에 귀뚜라미만 있다고 여겨서는 안 된다. 그곳에는 어렴풋한 옛생각, 진한 흙냄새, 물컹한 벌레 등 많은 것들이 자리잡고 있는 것이다. 마찬가지다. 산자락에서 시작하여 천천히 오르기 시작하면 오롯한 오솔길, 크고 작은 바위들, 흩어지는 흙알갱이, 꼬물꼬물 송충이, 행렬 지어 가는 개미떼, 맨몸이 드러난 나무뿌리 등등을 차례로 볼 수가 있다. 이윽고 정상에 서면 아슬아슬한 낭떠러지가 발아래에 나타나 나를 빤히 쳐다본다. 그리고 내 눈에 꼼짝없이 포획되는 서울시 여러분과 하늘 아래 여러 것들! 아, 아찔한 맛도 모른 채 낭떠러지 아래에 널브러져 있다. 2009. 10. 5

낭떠러지에 서서

낭떠러지에 대해 살펴본다. 낭떠러지는 본시 인왕의 키였다. 그냥 있는 그대로의 밋밋한 길이였다. 길이는 길을 따라 얕고 만만하게 누워 있었다. 그 길을 따라 가면 낭떠러지에 도달하는 것이었다. 낭떠러지는 인왕이 몸을 이룩하기 위한 최소한의 깊이였다. 그 깊이에 의지해서 인왕은 서 있는 것이었다. 여기 한 사내가 있다. 양복을 입고 구두를 신었다. 집에서 빠져나올 때의 차림 그대로이다. 하늘을 본 지가 언제인가. 도시에서 이름이 없었던 이 사내는 이 익명의 산에서도 개미를 따라 걷는다. 그가 등산하기 시작하자 밋밋했던 깊이는 차츰차츰 높이가 된다. 높이는 아슬아슬한 위험이 된다. 아래에서는 아무런 문제가 되지 않았던 숫자였다.

   정상에 서자 발아래가 순식간에 낭떠러지가 되는 것이었다. 세상은 멀리에 있는가, 아래에 있는가. 그는 몇몇 곳은 눈에 힘을 주고 바라본다. 그곳은 그가 아는 곳들이다. 그가 아는 이들이 있는 곳이다. 모르면 그냥 지나치고 말았을텐데, 아는 것들한테는 그럴 수가 없는 법이었다. 아는 이는 가까운 곳이다. 가까운 곳은 무서운 곳이기도 하다. 바위에서 한 발짝 앞은 가장 가까운 곳이지만 가장 무서운 곳이기도 하다. 사는 동안 누구나 한 번씩은 바위에, 낭떠러지에 서본다.

2009. 10. 7

인왕산의 아름다움

어제, 동무들과 한판 놀고 곯아떨어졌다. 언제 잠들었는지 어떻게 잤는지 도통 모르겠다. 꿈도 꾸지 않았다. 모르는 건 이뿐만이 아니다. 어떻게 깨어났는지도 전혀 생각이 나지 않는다. 그런데 참 이상하다. 왜 이 이상한 사태를 이상하게 생각하지 않을까. 그저 어제하고 똑같아서? 잠은 중요한 일과이다. 공부만큼 엄중한 문제이다. 언젠가 수행을 오래 하신 분께 자는 방법에 대해 물어보았으나 시원한 답변을 얻지 못했다.

『논어』 향당편에 이런 말이 나온다. 침불시좌불객(寢不尸坐不客). 잘 때 시체처럼 똑바로 누워 자지 않으며 집에서는 손님처럼 꾸미지 않고 편한 차림으로 지낸다는 뜻이다. 공자님은 칼잠? 새우잠? 나비잠? 토끼잠?을 주무셨을까. 인왕, 그대는 간밤 어떻게 주무셨는가. 그렇지만 그 이상한 일을 겪고도 전혀 이상하게 생각하지 않으며 하루를 시작한다. 매일 이상한 것은 이상한 것이 아닌 모양이다.

인사성이 밝은 젊은 기사가 운전하는 143번 버스를 타고 광통교에 내린 뒤 7022번 초록 지선버스로 갈아타고 종각에서 직진하여 조계사를 지난다. 건너 조계사를 보면서 마음속으로 예불 한 번 올리고 안국동 사거리에서 동십자각으로 좌회전하면 인왕산이 바로 눈에 들어온다. 오늘 처음으로 인왕과 마주치는 것이다. 밤새 안녕히 주무셨습니까. 안부를 물어본다. 인왕산의 모습에 따라서 내 하루의 기분도 얼마간 결정된다. 재료는 한결같은데 인왕의 모습은 시시각각 다르다.

어젠 비가 자우룩히 왔는데 오늘은 쨍쨍하다. 내일은 어떻게 될지 그건 나도 모른다. 아마 인왕도 모를 것이다. 인왕산의 아름다움은 어디에 있을까. 인왕산에 있을까. 아마 아닐 것이다. 인왕산에 자주 올라가 본 자로서 자신 있게 말할 수 있다. 인왕산에 들면 인왕은 온데간데없다. 흙이나 돌이나 나무밖에 안 보인다. 벌레들 기어가는 소리, 산꿩 우는 소리, 까치 뛰노는 소리밖에 안 들린다. 눈의 구조가 그리 생겨먹어서 그런지 서울이 오히려 잘 보인다. 인왕산의 아름다움은 인왕 외부에 있었던 것이다. 그렇다면 인왕산의 아름다움은 누구의 것일까. 당연히 인왕의 바깥에 있는 자들의 몫일 것이다.

그걸 제대로 간파하신 겸재 정선(鄭敾, 1676~1759)은 260년 전, 자신의 집인 인곡정사(仁谷精舍, 현재의 옥인동 군인아파트)에 화구를 갖추고 앉아 국보 제83호 〈인왕제색도〉를 그린 것이리라. 그리하여 인왕산의 바깥에서 인왕의 아름다움을 취득한 것이리라. 광화문을 걷다 조금만 고개를 위로 들면 인왕산은 잘 보인다. 이 도심 곳곳에 인왕산의 아름다움이 보물처럼 숨겨져 있다. 아니 곳곳에 흩어져 있다. 아무려나 그 보물의 주인은 손에 넣는 자가 아니라 눈에 넣는 자이다. 2009. 10. 9

인왕산 호랑이

인왕산 호랑이란 말이 있다. 말이 있으니 호랑이도 분명 있었으렷다! 인왕산이 덩치는 작았으나 그 기세가 자못 하늘을 찔러 이 땅에 사는 호랑이들은 죽기 전에 반드시 인왕산에 한 번씩 들렀다고 한다. 호랑이들한테 인왕산은 성지였던 셈이다. 최근에는 인왕이 눈을 씻고 보아도 호랑이는 없다. 백수의 제왕이 떠난 자리를 시멘트 건물이 야금야금 차지하더니 이젠 허벅지 근처까지 치고올라오는 것을 인왕은 그냥 감당하고 있다.

    밤이 되면 인왕은 허리를 뒤척이다가 저 아래를 내려다본다. 이 밤에도 무언가가 눈에 불을 켜고 붕붕거리고 방방거리며 돌아다니고 있다. 어느 땐 엉겨붙어 싸우는지 뛰뛰빵빵거리는 소리가 인왕의 처소까지 들린다. 호랑이가 환생이라도 하였나. 그 옆으로 조심조심 걸어가는 인간들도 보인다. 인왕산 무릎 아래 납데데한 구릉을 조금 지나면 제법 너른 마당이 있다. 그곳은 광화문광장이다. 인왕이 멀리서 보니 몇 개월에 걸쳐 굉음도 요란히 뚝딱거리더니 어느 날 높으신 분들이 잔뜩 모여 개막식이라고 하는데 모두들 키는 고만고만하더라. 나름대로 머리를 쥐어짜낸 결과이긴 하지만 광장은 간 곳 없고 이렇다 할 아무 특징 없는 꽃밭으로 변했다는 게 인왕의 소견이다. 어쨌든 이런 자들의 소행으로 미루어 혹 인왕산에 케이블카를 설치하자고 설치지나 않을까 가슴을 잠시 쓸어내렸다는 인왕의 최근 심정을 여기에 적어둔다. 2009. 10. 12

통인시장의
큰스님

인왕산 자락에는 사람들을 위시해서 많은 것들이 골고루 흩어져 살고 있다. 명소도 많지만 특히 통인시장은 빼놓을 수 없다. 재재작년 말 재래시장 살리기 사업의 일환으로 나라에서 지붕개량을 해주었다. 뚜껑은 바꾸었지만 물씬한 옛날 냄새는 바꾸지 못했다. 시장 안으로 들어서면 무엇보다 눈길을 잡아채는 것이 먹을거리이다. 먹을거리는 가만 있지를 못하고 언제나 요염한 냄새를 풍긴다. 따라서 그 앞을 지나던 코가 바람이라도 난 것처럼 벌름벌름거리는 건 자연스런 이치다.

 할머니 기름떡볶이는 아주 유명해서 멀리서도 찾아오는 이가 많다. 가게마다 좌판에는 많은 것들이 있다. 오늘 팔리지 않으면 곤란한 것도 있고 오래 임자를 찾지 못해 먼지를 푹 뒤집어쓴 것도 있다. 경복궁역에서 10분 가량 걸어 입장할 때 좌측으로 첫 가게는 잡화를 파는 개성상회다. 통상 오전에는 손님이 없어 절간 같다. 지난 여름, 그 조그만 암자에서 주인 아저씨는 파리채를 들고 파리와 엄청난 신경전을 펼쳤다. 선의 경지에 이르지 못한 아저씨는 파리를 죽이는 데 도가 텄다. 구멍이 송송 뚫린 파리채에는 파리의 피와 내장의 흔적들이 덕지덕지 묻어 있다. 파리의 영혼에게 아무런 죄의식을 느끼지 않는 것은 파리채나 아저씨나 다 똑같다.

 아저씨가 살생을 불사한 건 본인만을 위해서가 아니었다. 잠자코 누워 있는 북어, 대추, 통계피, 당면, 달걀 등등을 지키기 위한 것이었다. 그게 결국 다 손님을 위해서였다는 것을 나는 안다. 오늘 지나치다 보니 아저씨가 오전의 고요를 틈타 똥막대기처럼 꼿꼿하게 앉아 이른 낮잠을 즐기고 있다. 흘깃 옆모습을 보니 장좌불와(長坐不臥)하는 큰스님을 닮기도 했다. 2009. 10. 14

세상 구경 떠나는 빗방울들에게

간밤에 서울에는 강한 바람과 우박이 내렸다. 아침이 되자 인왕산의 배경 하늘에는 잿빛 가사장삼이 둘러쳐졌다. 인왕이 모종의 큰 결심을 하고 출가라도 하려나, 상상하는 건 아무래도 지나친 비약이겠지. 한편 이런 운명도 있다. 마음이 아주 넓적한 어느 잎사귀에 매달려 있다가 때마침 살랑 불어주는 늦가을 바람의 도움으로 물방울 하나가 무사히 착지했다. 큰 눈망울을 데룩데룩 굴리며 옥인아파트 쪽으로 떼굴떼굴 굴러가는 빗방울들아. 지금 한강에 가뭇없이 떨어져 바로 바다로 실려가는 동무들에 비해 너는 얼마나 다행이더냐. 세상 구경 실컷 해라, 행운을 빈다. 2009. 10. 16

골목의 힘,
골짜기의 효과

골목과 골짜기는 어떤 관계가 있을까. 아주 깊은 관계는 아닐지라도 전연 관계가 없다고 말하기는 곤란할 것 같다. 말에는 다 뜻이 들어 있는 법이다. 인왕산에는 곳곳에 작은 골짜기들이 있다. 그 골짜기를 중심으로 사람들의 마을이 형성되어 있다. 그리고 마을 곳곳에는 골목들이 있다. 인왕산에 비가 내린다. 떨어진 빗방울들은 모두 골짜기로 모여든다. 이제는 모두 지하수가 되고 말았지만, 예전에는 금천이나 옥류동천이 되어서 청계천으로 흘러갔다고 한다. 이 골짜기의 아이들도 종이배 띄우며 이런 노래 많이 불렀겠다. "냇물아 흘러흘러 어디로 가니 강물따라 가고 싶어 강으로 간다. 강물아 흘러흘러 어디로 가니 넓은 세상 보고 싶어 바다로 간다."

    인왕산에 날이 밝았다. 골짜기의 사람들은 골목으로 모여들고 골목에서 나

와 한길을 지나 버스를 타거나 지하철을 타고 빡빡한 세상으로 나간다. 내가 사는 곳은 작은 골짜기를 허물고 세운 아파트 단지라서 골목이 없다. 이곳은 포도송이처럼 밀집해 보이지만 공중에 따로따로 있는 산촌(散村)이다. 집을 나서도 드문드문 흩어진 사람들 뿐이다. 그런데도 지하철을 타면 승객들로 그저 바글바글하다. 사람들은 많은데 내가 아는 이는 아무도 없다. 내가 인왕산 쪽으로 출근하면 인왕산 골짜기 사람들은 인왕산 쪽에서 나와 시내로 출근한다.

　인왕산 하늘에 날이 저문다. 내가 인왕산 쪽에서 퇴근하면서 경복궁역으로 가는 동안 시내에서 퇴근한 인왕산 사람들이 경복궁역에서 나와 인왕산 골짜기 마을로 모여든다. 우리는 골목에서 서로 자주 마주친다. 같은 골목을 이용하다 보니 낯이 익은 얼굴도 많아졌다. 퇴근하는 아빠를 마중 나온 일가족도 있다. 아빠가 미는 유모차 뒤를 따르는 새댁의 배는 또 반달처럼 부풀어 오르고 있다. 실제로 아는 이들을 만나 고개를 숙이며 인사를 나누기도 한다. 이곳 동네 주민들끼리는 더욱 그렇다. 이곳저곳에서 서로 인사를 나누는 모습이 자주 눈에 띈다.

　서울의 저녁을 담아 서해로 흘러흘러 가는 한강을 건너면 정차하는 역마다 뭉텅뭉텅 승객들이 빠져나가고 또 그만큼의 사람들이 탄다. 잠원역에서도 많은 사람들이 내린다. 지하에서는 아무도 살지 않기에 승객들은 모두 지상으로 올라왔을 것이다. 그러나 역에서 나오면 모두들 금방 뿔뿔이 흩어진다. 어디로들 갔는지 아무도 안 보인다. 이곳은 사람들을 서로 익숙하게 만드는 골목의 힘이나 골짜기의 효과가 전혀 없는 동네인 것이다. 2009. 10. 19

고구마

고구마는 느리고 천천히 밭두둑을 따라 나아가고 있었다. 가끔 두더지가 옆을 쏜살같이 추월해도 상관하지 않았다. 잎사귀가 전달해주는 따뜻한 햇빛과 얼굴을 감싸주는 부드러운 흙, 맛있는 빗줄기만 있으면 그냥 이대로가 좋았다.

  지난 일요일, 인왕산 너머 북한산 너머 일산의 고봉산 근처 고등학교 친구 주말농장에 내가 도착한 직후. 하늘은 무너지고 고구마는 솟아날 구멍이 없었다. 고구마를 사로잡은 나의 우악스런 손이 저의 몸피를 가늠하며 크네작네 떠드는 사이, 고구마는 물 밖으로 끌려나온 고기처럼 한 바퀴 뒤척이고 힘을 잃었다. 늦가을 햇살이 단풍에 반사되어 더욱 눈부신 오후. 소쿠리에 담긴 고구마에게는 여기, 아름다운 가을 하늘 아래가 바로 캄캄한 암흑이었다. 2009. 10. 21

어찌할 도리가 없는 것들

피투(被投)라는 말이 있다. 투수가 공을 던지듯 그 누가 아무런 영문도 모르는 나를 이 운명의 세상으로 던진다는 것이다. 그냥 내동댕이친다는 것이다. 야구공은 던지면 글러브 속으로 들어가고 때리면 맞아서 빨랫줄처럼 뻗어나간다. 그 어떤 선수보다도 많이 돌아다니고 그 어떤 관중보다도 바쁘다. 하지만 정작 경기에서 누가 이기고 지는 줄을 모르는 건 바로 야구공뿐이다.

야구공보다는 작지만 그래도 두 개의 눈으로 나는 인왕산을 본다. 나의 눈알과 인왕산 중간쯤에 어느 세계가 있을지도 모르는 일이다. 하지만 직진하는 시선을 중간에 끊을 수가 없다. 도무지 시선의 길이를 조절할 수가 없다. 생각하는 것도 마찬가지다. 도무지 생각의 방향을 조절할 수가 없다. 생각하고 싶은 생각은 생각나지 않고 생각하고 싶지 않은 생각만 자꾸 생각난다. 그래서 그런지 모른다. 만나고 싶은 사람은 만나지 못하고 만나고 싶지 않은 사람만 만나는 것은. 태어나다, 보다, 생각하다는 그 작동 원리가 똑같다. 내가 어찌할 도리가 없다는 점에서. 2009. 10. 23

인왕산의 역사

길재(吉再, 1353~1419)는 고려 공민왕 때부터 조선 세종 때까지 살았던 인물이다. 그는 공직에 나가 개경에 살았다. 그러나 장차 고려가 망할 것을 직감하고 늙은 어머니를 모셔야 한다는 핑계를 대고 고향인 선산으로 돌아왔다. 그의 나이 서른여섯이었다. 길재의 귀향하는 길은 개경에서 선산으로 가는 길이었으니 아마 한양을 경유했을 터이다. 인왕산의 우람한 자태에 그의 눈도 피해갈 리가 없었겠지. 낙향하는 마당에 발걸음 재촉하느라 인왕산을 오를 여유까지야 있겠느냐만 아마도 인정을 살피느라 필시 그도 인왕산을 보지는 않았을까. 이후 그는 다시는 공직에 나가지 않고 고향에서 생을 마쳤다. 그런 그가 노년에 개경을 돌아보면서 다음과 같은 시조를 남겼다. "오백년 도읍지를 필마로 돌아드니 / 산천은 의구한데 인걸은 간 데 없네 / 어즈버 태평연월이 꿈이런가 하노라." 한양의 어느 한 산이 조선이 한양으로 천도할 무렵에 인왕이란 이름을 얻었다. 그전까지 인왕도 한 산천이었다. 그렇게 인왕산은 많은 사람들의 눈에 들었지만 인왕을 달리 표현할 방법이 없었던 것이다. 말이나 글이나 기억으로밖에는.

그리고 360여 년이 흘렀다. 마침내 조선에 진경산수화의 시대가 열렸다. 인왕산 자락의 유란동(현재의 경복고등학교 자리)에서 태어나 인왕산을 항상 보면서 자란 겸재 정선이 나타난 것이다. 그는 평생의 벗이 세상을 뜨자 그를 그리워하며 단숨에 그림 하나를 그렸다. 비 개고 난 맑은 모습의 인왕산을. 그간 문인묵객들의 글에서나 등장하였던 인왕산이 걸작 중의 걸작인 〈인왕제색도〉로 화한 것이다. 조선 영조 27년(1751)의 일이었다.

또 그로부터 180여 년이 흘렀다. 조선에는 많은 일들이 벌어졌다. 1890년 이래 세계적인 잡지 《내셔널 지오그래픽》의 필자와 사진작가들은 여러 차례 조선을 방문해서 '은자의 나라'를 취재했다. 1933년 이 잡지는 원구단, 조선총독부의 모습을 찍었다. 말없이 서울을 굽어보고 있던 인왕산도 서슴없이 찍혔다.

그리고 70여 년이 지났다. 2005년 화가 오용길은 화선지에 수묵담채로 〈서울-

1 겸재 정선의 〈인왕제색도〉, 2 〈1933년, 서울〉, 3 오용길의 〈서울-인왕산〉

인왕산)을 그렸다. 오욕의 역사를 상징하는 건물도 시원스레 뽑혀나가고 경복궁이 고풍스런 제 모습을 찾았다. 파란만장한 역사를 다 겪어내고 안정된 모습의 인왕이 아래 사람들의 동네와 한껏 어울려 있는 모습이 자못 감동스러웠다.

그리고 또 5년이 지났다. 인왕산 바로 아래에 둥지를 튼 궁리출판은 이 지리(地理)의 길목에서 인왕산의 모습을 사진으로 중계해보기로 했다. 그리고 다음과 같은 각오와 함께 인왕산을 우러러 보기 시작했다. "1751년 겸재 정선이 인왕산을 그린 이후, 260년이 흘렀습니다. 〈인왕제색도〉를 펼쳐들고 실제의 인왕산과 번갈아보면 유장한 세월의 흐름을 새삼 실감하게 됩니다. 아무리 성실하게 이 작업을 한다 해도 끽해야 30년도 힘들겠지만 매주 2회 이상 인왕산의 모습을 전해드리겠습니다. 인왕산은 하늘의 한 입구이니 문득 세상 바깥이 궁금하실 양이면 이 문을 통해서 저 너머의 안부를 물어보심이 어떨는지요?"

고개를 숙이고 사진과 그림을 차례로 본다. 그동안 사진 속의 풍경은 많이 바뀌었고 사진 바깥은 더욱 많이 변했다. 지금 이 순간에도 빛의 속도로 바뀌고 있다고 한다. 가장 변하지 않는 곳은 어디일까. 답을 뻔히 알면서 가장 높은 곳에 있는 인왕산을 한 번 더 보았다. 2009. 10. 25

이름을 바꾸다

몇 해 전 일이다. 한 언론사 선배와 술을 마시다가 호를 하나씩 짓자고 했다. 우리도 나이를 먹을 만큼 먹었으니 이름을 탕탕 불러서야 되겠느냐고 의기투합한 것이다. 선배나 나나 새끼들도 둘씩이나 키우는 입장이니 아이들 앞을 고려하면 썩 괜찮은 발상이었다. 나는 별 궁리도 없이 사무실과 가까운 산 이름을 빌렸고 선배는 염두에 둔 것이 있다며 운상(雲上)으로 불러달라 했다. 하지만 깨고 보니 운상과는 헤어졌고 나의 호는 나한테 너무 버거웠다. 그날 일은 취중농담으로 끝나고 말았다.

호는 왜 사용할까. 여러 해석이 가능하겠지만 2009년에 출간된 화제작『짜장면뎐』[※] 저자가 풀이한 바가 내겐 가장 설득력이 있다. 그는 궁리의 기획위원이기도 하다. 사람이 사람으로 살다보면 전존재를 걸고 무언가를 이룩해야 할 결기가 필요한 순간이 있다. 이전과는 전혀 다른 사람이 되는 것 이른바 존재전환을 해야 할 때가 바로 그때이다. 그럴 때 여행을 할 수도 있겠다. 등산을 할 수도 있겠다. 옷을 한 벌 해입을 수도 있겠다. 단식을 할 수도 있겠다. 이사를 할 수도 있겠다. 머리를 깎을 수도 있겠다. 대취할 수도 있겠다. 아무렴, 불같은 연애를 할 수도 있겠다.

그러나 이 모두는 잠깐 변하는 것이다. 부분적으로 바뀌는 것이다. 있다. 이 모두를 훌쩍 뛰어넘어 한 사람의 전부를 일신하는 방법이 있다. 그것은 바로 이름을 새로 가지는 것이다! 3백여 개나 되었다는 추사의 호는 파란만장한 생(生)의 굽이굽이에서 김정희(金正喜)가 선택한 고독한 결단과 개결한 결기를, 한 작품 끝내고 낙관할 때마다 새롭게 나아간 예술의 경지를 웅변하고도 남는다.

2009. 10. 30

[※] 양세욱 지음. 프로네시스 발행.

가을

11월

멀고 가까움에 대한
일 고찰

여기 산이 있다. 산의 높이를 정하는 데 이견이 많아서 바다 수면을 기준으로 삼는다. 인왕산은 해발 338미터이다. 몇 해 전 나로서는 꽤 어려운 숙제가 하나 있었다. 즉 어떤 동일한 사물이 왜 먼 곳에 있으면 작고 가까이 가면 커지느냐는 것이다. 가령 종로구 효자동에서 보는 인왕산과 남산의 중턱에서 보는 인왕산은 그 크기가 다르다. 그게 왜 그러냐는 것이다. 미술사에서 원근법과 소실점의 발견은 대단히 중요하다. 그러나 법 이전에 원근이 왜 생기느냐는 것이었다. 웃지 마시라. 당연한 것을 가지고 왜 그러느냐고? 근데 나는 이게 되게 이상했다. 이상하고도 이상했다.

하지만 이제껏 학교에서 배운 물리 지식을 죄 동원하고, 수다한 물리학 책을 뒤져보아도 이 문제를 뾰족이 해결할 수가 없었다. 사실 또 어떻게 보면 스스로 생각해도 좀 어처구니가 없는 문제라 생각되기도 했다. 우리나라에서 노벨상 후보로 우리가 거론하는 저명한 물리학자와 접촉할 기회도 있었지만 끝내 물어보지를 못했다. 질문에도 수준이 있는 법 아닌가. 하지만 나는 어느 날부터 그 문제를 더 이상 건드리지 않기로 했다. 그런 한가한 문제에 매달리기에는 내 인생이 너무 급박해졌기 때문이다.

안 보인다고 사라지는 건 아니다. 최근 나는 오래 묵혀두었던 이 문제를 다시 끄집어내었다. 그것은 시골집 지붕에 집지킴이로 살던 능구렁이처럼 내 머릿속 저 어딘가에 똬리를 틀고 앉아 있었던 모양이었다. 제법 많은 시간이 흘렀지만 문제를 다시 마주하니 답답한 것은 여전했다. 세월의 때만 묻힌 머리에선 제대로 나를 설득할 수 있는 답이 나와주질 않았다. 그러나 그 문제를 오래 질질 끌 수는 없었다. 이제 나도 오십이 넘었으니 급박함의 정도가 예전에 비할 바가 아니었기 때문이다. 같은 비탈에서도 중력을 이기며 오르기보다는 가속도를 얻어 내려가기가 더 위험한 법이다.

어쩔 수가 없었다. 나는 다음과 같이 내 방식대로 급히 처리할 수밖에 없었다.

이봐, 그 문제에서 왜 자네는 변하지 않는가. 자네도 안 변하고 인왕도 안 변하면 대체 무슨 일이 벌어지겠는가. 만약 인왕산이 자네의 위치에 따라 작아지고 커지지 않는다면 자네는 어떻게 효자동에서 남산으로 이동할 수 있겠나. 그냥 남산이 가만히 있는 자네 쪽으로 와줄 것 같은가? 자네가 한 발짝이라도 꼼짝할 수 있는 건 이 덕분이란 것을 왜 그대는 모르는가? 2009. 11. 2

오후 4시의
인왕산

오늘 오후 4시 무렵의 인왕산이다. 하늘의 얼굴로 보아서 조짐이 심상찮다. 오늘 밤에 꼭 무슨 일이 벌어질 것만 같다. 일찍 집으로 가서 조심히 아이들 곁에 몸을 뉘어야겠다. 2009. 11. 4

문패 있는 골목

아파트가 들어서면서 골목이 없어졌다. 골목이 없어지면서 문패들도 사라졌다. 서울대학교 치과병원에 진료받으러 가는 길이었다. 택시를 타고 비원 앞을 지나는데 MBC 라디오 〈여성시대〉에서 문패에 관한 어느 시청자의 사연이 흘러나왔다. 늘그막에 어렵게 집을 장만한 친정아버지한테 문패를 선물했다는 감동적인 편지였다. 낭독이 끝나고 진행자 둘이서 주변 이야기를 몇 개 곁들였다. 개그맨 전유성 씨는 후배가 집을 사면 부부의 이름을 나란히 새긴 문패를 가지고 와서 아파트 현관에 달아주었다고 한다. 어떤 집의 문패는 부부는 물론 아이들 이름까지 적는다고도 했다. 사라진 문패들은 어디로 갔을까. 병원에 가면 문패들을 만날 수 있다. 아파트에는 아라비아 숫자만 있는데 병실마다 입원한 환자들의 이름이 달려 있다. 사람들은 아프고 나서야 이름을, 문패를 찾는 것이다.

인왕산 아래 통인동 근처에는 골목길이 아직 많이 남아 있다. 몸을 겨우 빠져나가야만 하는 아주 좁은 골목도 수두룩하다. 그런 길을 지날 땐 나란히 가지 못하고 골목이 시키는 대로 일렬로 차례로 걸어야 한다. 궁리에 손님이 오면 일부러 우회해서 그런 골목을 구경시켜주기도 한다. 모두들 즐거워한다. 대부분 아직도 이런 데가 있느냐며 신기해한다. 우리는 모두 이런저런 골목을 통과해서 오늘에 도착한 것이다. 그래서 좁은 골목을 보면 몸이 얼른 반응을 하고 마음이 먼저 그리로 달려가는 모양이다.

마취가 덜 풀어져 아직 얼얼한 입을 씰룩거리며 돌아오는데 동네 꼬마들의 공차기 하는 소리가 골목에서 왁자하게 들려왔다. 아침 일찍 일 나간 이 골목의 아버지들은 대문에 문패로 서서 아이들을 지켜보고 있었다. 평생 고향을 지킨 백부께서 돌아가시고 난 뒤 큰집 큰형님께 말씀드리고 백부의 문패를 거두어 왔다. 큰집 대문에 눈비를 맞고 서 있다가 이젠 주인을 잃고 쓸쓸히 있는 모습이 눈에 들어왔던 것이었다. 벼루같이 네모 반듯하게 나무로 깎아서 당신께서 손수 붓글씨로 쓰신 문패였다. 지금 그 문패는 내 책상 옆에 고이 간직되어 있다. 흰 구름 흘러가는 인왕산 너머를 바라면서 백부의 문패를 눈으로 만지고 손으로 쓰다듬어보았다. 2009. 11. 6

막걸리가 콸, 콸, 콸

　반건강상태라는 말이 있다. 마치 병 같기도 하지만 의사도 뚜렷한 병명을 모르고, 몸 어딘가가 이상한데 딱히 아픈 곳은 없는 상태를 말한다. 안 아픈 곳은 없는데 그렇다고 아주 아픈 곳을 짚을 수도 없는 상태이다. 환자이기도 하고 환자가 아니기도 한 그이들을 반환자라 할 수 있겠다. 반환자들은 대개 어깨가 결리고, 허리가 쑤시며, 쉬 피로하고, 머리가 무겁고, 밥맛이 없다는 증상을 보인다. 그래서 아이고 죽어야지, 하는 말을 늘 입에 달고 산다. 아마 철이 들고 나서 나도 가뿐한 몸의 상태를 유지한 적이 거의 없는 것 같다. 이러니 나 또한 반건강상태의 반환자임이 분명하다.

　시원하다, 라는 말이 있다. 그야말로 인왕산 정상에서 땀 흘린 뒤 바람을 맞을 때 나는 시원한 것이다. 이 말고도 목욕하러 가서 열탕에 들어갈 때, 식당에 가서 생태탕의 뜨거운 국물을 입안에 떠넣을 때. 아, 시원해, 라고 한다. 예의 버릇대로 말꼬리를 한번 잡아보자. 이로 미루어 내가 시원함을 느끼는 것은 짧은 시간인 모양이다. 내가 살이 팅팅 불어터지도록 목욕탕에 오래 머물 수 없는 법이다. 식당에서는 말을 또 해야 하니 아무리 국물이 맛있다고 삼키지 않을 도리가 있겠는가. 고생고생해서 올라간 산정상에서도 다시 내려와야 하잖는가.

　며칠 전 퇴근 후 국악원에 갔었다. 요즘 내가 국악을 좋아하는 줄을 알고 정말 좋은 공연이 있다며 어떤 분이 초대권을 주었다. 민속악회 〈시나위〉의 창단 40주년 기념공연이었다. 저녁 7시 30분에 시작되어 대취타, 대풍류, 판소리, 살풀이, 거문고산조, 취타풍류, 서도소리, 시나위 등의 차례로 이어졌다. 마지막 무대는 꽹과리의 이광수 명인이 이끄는 사물놀이였다. 관객들의 연호가 끊이지 않는 가운데 나는 모처럼 가슴이 뻥, 뚫리는 듯했다. 오랜만에 온몸이 시원했다. 그러나 그것도 잠시였다. 이내 뚫린 가슴으로 막걸리가 콸, 콸, 콸 흘러들어간 것이다. 한순간 시원했던 몸은 이내 반건강의 평형상태로 되돌아간 것이었다.

2009. 11. 9

강이
운다

  복잡한 세상 일에 전염이 되었나, 요즘 하늘이 며칠째 근심투성이다. 쨍쨍한 햇살은 어디로 가고 없고 잔뜩 찌푸린 얼굴이다. 하늘을 관찰해보면 안다. 하늘이 오늘처럼 변화가 없는 경우는 일년 중 손으로 꼽을 정도이다. 누가 맑은 하늘을 보았다 하는가. 구름 한 점 없기가 참 힘들다. 누가 먹구름을 보았다 하는가. 구름이 오래 머물기도 참 힘들다.

  시시각각 자유롭게 변하는 하늘에 칸막이를 설치하면 어떻게 될까. 빗물은 내려내려 시내로 가고 냇물은 흘러흘러 강으로 가고 강물은 흘러흘러 바다로 간다. 그리고 소금기를 남긴 채 짠물은 흐르고 또 흘러서 하늘로 간다. 숱한 논란을 뒤로 하고 4대강 사업의 첫삽을 뜬다고 한다. 계획대로라면 이제 넓은 세상 보고 싶어서 앞으로 앞으로 가던 물들이 보(堡)에 막힐 것이다. 막힌 물은 질식해서 죽을 것이고 죽은 물은 물고기를 죽일 것이다. 그 죽은 물고기가 어디 혼자 죽겠는가. 죽은 물고기는 결국 사람들을, 생태계를 죽이려 들지 않겠는가.

  하루를 마감하면서 하늘을 본다. 전체가 온통 먹먹하다. 하늘이 울려고 한다. 그 어느 날 하늘의 눈물이 한강, 금강, 낙동강, 영산강에 떨어질 때 그 눈물이 외려 기름처럼 물 위에 겉돌지나 않을까 나는 두렵다. 2009. 11. 10

효자동이발사

〈효자동이발사〉라는 영화가 있다. 송강호가 주연한 영화이다. 네이버에 가서 검색하면 이런 소개가 나온다. "비극적 역사의 시대를 살아온 우리네 아버지들의 삶 이야기. 각하의 머리를 깎게 된 소심한 이발사의 가슴 뻐근한 이야기. 소심한 이발사, 대통령 각하의 머리를 깎으면서 인생이 꼬이기 시작했다. 우리 아부지는 대통령 각하의 이발사입니다. 가장 소박한 아버지의 가장 특별한 감동을 만난다." 실제로 효자동에는 이발소가 여러 군데 있지만 효자동이발소는 없다. 궁리가 있는 건물 옆에 조그만 이발소가 있다. 궁리의 번지가 31-4인데 이발소의 그것은 31-5이다. 문을 열고 들어가면 어서 오십시오, 두 목소리가 동시에 들린다. 하나는 이발사의 것이고 또 하나는 면도와 세발을 담당하는 아주머니의 것이다. 처음에는 부부로 알았으나 그런 관계는 아니었다. 두 분은 이발소에서 점심도 해결하면서 항상 다정하게 근무를 한다. 노태우 대통령 시절 자리를 잡은 뒤 함께 마음 맞춰 일한 지 17년째라고 한다.

언젠가 이렇게 물어본 적이 있었다. "아저씨는 어디서 머리 깎습니까?" "어디긴 어디겠소, 여기서 깎지요." 아니 법랍이 많은 스님들도 제 머리 못 깎는다는데 대체 무슨 공력을 닦으셨을까. 이때 씩 웃으면서 "아, 내가 깎지 누가 깎아요." 하는 아주머니는 분명 큰보살님이다.

이발소 한쪽 벽에는 2004년 3월 1일자 《동아일보》를 넣은 큼지막한 액자가 걸려 있다. 한 손에는 가위를, 한 손에는 빗을 들고 손님의 머리를 다듬는 아저씨의 진지한 표정이 크게 박혀 있다. 영화 〈효자동이발사〉가 개봉되고 화제가 되었을 때 실린 전면기사이다. 그 영화를 찍을 때 배우 송강호가 이발 기술을 가르쳐달라며 찾아왔다고 한다. 아저씨는 한 마디로 거절했단다. 송강호라면 모두들 사인받겠다고 달려드는 판이다. 근데 당대 일류 배우의 청을 바쁘다는 이유로 단칼에 거절했다니, 대단한 이발사 아저씨이다.

뿐만 아니다. 김대중·노무현 대통령 시절에는 대통령 전속 이발사로 오라는 제의가 있었지만 이 가게를 버릴 수가 없어서 거절했단다. 모두들 면도하듯 깨끗이 내린 결정이었다. 지금에사 돌이켜보면 아주 잘한 선택이었다. 신문의 사진 속에는 이발소 정면에 빛바랜 태극기가 걸려 있다. 하지만 지금은 백두산 천지 사진을 비롯해 이른바 이발소그림이라 불리는 풍경화 석 점이 큼지막하게 걸려 있다.

　어제 머리를 깎았다. 날씨가 추워 미루고 미루다가 더는 미룰 수가 없었다. 이젠 단골이 되었으니 말 안 해도 척 알아서 잘 깎아주신다. 나한테 방출당한 머리카락들은 이발사 아저씨한테 항의하듯 끈질기게 들러붙는다. 아저씨는 아무런 내색도 없이 내 머리카락들을 툭툭 털어내고 나를 그대로 눕힌다. 그러면 아주머니가 금방 나타나 면도칼로 슥슥삭삭 얼굴에 난 잔털을 깎는다. 나는 깜빡 잠

이 들기가 일쑤다. 마지막 마무리는 가위로 삐쭉 나온 코털을 제거하는 것이다. 그러고 나서 아주머니가 어깨를 툭 치면 나는 일어나야 한다. 발아래 흩어졌던 내 머리카락들은 이미 쓰레기통으로 처박히고 안 보인다. 아저씨는 밖에서 인왕산을 보면서 담배를 맛있게 피우고 있다.

이젠 머리 감을 차례다. 나는 세면대로 가서 얌전하게 머리를 박는다. 오늘따라 아주머니의 손끝이 좀 까끌한 느낌이었다. 조금 전 손톱을 깎으셨나. 벗어둔 옷을 걸쳐 입고 지저분한 것들을 걷어낸 얼굴을 거울에서 만나니 나도 좀 내가 낯설다. 어디 성형수술이 따로 있겠나. 사람의 신체발부를 다루는 일이니 이발사도 의자(醫者)의 범주에 든다고 해야 할 것이다. 나는 두 손으로 만 원을 드리면서 아주머니의 손을 유심히 바라보았다. 다른 것은 모르겠고 정성껏 칠한 매니큐어가 손톱 끝에서부터 차츰차츰 희박하게 닳아지고 있었다. 2009. 11. 13

※ 여기 소개하는 이발소의 명칭은 '형제이발소'이다.

청국장집을 찾아서

낙엽이 우수수 떨어지는 가을. 바람이 쌀랑하게 분다. 겨울의 냄새가 잔뜩 묻어난다. 이런 즈음이면 생각나는 음식이 몇 가지 있다. 냄새는 냄새로 대응하는 게 좋다. 그중 하나가 청국장이다. 인왕산을 왼편으로 돌아드는 사직파출소 입구에 '사직분식'이라는 가게가 있다. 간판과는 달리 청국장과 두부찌개 전문점이다. 홍어와 제육볶음도 판다. 하지만 점심시간에는 주문을 삼가는 게 좋다. 밖에서 줄선 손님들의 눈흘김을 어찌 감당하겠는가. 그리고 그것은 배고픈 자들끼리 취할 태도도 아닌 것이다.

  국보급 청국장이다 보니 단골들도 많다. 혼자이거나 둘이 가면 낯모르는 사람들과 합석을 각오해야 한다. 그래도 맛에 열중하다 보니 아무도 불평을 않는다. 이 식당에는 술은 안 판다. 굳이 마실려면 옆 구멍가게에서 막걸리를 사는 게 좋

다. 술을 안 취급하니 잔도 없다. 해서 물컵으로 잔을 대신해야 하는데 소주는 좀 불편하지 않을까.

   3년 전쯤 영국에서 유학하는 친구가 잠시 귀국했었다. 궁리에서 나오는 『세상에서 가장 재미있는 세계사』를 번역한 분이다. 중학생 따님과 함께 왔길래 술집은 그렇고 해서 사직분식에 가서 저녁을 먹었다. 고단한 유학생활에서 이런 토속 음식이 유난히 그리웠던 모양이다. 숟가락과 젓가락을 분주히 놀리면서 "아, 맛있다, 아, 맛있다." 하는 감탄사를 연신 날리는 것이었다. 정말 맛이 있어서 맛있다고 하는 것 같았다. 나의 귀를 지나서 주위 사람들한테까지도 들릴 만한 추임새였다. 그래도 민망한 생각은 하나도 들지 않았다. 외려 주방의 아주머니에게까지 들렸으면 좋겠다는 생각이 들었다. 시장이 반찬이라고 했는데, 그이의 감탄사는 나에겐 시장만큼이나 좋은 반찬이었다. 그날은 나도 찬그릇에 묻은 고춧가루도 하나하나 떼어먹을 만큼 덩달아 아주아주 맛있게 먹었다.

   오늘 점심을 사직분식에서 해결했다. 붐비는 시간을 피해 2시 조금 못 미쳐 갔더니 세 사람이 느긋하게 식사를 하고 있었다. 혼자서 가면 움푹줌푹 파인 장난감 같은 식판 두 개에 여덟 가지 반찬을 준다. 오늘 메뉴는 호박무침, 오이절임, 도라지무침, 배추김치, 밴댕이젓갈, 묵, 파절임, 그리고 결코 빠지지 않는 생선조림 한 토막. 아, 형님처럼 고슬고슬한 잡곡밥에 누님처럼 짙은 향의 청국장. 일금 4천 5백 원을 치르고 나오니 어쩌면 영국에서 이 식당을 그리워하고 있을지도 모를 부녀 생각도 진하게 났다. 2009. 11. 16

차마 할 수 없는
질문

너는 너고 나는 나다. 나는 너를 보고 너는 나를 본다. 이 사실이 몹시도 신기하다. 나는 너의 옷을 뒤집어 입고 너는 나의 옷을 뒤집어 입고 있다. 이 사실이 몹시 우스꽝스럽다. 너도 나처럼 생각할까. 나도 너처럼 생각할까. 아직 확인해보지 않은 이 사실을 알고 나면 우리는 서로 놀랄까. 패를 까본 노름꾼처럼 한숨을 쉬면서 땅을 칠까. 네가 알고 있는 나를 나는 만나지 못했다. 내가 만나고 있는 네가 너가 알고 있는 너이더냐. 네가 알고 있는 나하고 내가 아는 나하고는 전혀 다른 사람들이다. 산은 산이요 물은 물이라는 이곳에서 나는 차마 이를 확인할 수가 없다. 물어보려 했으나 뒷감당이 안 될 것 같아 차마 질문할 수가 없다. 얇은 살얼음 디뎠다가 내 무게만큼 밑으로 푹 꺼지는 기분이 이 같을까. 이 대명천지에 이처럼 가까이에서 이렇게 달리 살고 있구나! 2009. 11. 18

눈물의 씨앗, 눈물의 공장

연세대 명예교수. 영문학자. 비교문학자. 그분의 이름은 임철규. 나는 그분을 만난 적은 없다. 90년대 중반, 그분의 네 번째 책, 『왜 유토피아인가』를 민음사에서 낼 때 잠깐 편집에 관여한 적은 있다. 가방끈이 짧았고 인문학적 소양이 턱없이 부족했던 나는, 누가 이 두꺼운 책을 읽을까, 내 깜냥의 한심한 독후감을 남기고 더 이상 눈길을 주지 않았다. 어떤 이는 "임철규의 저작을 읽다보면 '큰 공부'를 해야겠다는 생각이 저절로 든다."고까지 하는데 나는 영 안목이 없었던 셈이다.

최근 그분이 한길사에서 『귀환』이라는 책을 출간하면서 한 인터뷰를 읽다가 마음에 밑줄이 쳐지는 대목을 만났다. "눈이 있는 한 인간세계는 파국을 면할 길이 없다. 종교 용어를 구사한다면 인간에게 구원은 없다는 게 내 주장입니다. 눈이라는 감각은 부분만을 파악하면서도 그것을 전체라고 규정하고 이런 모순이 사물에 대한 인식을 한정짓게 됩니다. 그러나 나는 눈의 기능 가운데 보는 것보다 더욱 본질적으로 중요한 게 눈물을 흘리는 것이라고 봅니다. 타자의 고통에 대해 반응함으로써 우리는 공동체의 가능성, 구원의 가능성을 갖게 됩니다."

나도 눈에 대해 많은 생각을 해본 적이 있다. 그분처럼 체계적인 논리에는 이르지 못했다. 하지만 내 눈이 정작 내 눈을 보지 못한다는 명명백백한 사실로 인해, 이 세계에서 나의 유일한 맹점이 바로 내 자신임을 자각한 순간을 결코 나는 잊지 못한다. 가수 나훈아는 노래했다. "사랑이 무어냐고 물으신다면 눈물의 씨앗이라고 말하겠어요." 이에 빗대어 나도 한 마디 하련다. 사람이 무어냐고 물으신다면 눈물의 공장이라고 말하겠어요!

사는 것이 슬퍼서 우는 이도 많은데 너무나 참담한 일을 당해 이젠 눈물이 말라버린 이들도 많다. 그 피울음에 전염되어 세상은 또 자꾸 슬퍼진다. 인왕도 그럴 것이요, 인왕산 위 하늘도 그렇다. 용산 쪽의 하늘은 더욱 그렇다. 잿빛이다.

2009. 11. 20

인왕산의 단풍

내 마음 아름답지가 못하여 인왕산에 단풍이 든 것을 한번 언급도 못 한 사이에 단풍은 어제의 일이 되고 말았다. 그 사이 효자동 일대에 현수막이 나부끼고 골목길이 많이 헐렸다. 이웃한 종로통 일대는 더 심했다. 개발의 굉음이 덮치더니 몇백 년 동안에 일어날까말까 한 변화가 일년 만에 일어나고 있다. 난리도 이런 난리가 있을까. 그 요란법석에 6·25 전쟁통에도 살아남았던 피맛골이 깡그리 없어졌다.

피맛골이란 조선시대 서민들이 종로를 지나는 고관들의 말을 피해 다니던 길이라는 뜻의 피마(避馬)에서 유래하였다고 한다. 당시 신분이 낮은 사람들은 종로를 지나다 말을 탄 고관들을 만나면, 행차가 끝날 때까지 엎드려 있어야 했다. 이 때문에 서민들은 번거로움을 피하기 위해 한길 양쪽에 나 있는 좁은 골목길로 피해 다녔는데, 피맛골은 이때 붙여진 이름이다. 벼슬아치를 피했던 골목에는 해장국, 생선구이, 국밥, 빈대떡 등을 파는 가게들이 번창하고 이젠 오히려 술꾼들의 사랑을 독차지하는 골목이 된 것이었다.

며칠 전 인사동에서 친구들을 만나고 광화문까지 걸어오는데 철판으로 된 장막이 높게높게 쳐져 있었다. 얼마 전까지만 해도 흥청대던 피맛골에는 빈대떡으로 유명한 열차집을 비롯해 세 군데만 겨우 남아 탄압을 뚫고 영업을 하고 있었다.

깜깜 산중에서 멀리 보이는 등불처럼 술집은 반가웠고 초라한 유리창 너머로 열변을 토하고 있는 술꾼들이 언뜻언뜻 보였다. 약간 흐트러지기는 했지만 대범한 자세를 취하고 있는 모습에 모두들

위대하게 보였다.

　김용택의 시에 소리꾼 장사익이 부른 〈이게 아닌데〉라는 노래가 있다. 작년 말 밀양북춤의 대가 하용부가 '프랑스 파리 상상축제'에 초대되어 떠나기 전 국내에서 시연 형식으로 남산국악당에서 공연을 펼쳤다. 이때 장사익도 우정 출연하여 이 노래를 직접 불렀다. 나로선 이날 공연에서 처음 들은 노래였는데 그냥 직방으로 귀에 꽂혔다. '작은 요령'을 들고 장단을 맞추며 찰지게 부르는 소리꾼의 노래에 뻑, 가고 말았던 것이다. "이게 아닌데 이게 아닌데 사는 게 이게 아닌데 이러는 동안 어느새 봄이 와서 꽃은 피어나고 이게 아닌데 이게 아닌데 그러는 동안 봄이 가며 꽃이 집니다 그러면서 그러면서 사람들은 살았다지요 그랬다지요."

　인왕산 아래 종로를 때리고 건물을 부수고 골목을 허무는 동안 인왕의 가슴에는 단풍이 왔다. 그리고 갔다. 이게 아닌데. 2009. 11. 23

나의 늙음과 죽음

아인슈타인은 자신에게 죽음이란 더 이상 모차르트 음악을 듣지 못하는 것이라고 했다. 나도 그분을 흉내내어 이렇게 말해볼까. 나에게 늙음이란 더 이상 저 인왕산에 오르지 못하는 것이다. 그리고 나에게 죽음이란 윤윤석류 아쟁산조를 듣지 못하는 것! 진도 씻김굿 박병천 명인의 구음(口音)을 더 이상 들을 수 없다는 것! 2009. 11. 25

영점사미리가
왔습니다!

인왕산에 구름이 잔뜩 몰려 있고 비가 부슬부슬 내린다. 내게 있어 맑은 날은 비가 오지 않는 날이기도 하다. 비가 그냥 좋다. 사방에서 무럭무럭 솟아나고 자라나는 소리가 들린다. 궁리 식구들과 강원도로 여행을 몇 번 떠난 적이 있다. 신통하게도 그때마다 비가 와주었다. 태백산맥 근처 산간지방에서 비를 만나면 그야말로 그림 속에 있다는 기분을 누구나 느낄 것이다. 나도 이제 오십을 넘어버렸다. 미당은 "마흔다섯은 귀신이 와 서는 것이 보이는 나이"라고 했다. 그 나이보다 여섯을 더 가졌지만 귀신이 옆구리를 찔러도 내 알아차릴 수는 없다. 하지만 비가 오면 어디론가 떠나고 싶은 충동에 끄달리기는 한다.

오리 새끼는 태어날 때 처음 본 움직이는 대상을 어미로 알고 쫄쫄쫄 따라다닌다고 한다. 이른바 각인효과라는 것이다. 내가 왜 비를 좋아할까. 혹 이 또한 각인효과의 일종은 아닐까. 내가 이 세상에 처음 도착한 날의 날씨가 궁금했다. 음력 생일을 양력으로 환산한 뒤 기상청에 들어가 보았더니 1960년 이후부터 기상 상황이 날짜별, 지역별로 정리되어 있었다. 여기에서도 내 나이는 늙음이었다. 하는 수 없어 민원실로 직접 전화했다. "1959년 8월 X일 부산 지역의 날씨가 어땠나요. 비가 왔나요." 잠시만 기다려달라는 대답과 함께 컴퓨터 자판 두드리는 소리가 빗소리처럼 수화기 너머에서 가늘게 건너왔다.

그날 내가 태어난 날. 오리 새끼와 사람 새끼가 실상 뭐 그리 다르겠는가. 하지만 오늘날 굳을 대로 굳어진 나와는 달리 그날 그 녀석은 피부호흡도 하였을 것이고, 정수리 뚜껑도 열려 있었을 것이다. 포대기에 싸여 있어도 창밖의 기미는 쉽게 알아차렸을 것이다. 안 왔다면 그 이후 처음 온 날이 언젠가요, 물어볼 요량이었다. 내 생일날 비가 오고 안 오고가 지금에사 뭐 그리 대수랴. 하지만 별게 아니라 해도 제법 가슴이 두근거리는 가운데 이윽고 빗소리 같은 소리를 뚫고 대답이 날아들었다. "비가 왔습니다. 영점사미리가 왔습니다."

아, 0.4mm의 비! 내 좁은 발바닥에 제법 찰랑대고도 남을 영점사밀리미터의 비! 나를 충분히 적시고도 남을 작은 비가 왔단다! 일생의 큰 상이라도 받은 듯 내 인생에서 큰일이라도 벌어진 듯 기분이 우쭐, 해졌다. 2009. 11. 27

인왕산에서
제일 높은 곳

경주에서 감포로 넘어가다보면 감은사지터가 있고 그곳에는 아! 3층 석탑이 소슬하게 서 계신다. 그곳에서 조금 더 가면 문무대왕 수중왕릉이 있는 감포 해변이다. 그 대왕암 가는 길에 조금 못 미쳐 우측 산자락에 봉영암(鳳映庵)이란 조그만 암자가 있다. 나의 큰형님 친구분인 춘명(春明) 스님이 주지로 계신다. 작년에 친구들과 가서 2박하면서 경주 일대를 두루 구경하고 온 적이 있다. 그때 여행의 마지막 날 저녁을 함월산의 천년 고찰인 기림사 근처에서 하고 스님은 우리를 경주 시내의 어느 찻집으로 데리고 갔다. 그곳에서는 차는 물론 다기도 직접 제작하여 팔기도 하였다. 서울에서 전시회도 몇 번 열었다고 했다. 전시장에 가서 황토의 입자를 생생히 살린 다기 몇 점을 구입했다. 지금 궁리 사무실의 중앙테이블에 정좌하고 앉아 손님들이 오기를 기다리고 있는 누런 막사발들이 바로 그것이다.

주인보살은 다만 잠시 속세에 몸을 담그고 있을 뿐이지 한눈에 보기에도 그냥 비구니 스님 같았다. 그날 주인보살은 차에 대한 시범도 보이고 다기에 대한 설명도 해주었다. 다른 것은 다 까먹었는데 마지막 한 마디는 아직도 기억난다. "손님들이 와서 진열된 찻잔을 든 채 그냥 홀랑홀랑 뒤집어서 보는데 좀 보기에 사납습니다. 잔을 그대로 들어올려서 눈높이에서 맞춘 뒤 슬쩍 보면 좀 좋을까요. 그러면 잔을 대접해주는 것 같아서 그렇게 보는 그분도 참 좋아보입니다." 직접 다기를 들고 웃으면서 말하는 보살의 생생한 충고는 나에게도 정확히 들어맞는 말이었다. 손님의 자격으로 앉아 있었지만 옳은 말 앞에서 나는 아무런 대꾸도 못했다. 무심코 접시의 엉덩이를 발랑발랑 까뒤집어보았던 그간의 내 행각을 자복하고 마음속으로 부끄러움을 삼켰다.

인왕산 정상에 가면 좀 편평한 곳이 있고 큰 나무탁자가 있다. 등산객들을 위한 쉼터이다. 그리고 그 옆으로 제법 큰 바위가 있다. 그 바위에는 다락으로 가는 것처럼 두 줄로 총 다섯 개의 밭은 돌계단이 있어 꼭대기에 오르도록 해놓았다. 굳이 따지자면 그 바위 위가 인왕산에서는 가장 높은 곳이다. 나는 통인동으로 이사 와서 처음 인왕산에 오를 때만 해도 숨을 깔딱거리며 정상에 도착해서는 무턱대고 그곳을 올라갔었다. 그리고 산의 정상을 정복했다는 짧은 쾌감에 젖어보기도 했었다.

    하지만 요즘은 그렇게 하지 않는다. 어쩐지 그곳으로 오르는 데 필요한 서너 발짝은 그냥 걸음이 나오는 내 사타구니 안에 비축해두고 싶었다. 왠지 그래야 할 것 같았다. 기어이 그곳을 안 올라도 서울은 다 내 발 아래이고 인왕의 정상에 오르지 못했다는 생각은 추호도 안 든다. 찻잔의 바닥이나 산의 정수리는 결국 같은 곳일 테니 말이다. 2009. 11. 30

겨울

겨울
❈
12월

하늘의
맨발

하늘의 맨발을 본 적이 있는가. 늦은 아침 출근길. 인왕산 쪽 하늘이 심상찮았다. 인왕의 주봉인 치마바위에는 주렴처럼 무언가가 드리워져 있었다. 자세히 보니 하늘의 발이었다. 그것도 맨발이었다. 발들은 가느다랗고 흐릿했다. 촘촘하고 자욱했다. 이 세상 다 떼메고 갈 궁리인듯 점심 무렵까지 하늘은 발을 거두지 않고 있었다. 얼른 끼니를 때우고 하늘의 발들을 한번 만져볼 요량으로 부지런히 나의 발걸음을 인왕산으로 옮겼다.

인왕은 중앙에 머리 같은 큰 봉우리가 있고 양옆으로 어깨 같은 두 작은 봉우리를 거느리고 있다. 옥인아파트 입구에서 오른편 비탈길에 있는 석굴암의 옆길로 올라가 자하문 쪽에서 올라오는 길과 만나는 삼거리에 이르렀을 때였다. 갑자기 안개 속에서 누가 나오더니 길을 막으며 더 이상 가지 말라고 충고하는 것이었다. 자세히 보았더니 작년 여름 정상에서 만났던 이였다.

그때 일이 어제의 일인 듯 생생하게 떠올랐다. 그땐 막상 비는 오지 않고 잔뜩 찌푸린 날씨였다. 우산도 없이 중턱에 이르자 부슬부슬 는개가 내리기 시작했다. 그냥 돌아갈까 하다가 내처 앞으로 나아갔다. 정상에 이르자 아무런 인기척도 없었다. 경비초소의 보초들도 웅크리고 빼꼼도 하지 않았다. 오로지 나 혼자였다. 나를 구성하는 세포들이 분해되어 자욱한 안개 분자들과 섞이는 동안, 무슨 신령한 기운이 몸을 통과해 나가는 듯 기분이 뻥 뚫렸다. 그때 바람이 불쑥 찾아와 인왕산 정상을 흔들었다. 바로 그때 나는 바람 사이로 얼핏 그를 보았던 것이다. 그는 아무 말 없이 산 아래를 이윽히 내려다보았다. 내가 홀린 듯 그이한테 한 발짝 나아가면 그이는 한 발짝 뒤로 물러났다. 다시 바람이 훅 불자 그이는 홀연히 자취를 감추고 말았다.

그리고 오늘 그를 다시 만난 것이다. 그이는 바람과 함께 바람처럼 나타나서는 오늘은 정상의 상황이 몹시 안 좋으니 이쯤에서 내려가는 게 좋겠다고 했다. 직접 말을 하는 것은 아니고 그런 표정을 남기고 휙, 그날처럼 가버리는 것이었다. 잠시 고민에 빠졌다. 하늘이 납치라도 하겠다면 기꺼이 붙들려 승천하자던 호기는 어느새 사라지고 말았다. 마음이 한번 꺾이고 나니 정상으로 향하는 길이 안개로 한층 더 두텁게 가려지는 것 같았다. 산으로 향하던 계단도 몇 개 지나지 않아 호랑이 아가리 너머로 들어가는 듯 희미해졌다. 무섬증이 확 덮쳐왔다. 하는 수가 없었다. 이 얕은 산중에서도 조달할 수 있는 핑곗거리는 얼마든지 있었다. 아직은 세상에서 할 일이 더 남아 있다는 점을 앞장세우고 나는 그이의 말에 따르기로 했다. 한 손으론 지팡이 흩어 짚고 한 손으론 안개를 걷으며 허위허위 내려왔다. 2009. 12. 2

거문고
소리가 좋다

요즘 거문고 소리가 좋다. 인왕산에서도 훤히 내다보이는 경복궁역 근처에 가면 '소이 국악교실'이 있다. 출퇴근하는 길목에 있으니 자연 눈에 띄게 되었다. 며칠 전 용기를 내어 학원 문을 빼꼼히 열고 들어갔다. 소이 원장님은 가야금, 큰딸은 거문고와 작곡, 둘째딸은 판소리를 전공한 국악 가족이었다. "서양 악기는 인공의 소리인데 우리 악기는 자연의 소리예요. 뭐든 한번 배워보세요." 주저하는 나에게 원장님이 한 마디 던졌다. 그러면서 국악을 본격 접하게 되었는데 요즘 그 재미가 쏠쏠하다.

지난주 목요일 저녁. 국악원 우면당에서는 거문고 연구회 '동보악회'의 정기 연주회가 있었다. 동보악회는 오동나무 동(桐)과 넓을 보(普)를 합친 말이다. 오동나무는 거문고의 주재료이다. 따라서 동보란 거문고를 널리 알린다는 뜻이다. 해서 그 뜻을 잇고 멋을 알리기 위한 젊은 거문고 전공자들의 모임이었다. 동보악회의 대표는 서울음대 국악과의 정대석 선생이다. 이날은 이분이 작곡한 작품만을 연주하는 것으로 무대를 꾸몄다. 특히 3부에서는 선생이 직접 나와서 지휘를 하였다.

우리나라가 점잖은 나라여서 그렇지 서양의 모모한 나라들처럼 왈패짓이나 하고 배타고 나가서 다른 나라를 못살게 굴고 제것만 좋다고 우겨댔더라면 거문고가 첼로 이상의 행세를 했을 것이다. 그리고 그 거문고의 나라에서 정대석 선생은 악성(樂聖) 이상으로 대접받았을 것이라고 나는 확신한다. 그분이 작곡한 〈수리재〉의 세 악장인 정경, 흥취, 다향과 〈달무리〉의 세 악장인 달빛, 달맞이, 달무리 그리고 〈일출〉의 세 악장 어둠, 먼동, 떠오르는 해를 들어보시라. 그리고 또 〈무영탑〉, 〈열락〉 등도 마저 들어보시라. 그것만으로도 나의 말이 허튼 가락이 아님을 알 것이다. 저 혹독한 시절에도 백범(白凡)이 우리나라가 문화국가가 되는 것을 소원이라고 하신 것은 그냥 괜히 하신 말씀이 아니었던 것이다.

오늘도 국악원 아래쪽 예술의 전당에서는 서양음악이 활개치고 그에 장단을 맞추어 거금을 내고 입장한 이들로 북적이고 있을 것이었다. 이날 국악원의 주차장이 무료이고 공연장인 우면당의 입장료는 일금 만 원이었는데도 객석에는 빈자리가 많았다. 덕분에 나는 전 출연자들이 가장 잘 보이는 맨 앞줄에 앉을 수 있었다. 열아홉 명이 앉는 자리인데도 양끝으로 둘이 앉고 정중앙에는 나 혼자였다. 한 나라의 임금이라도 된 어마어마한 기분을 만끽했다. 제법 거만한 자세로 앉아서 어깨춤을 들썩이며, 손 박자를 치며, 마음으로 추임새를 넣으며 풍류를 즐긴 흐뭇한 밤이었다. 재위기간 90분. 2009. 12. 4

세상에서
가장 높은 곳

황혼 무렵 인왕산 정상에 머무를 때가 있다. 그때 조금은 신기한 생각이 하나 들었다. 인왕산의 높이에 내 키를 더하긴 했지만 산들의 키에 비해 나의 높이는 무시할 만한 숫자이다. 그런데 내가 인왕산에 서면 왜 인왕산이 천하에서 제일 높아 보일까. 북한산도 높긴 하지만 내가 인왕산에 있는 한 나보다 높아 보이지는 않는다. 더구나 실제로는 인왕이 견주기에도 민망한 저 멀리 관악산은 땅꼬마처럼 보인다. 키가 엇비슷한 남산보다도 확실히 인왕산이 더 커 보인다. 왜 그런 것일까. 물론 나는 안다. 지금 내가 남산에 있다면 인왕산은 확실히 남산의 발아래 있을 것이다. 북한산, 불암산, 관악산은 말할 필요조차도 없을 것이다. 왜 내가 있는 곳이 제일 높은 곳이 되는 것일까. 내가 착각하는 것일까. 내가 너무 건방져서 그런 것일까.

인왕산 정상에 머무르면서 두 가지를 보았다. 해가 차츰차츰 지는 모습과 달이 차츰차츰 떠오르는 모습을. 이 현상은 지구가 둥글다는 유력한 증거라고 지구과학 교과서는 설명한다. 하지만 나는 지구가 둥글다는 증거를 하나 더 찾았다. 나의 시선은 어디에서나 직진한다. 절대 도중에 구부러질 수가 없다. 만약 지구가 편평하다면 내가 있는 곳이 곧 가장 높은 곳이 되는 현상이 일어났을까. 멀고 가까움이야 있겠지만 크고 높은 것은 그대로 유지될 것이다. 그러나 지구는 둥글다. 따라서 내가 서 있는 곳이 하나의 꼭지점이 되어 모두가 나 있는 곳보다 아래에 놓이게 되는 것! 인왕산에 서면 인왕산이 높아지고 남산에 서면 남산이 높다는 것은 내가 건방져서가 아니라 지구가 둥글기 때문에 일어나는 자연스러운 현상이었다. 그게 이 세계에 존재하는 것들의 질서라는 것을 알았다. 그러나 어쨌든 지금 이렇게 생각하고 있는 나를 가장 높은 곳에 놓이도록 하는 자연의 배려에 경의를 표하지 않을 수 없었다. 2009. 12. 9

변신하는
집

젖과 꿀이 흐르는 것도 아닌데 내 집 아닌 곳에 가면 집 생각이 나기 마련이다. 아직도 집을 나서면 벌써 집에 가고 싶어진다. 집이란 그런 곳이다. 그곳에 가면 이제 더 이상 다른 곳이 생각나지 않는 곳이다. 그곳이 집이다. 그곳에 가면 더 이상 갈 곳도 없어지게 된다. 그런 곳을 집이라 한다. 김현 선생도 집에 대해서 이런 말을 남겼다. "그래. 자기 집이 제일 좋은 집이어서 집으로 가는 게 아니라, 집이기 때문에 가지. 그 말은 옳은 말이었다. 집이기 때문에 우리는 집으로 간다. 그 집의 다른 이름들도 많다. 제일 흔한 이름은 무엇일까?"※

비 잇 에버 소 험블 데얼 이즈 노 플레이스 라이크 홈. 나의 경상도 사투리억양이 묻어나는 영어 발음에 서울에서 태어난 우리 집 아이들은 자지러진다. "아빠, 그 발음 가지고 사회생활 어떻게 했어?" 하는 눈치를 노골적으로 준다. 그러나 언젠가 말했듯 영어는 내 나라 말이 아니다. 그것 가지고 기죽을 일은 없다. 그래도 내가 고등학교 때 공부한 『정통종합영어』의 그 숱한 예문에서 지금껏 유일하게 외우는 문장은 이것뿐이다. 해서 생각날 때마다 입안에 넣고 중얼거린다. Be it ever so humble, there is no place like home. 아무리 누추한 곳이라 해도 내 집만한 곳 세상에 또 없네. 그러나 집이 그런 곳만이라면 얼마나 좋을까.

"그레고르 잠자는 어느 날 아침 불안한 꿈에서 깨어났을 때, 자신이 잠자리 속에서 한 마리 흉측한 해충으로 변해 있음을 발견했다. 그는 장갑차처럼 딱딱한 등을 대고 벌렁 누워 있었는데, 고개를 약간 들자, 활 모양의 각질로 나뉘어진 불룩한 갈색 배가 보였고, 그 위에 이불이 금방 미끄러져 떨어질 듯 간신히 걸려 있었다. 그의 다른 부분의 크기와 비교해볼 때 형편없이 가느다란 여러 개의 다리가 눈 앞에 맥없이 허우적거리고 있었다. '어찌된 셈일까?' 하고 그는 생각했다. 꿈은 아니었다. 그의 방, 다만 지나치게 비좁다 싶을 뿐 제대로 된 사람이 사는 방이 낯익은 네 벽에 둘러싸여 조용히 거기 있었다."※※ 그 유명한 카프카의 소설, 『변신』의 첫 대목이다. 주인공인 그레고르 잠자가 벌레로 변한 곳은 다름 아닌 그의 집에서였다. 그것도 바로 그가 매일 잠자고 일어나던 방의 침대에서였다. 왜 잠자는 다른 곳을 놔두고 하필이면 집에서 벌레로 변해야 했을까. 왜 이렇게 집이 벼랑으로 변신하는 것일까.

 딸아이가 제 엄마와 함께 며칠간 피정을 떠났다. 아이는 집을 떠나면서 제가 없는 동안 보고 싶으면 히룻을 상대하라며 주고 갔다. 히룻은 아이가 좋아하는 강아지 인형이다. 개를 몹시 무서워하는 나는 강아지 인형도 싫다. 그 헝겊보다는 아이 침대 곁에 걸린 잠옷을 툭툭 치면서 외로움과 그리움을 달랬다. 세상 전부를 녹여먹을 듯 쨍쨍 내려쬐는 햇빛. 단단한 것들이라면 무조건 툭툭 건드리고 가는 바람. 힘들게 올라간 인왕산에서 나는 한낮의 내 집인 사무실로 터덜터덜 내려왔다. 그러면서 생각해보았다. 지금 집이 몹시도 그리울 아이가 집에 와서 뭐라고 첫마디를 던질까. 2009. 12. 7

▩ 『행복한 책읽기』(김현 지음, 문학과지성사)에서 인용.
▩▩ 『변신』(카프카 지음, 전영애 옮김, 민음사 세계문학전집4)에서 인용.

인생의
총량

총량이다. 사는 것은 총량이다. 어찌되었든 자궁에서 무덤까지이다. 라이프 이즈 어 트래블 프롬 움 투 툼. 내 몸도 걸치고 있는 내 옷이 빠듯하게 감싸는 부피까지이다. 좋겠다, 화가들은. 흔적이 남는다. 그걸 또 좋다고 이웃들이 수습해 간다. 그래서 돈이 된다. 그가 남긴 작품이 얼추 그의 인생의 총량이 된다. 좋겠다, 음악가들은. 자기 좋은 대로 머리와 마음을 흔든다. 그래놓고 마음 흔든 값 달랜다. 그걸로 그의 생이 이룩된다. 그가 남긴 노래가 얼추 그의 인생의 총량이 될 것이다. 내 시선의 총량이 내 인생의 부피와 맞먹을 것이다.

그러나 나에게 내것이라고 우길 만한 것이 없다. 그런 음악이나 미술의 재주가 부럽기만 할 뿐 내겐 없는 것이다. 하늘은 나를 외면하고 나는 한눈을 팔았으니 누굴 탓하랴. 따라서 남는 몫도 없다. 다행인 건 그래서 아무런 후유증이 없

다는 점이다. 내가 살아 있는 동안 내가 그나마 잘하는 것은 본다는 것뿐이다. 뒷골목을 자주 가보았고 앞보다는 뒤를 보려고 했다. 보는 것도 총량의 법칙이 적용될 것이다. 내 시선의 총량이 내 인생의 부피와 맞먹을 것이다.

 나는 어디에 많은 시선을 두었을까. 인왕산과 인왕산 쪽 하늘을 얼마나 많이 바라보았을까. 나는 지금 몸에 갇혀 있으니 인왕을 만날 방도가 없다. 그러기에는 내가 너무 굵고 크고 딱딱하고 무거운 알갱이인 것이다. 인왕한테 스며들 방도가 없는 것이다. 내가 이곳을 떠난 뒤 다음 생에서 무엇으로라도 변신했을 때 이승에서의 나의 기미가 조금이라도 묻어 있을까. 나의 흔적이 조금이라도 남아 그땐 인왕이 나를 혹 알아챌 수 있을까. 그렇다면 그간 전생에서 내가 외롭지 않게 동무해준 값을 갚아달라고 인왕한테 손 벌려볼까. 2009. 12. 11

※ Life is a travel from womb to tomb.

배꼽 아래
투명한 끈

나는 어디에서 왔나요. 응, 다리 밑에서 주워 왔지. 무슨 다리? 우리가 지금 살고 있는 세상이 큰 다리란다. 우리는 두 다리로 걸어걸어 이 다리를 건너건너 어디론가 간단다. 자라면서 이런 이야기 여러 번 들었을 것이다. 실제로 우리들 모두는 어머니 다리 밑에서 주워온 존재들이다. 탯줄이 싹둑 끊기고 나면 떨어져 혼자가 된다. 내 입으로 집어넣어야 비로소 내 배가 불러진다. 그리고 큰다. 부

끄러움도 생긴다. 나는 이제 컸다. 혼자서 잘 돌아댕긴다. 목욕할 때 배꼽이 드러나긴 하지만 퇴화된 그곳을 이제는 거들떠도 안 본다. 나는 자라면서 염치도 얼마간 확보했다. 내 어릴 적 소원은 까스활명수를 마음놓고 사먹는 것이었다. 그 정도의 돈은 항시 내 지갑 속에 있다. 이제 나는 그야말로 당당히 독립적인 존재인 줄로 알았다.

근데 왜? 내 머리에서는 옛날 옛적 기억이 돋아나는가. 나는 아직도 신발에 담겨 있는가. 나의 신발 밑에서는 그림자가 기어나오는가. 부끄럽고 민망한 고백 하나 하자. 따지고 보면 고백이랄 것도 없다. 말 안 해도 인왕은 이미 전모를 잘 알고 계실 것이다. 인왕산을 숱하게 올랐으니 산중에서 급한 적도 있었다. 그랬다. 그래 그러기도 했다. 소나무 아래 으슥한 곳을 찾아 실례를 여러 번 했다. 내 배꼽 조금 아래에서 철, 철, 철, 떨어지는 뜨뜻한 물줄기를 뒤집어맞으면서 인왕은 혀를 찼을 것이다. 그러면서 혹 이러진 않으셨을까. "이런 고얀 놈, 그래 자네 몸에서 이따금씩 불쑥 뻗어나오는 허연 비닐 같은 끈들. 이것이 자네와 나를 연결해주는 또 다른 탯줄인 줄을 자네는 아는가! 그 끈 더 이상 그대 몸에서 솟아나지 않으면 그대도 산 속으로 입적해야 하는 줄을, 네 놈은 아는가!" 2009. 12. 14

인왕산의
꼬마 현자

작년 여름의 일이다. 궁리에서 나와 한번 꺾어지면 곧바로 통인시장으로 연결되는 길이 있다. 그리 오래 되지 않은 한옥들이 좌우로 어깨를 맞대고 골목길을 만들어준다. 몹시 더운 날이었다. 외출했다 돌아오는데 한 꼬마가 처마 밑 땡볕에 앉아 하드를 쭐쭐 빨아먹고 있었다. 몹시도 맛있게 먹고 있었다. 얼음을 먹는 것은 좋은데 땀을 뻬질뻬질 흘리고 있기에 안쓰러워 보였다. "야, 이 녀석아. 이쪽 그늘로 와서 앉아라." 하고 말해주었다. 아이가 나를 힐끗 쳐다보더니, 아 바로 옆에 그늘이 있었군, 그제야 새삼 그늘을 발견했다는 듯 선선히 옮겨 앉았다. 서너 발짝에 불과한 걸음이었다. 아주 자연스러운 동작이었다. 작은 선심이라도 쓴 양 기분이 좋아졌다.

그런데 그러고 나서 나를 쳐다보는 아이의 표정이 묘했다. 일어섰다, 옮겼다,

앉았다. 다시 자리를 잡는 그 일련의 짧은 동작이 마치 바람처럼 자연스러웠다. 옮긴 아이의 표정은 그늘이나 땡볕이나 뭐 그게 그거 아니냐는 투였다. 그러고는 이전으로 돌아가서 나머지 하드를 또 열심히 빨아먹는 것이었다. 참으로 별 게 아니었지만 이상하게 그날 광경이 오래 기억에 남았다.

    며칠간 날씨가 몹시 차다. 오늘 외출했다 그 골목을 지나는데 문득 그날 광경이 떠올랐다. 평소 왁자지껄하던 골목길에는 아이들의 그림자도 없고 냉랭한 기운이 잔뜩 웅크리고 모여 앉아 있었다. 아이는 어른의 아버지라 했던가. 그때 그늘과 땡볕을 초월했던 그 아이. 혹 인왕산이 파견한 꼬마 현자(賢者)는 아니었을까? 상상을 해보면서 아무도 없는 골목길을 종종걸음으로 빠져나왔다. 2009. 12. 16

인왕산의
모아이

서태지는 유명한 가수이다. 나도 그의 노래를 몇 곡 안다. 지금 이 자리에서 그냥 생각나는 대로 제목만을 꼽으라면 몇 개 꼽을 수 있다. 데뷔곡 〈난 알아요〉를 비롯해 〈교실 이데아〉, 〈하여가〉, 〈떠나지 말아요〉, 〈발해를 꿈꾸며〉 등이다. 최근까지 8집을 발표한 모양이던데 앞에 열거한 노래 말고는 솔직히 무슨 노래인지 나는 잘 모르겠더라. 그가 작년에 4년 7개월의 침묵을 깨고 싱글 8집을 발표했다. 가요계에서 서태지의 위치는 대단했다. 그는 신비주의 전략을 택한 듯했다. 그는 서태평양에 있는 모아이란 섬에서 뮤직비디오 촬영을 했고 타이틀곡도 〈모아이〉였다.

　위키백과에 따르면, 모아이(Moai)는 칠레 이스터 섬에 있는 사람 얼굴 모양의 석상이다. 크기 3.5미터, 무게 20톤 가량 되는 것이 많지만, 큰 것은 20미터에 90톤까지 되는 것도 있다. 섬 전체에 걸쳐 6백 개 이상의 모아이 상이 흩어져

있다. 모아이가 생긴 이유와 모아이를 제작한 방법은 아직도 풀리지 않는 수수께끼라고 한다.

궁리닷컴(www.kungree.com)에서는 매주 월, 수, 금요일 세 차례 인왕산을 찍어 소개한다. 이른바〈빛으로 그리는 新인왕제색도〉라는 코너이다. 나는 인왕제색도의 사진을 살펴보다가 놀라움게도 인왕산에도 모아이가 있다는 사실을 발견하게 되었다. 여기에 그 사진을 공개한다. 정해진 요일에는 궁리의 전문 사진가가 찍는데 주말을 이용해서 아마추어 사진사인 내가 모아이를 중심에 놓고 찍어본 것이다. 그 이후 나는 인왕산을 볼 때마다 중턱에서 꿈꾸듯 서 있는 모아이도 꼭 챙겨 본다. 인왕산의 모아이는 칠레 이스터 섬에 떨어져 있는 형제들을 그리워하는 걸까. 아니면 그곳에 있는 형제들이 인왕산으로 이민오겠다는 계획을 세운 뒤 미리 파견한 선발대일까. 그것 또한 나에겐 풀리지 않는 수수께끼이다.

어쨌든 홀로 인왕산에 떨어져 있는 모아이에게 중국 당나라의 시인 왕유가 지은〈구월구일억산동형제〉※를 전해주고 싶다. "홀로 타향서 나그네 되니 / 명절 때마다 고향 생각 더욱 간절하다 / 멀리서도 알겠지, 형제들이 높은 곳에 올라 / 산수유 꽂으며 놀다가 한 사람이 적음을".※※

한편 이 글을 읽으시는 여러분. 이건 순전히 나의 주장이다. 내 주장을 황당하다고 치부하거나 아니면 그냥 재미있게 믿어버리든가 그건 여러분들의 자유이시다. 다만 일부러 굳이 인왕산 모아이의 살점을 떼서 요즘 유행하는 유전자 검사까지는 하진 말라는 부탁은 하고 싶다. 그렇게 한다는 것은 우리의 상상력을 너무 가혹하게 대하는 것 아니겠는가. 한편 인왕산의 모아이가 이스터 섬의 모아이와 어떤 관계냐고 서태지한테 물어보면 뭐라고 할까. 모르긴 몰라도 그는 한 세계를 가진 예술가이니 그냥 빙그레 웃고만 말지 않을까. 2009. 12. 18

※ 九月九日憶山東兄弟 구월구일에 산동에 있는 형제들을 생각하며.
※※ 독재이향위이객(獨在異鄕爲異客) 매봉가절배사친(每逢佳節倍思親) 요지형제등고처(遙知兄弟登高處) 편삽수유소일인(遍揷茱萸少壹人)

올해의
사자성어

방기곡경(旁岐曲逕). 2009년, 한국 사회를 나타내는 사자성어라고 한다.《교수신문》에서 지식인들을 대상으로 한 설문조사에서 선정된 것이다. '일을 정당하지 않은 그릇된 수단으로 억지로 하는 것'이란 뜻이라고 한다. 이 말뜻으로 미루어 올 한해 우리 사회의 현주소를 어느 정도 가늠할 수도 있겠다. 하지만!

　이건 소위 먹물들의 말잔치이다. 나이로 치자면 원로 중의 원로에 해당하는 인왕께 물어볼 수는 없을테고, 그냥 물가에 민감하고 여론이 흐르는 통인시장에 가서 상인들한테, 손님들한테 물어보자. 그이들은 모두 뭐라고 할까. 이런 에두른 수사보다는 팍팍한 삶의 현실에 직박으로 내려꽂히는 이 한마디의 네 글자가 아닐까? 못 살겠네! 2009. 12. 21

내 나이 벌써 오후 2시

벌써 20여 년 전의 일이다. 오전 11시의 시보가 울릴 때. 아침에 먹은 밥도 푹 꺼져가는 중이어서 칸막이 책상에 앉아 어서 점심 시간이 오기를 기다리고 있었다. 숫자 11은 얼른 보면 밥을 입 안으로 운반하는 젓가락 같기도 했다. 또다시 보면 벗어놓은 검은 구두 같기도 해서 나를 싣고 가는 뗏목처럼 느껴지기도 했다. 그래서 한참 뚫어져라 보기도 했었다. 그러면서 그때 내 일생을 하루에 견주어, 〈내 나이 벌써 11시〉라는 제목으로 글을 하나 발표한 적이 있다. "모른다는 것이야말로 / 어쩌면 그 동안 정직하게 모은 유일한 재산 / 보이지 않는 곳에선 자꾸 이자가 불어나는 / 매일 찾아오는 짧은 점심 때를 / 직전까지 가서야 허기로 겨우 알았다."

 오늘도 그때처럼 오전 11시의 시보가 울릴 때 슬슬 배가 고파지기 시작했다. 근사한 메뉴는 아니었으나 나는 마음에 점 하나는 그런대로 찍을 수 있었다. 점심을 간단히 때운 것이다. 그리고 휘 둘러보니 어느새 내 나이는 오후 2시 근처를 지나는 중인 듯했다. 20여 년 만에 내 인생의 금쪽같은 하루에서 세 시간이 지난 셈이었다. 순식간에 벌어진 일이었다. 이제 중천을 통과한 해는 가속도를 붙여 서(西)로 굴러떨어질 것이다. 굴러떨어지는 데에는 가속도가 붙는 법이다. 이윽고는 나의 저녁이 마침내 나에게 불현듯 올 것이다.

 비유를 바꾸어보자. 매일 바라보는 저 인왕산의 높이를 내 일생의 눈금으로 치환해볼 수도 있겠다. 그러면 나는 지금 더듬더듬 어디쯤에 있을까. 깔딱고개 중턱을 지나 경비 초소가 있는 지점에서 가쁜 숨을 몰아쉬는 중일까. 말없이 서 있는 나무들은 모두 나의 도반들? 침묵하는 바위들은 머리 허연 한 사내를 안쓰럽게 바라보는 중? 얼마 남지 않은 정상에서는 내 자리를 마련해두고 얼른 오라고 기다리는 중?

 또 한 해를 마무리한다. 지상에서는 경인년 달력이 새로 돌고 술집에서는 망년회 술잔들이 여러 차례 돌고 있다. 오늘은 인왕산도 기축년 마무리 준비라도 하려는 듯 안개를 풀어 아침 세수를 하고 있다. 그간 팔팔하였던 나이지만 나도 나이는 속이지 못하는지라 몇 해 전부터 나의 연말 심정은 울적이었다. 그러나 올해부터는 내 심중의 일단이나마 저 인왕산과 그 너머 하늘에 의탁할 수가 있어서 정말 좋았다. 골치 아픈 전화를 끊고 의자를 돌려 창밖의 인왕산 쪽을 보니 안행(雁行)하는 겨울새들이 눈썹을 휘날리며 저 멀리 어디론가 가고 있다. 2009. 12. 23

교대역
지하통로

교대역은 아주 붐볐다. 지금 나는 강남역으로 가는 2호선으로 갈아타기 위해 계단을 오르는 중이다. 20여 년 전부터 10년간 내가 주로 출몰한 곳은 낮에는 신사역, 방이역 근처였고 밤에는 주로 교대역, 강남역 부근이었다. 자주 만나는 친구들이 강남에 많이 자리하고 있었고 또 그곳에는 나 같은 철없는 젊은이를 유혹하는 흥청대는 분위기가 언제나 대기하고 있었기 때문이다.

최근 인왕산 무릎 아래에 정착한 이후 나의 강남 지역 외출은 부쩍 줄어들었다. 따라서 이번 나의 교대역 방문은 참 오랜만의 일이었다. 교대역에서는 많은 사람들이 내렸다. 나는 일단의 사람들이 빠져나가길 기다렸다가 후미에서 떨어져 천천히 걸어갔다. 약속시간에 좀 여유가 있었던 것이다. 계단을 오르는데 계단의 끝이 많이 닳아 있었다. 어떤 곳은 아예 움푹 꺼져 있었다. 낙숫물에 돌이 패이듯 무수한 구두들의 걸음이 저 단단한 대리석을 갉아먹은 것이다.

나는 잠깐 전진을 멈추고 주위를 둘러보았다. 이 지하통로를 구성하고 있는 자재들은 이 역이 건설된 뒤로 한 번도 바깥 구경을 못한 티가 역력했다. 누구나 그리워할 고향의 풍경도 그저 액자에 갇힌 광고판의 싸늘한 경치로 대신하고 말아야 했다. 뿐일까. 엎드린 바닥재들이 하늘의 비맛을 제대로 보았으랴. 그저 황급히 소나기가 퍼부을 때 승객들이 구두코에 묻혀오거나 우산에서 떨어지는 이 삭비에 만족해야 했던 것이다.

사람들은 저마다 서로 모르는 사이여서 인정도 인사도 없이 우르르 앞만 보고 뛰듯이 걷고 있었다. 하기사 나도 예전 같으면 어디 바닥이나 계단 같은 아래에다 시선을 던졌겠는가. 그래도 몇 달 전부터 하루하루 하늘을 쳐다보았다는 것, 인왕산을 우러러 보았다는 것. 그게 버릇이 되고 그것을 밑천으로 삼아서 이런 얕은 지하에 와서도 천정을 보다가 답답함을 느끼고, 그래서 차라리 바닥을 보려다가 계단의 상처도 발견하는 것이었다. 그리고 거기에 마음이 가서 이렇게 이런 글도 쓰는 것 아니겠는가. 2009. 12. 25

부드러운 쿠데타

어제 서울에는 갑자기 눈이 내렸다. 하늘이 콜록, 기침을 한번 하자 거대한 도시는 순식간에 중병을 앓는 환자가 되었다. 주요 도로와 터널이 마비되다시피했다. 인체로 치면 온통 혈관이 막힌 꼴이었다. 과연 하늘은 단 한 번의 몸짓으로 현대 문명도시라 자부하는 서울을 장악해버렸다. 이런 부드러운 쿠데타가 어디에 또 있겠는가. 멋모르고 외출했던 시민들은 모두들 백색의 포로가 되어야 했다. 그들은 벌, 벌, 벌, 떨면서 하늘 한번 쳐다볼 엄두도 못 내면서 수용소로 변한 도심을 설, 설, 설, 기어다녀야 했다. 졸지에 북극의 펭귄이라도 된양 뒤뚱뒤뚱 걸어야 했다.

믿었던 자동차들은 헛바퀴만 일쑤 돌리더니 열을 잔뜩 받고서는 더운 김만 모락모락 피워올렸다. 또 틀린 일기예보, 게으른 공무원을 탓하기도 지쳤다. 아, 우리는 국제통화도 가능한 휴대전화를 손바닥에 쥐고 있지만 과연 신뢰할 만한 문명에 살고 있는 것일까. 근본적인 회의가 들었다.

오늘 서울에 눈은 내리지 않았다. 그러나 내리지 않는 위력도 대단했다. 눈은 쌓이는 것만으로도 시민들의 발목을 단단히 잡은 것이다. 겁을 잔뜩 먹은 출근객들은 지하철로 몰렸다. 하지만 지상으로 통하는 계단도 미끄럽기는 마찬가지여서 두더지처럼 엉금엉금 오르고 내려와야 했다. 이는 하늘 탓이 아니었다. 사람들이 눈을 신발에 묻혀 옮겨놓았기 때문이었다. 그리고 뒷사람이 그 눈을 밟고밟아 미끄럽게 만들어놓은 것이었다. 움직이지 않는 것들이 움직이는 것들을 통제하는 상황!

눈 탓이 아니라 술 때문에 위에 고장이 났다. 며칠째 명치 아래가 쓰리고 따가웠다. 하는 수 없어 동네 내과에 들렀다가 점심 무렵 출근했다. 나도 겁쟁이라서 지하철파(派)였다. 조심조심 경복궁역을 나오니 기온이 제법 따뜻했다. 사무실로 가는 동안 내가 걷는 편은 그늘이었다. 내내 웅크리고 발끝에 힘을 잔뜩 모두어야 했다. 내가 장딴지 근육이 아플 정도로 긴장하면서 걷는 동안, 건너편엔 햇살이 따뜻해보였다. 그곳의 행인들은 인왕산의 잔설을 완상하면서 씩씩하게 걸어가고 있었으니, 이 또한 하늘이 보급하는 햇빛 알갱이들의 있고 없음의 차이였던 것이었다. 2009: 12. 28

세 동무, 자호(自號)를 짓다

나이가 들면서 나이에 대한 이야기를 종종 듣게 된다. 예전 같으면 그냥 흘러들었을 나이 이야기를 귀에서 붙드는 건 나이 탓일 게다. 나도 예외가 아니다. 출판계 원로이신 분의 희수연이 홍익대 앞 중국음식점에서 있었다. 자리가 자리인 만큼 참석자들이 돌아가면서 한 마디씩 했는데 주로 나이에 관한 이야기를 많이 했다. 한 분이 마이크를 잡더니 나이의 별칭에 관해 이야기를 했다. 77세는 희수(喜壽), 88세는 미수(米壽), 99세는 백(百) 살에서 한 살 모자란다고 하여 한 획을 뺀 백수(白壽)라고 한단다. 나도 이제 오십 이후, 즉 오후에 본격 진입하였다. 일생을 하루로 요약한다면 어김없이 오후 2시경에 해당하는 나이다. 올해 말에서 딱 하루가 모자라는 오늘, 기축년 12월 30일. 호(號)에 대한 이야기를 하면서 한 해를 마무리 하려고 한다.

늘그막까지 함께 할 동무들이 생겼다. 힘에 부쳐 지금은 휴학중이긴 하지만, 작년 가을부터 '소이 국악교실'에 모여서 우리 국악을 함께 듣기도 하고 조금씩 배우기도 했다. 그러다 보니 매주 만날 기회가 마련되었다. 어느 날 막걸리 주전자 앞에서 누군가 호를 하나씩 지어 부르자고 제안했다. 모두들 흔쾌히 동의했다. 마치 기다렸다는 듯 한 동무가 먼저 나섰다. 어릴 적 부친께서 직접 작명해 주셨다면서 '물러나서' 라는 뜻의 퇴이(退而)를 공개하였다. 그이의 부친은 생전 부산에서 퇴계학회 회장으로도 활동하신 분이었다. 척 들어봐도 느낌이 좋았다. 편안했다.

한 동무는 인정(人正)이라는 자호를 이미 준비하고 있었다. 한문에서 인(人)은 상대방 곧 남을 뜻하는 말이다. 풀이하면 내가 아니라 네가 옳다, 라는 뜻이다. 오십에 이르러 문득 깨달은 겸손함의 한 표현이었다. 이 동무의 부친은 경남 고성에서 종교공동체를 운영하면서 구휼활동을 평생의 업으로 하신 분이셨다. 그 부친이 내 친구한테 하셨다는 한 말씀을 전해듣고 나도 가슴이 쿵, 울렸더랬다. 어느 날 갓 결혼하여 살림을 차린 서울 아들네집에 모처럼 오신 부친. 무역

업에 종사하는 아들한테 한 마디 던지고 내려가셨다 한다. "그래, 듣자 하니 니가 하는 일이 무슨무슨 물건 판다는 거 아이가. 그런 일은 니 아니고도 할 사람이 쌔빌언 거 아이가. 고향에서 니를 필요로 하는 사람한테로 가서 일하는 게 어떠캤노?"

나는 며칠 말미를 달라고 했다. 언젠가 말한 바처럼 술김에 가까운 산 이름으로 지었다가 도저히 불감당이어서 취중 해프닝으로 끝난 바가 내겐 있었다. 이제는 술 탓으로 돌릴 수만도 없었다. 나는 당시 매일 백팔 배를 하고 있었다. 이미 지나간 날은 할 수 없고 앞으로의 내 날들을 백팔 배를 한 날로 채우겠다는 야무진 결심을 한 것이었다. 그것은 늘어나는 몸무게를 제어하는 효과적인 방법이기도 했다. 그 결심을 굳히겠다고 '일일굴신평생지업(日日屈身平生之業)'이라고 작문하여 매일 써보기도 했다. 근데 굴신이라 하면 좀 비굴한 느낌이더니 굴기라고 바꾸니 확 기운이 달라지는 것이었다.

됐다. 평생 굴기(屈己)하자. 내 몸을 구부리고 구부리자. 나를 세 토막으로 나누어 포개고 땔감처럼 접었다가 허물자. 절이란 내 몸을 순간적으로 3층탑으로 쌓는 것 아닌가. 그러면 몸무게도 빠지고 마음공부도 되리라. 김성동은 소설 〈만다라〉에서 남녀가 배꼽을 맞추며 사귀는 것을 '2층을 만든다'라고 하였다. 아무렴 혼자 하는 동작이지만 2층보다야 3층이 더 높지 않은가. 이제부터 나를 일컫는 이름은 굴기다. 그렇게 해서 세 동무의 호는 각각 정해졌던 것이다. 전에 말한 것처럼 사나이 결심에 이름을 바꾸는 것만큼 단호한 것이 어디 또 있으랴. 이굴기. 흔히 굴비라고 잘못 듣기도 하겠지만 굴기로 바꾼 이름이 앞으로 나를 많이 바꿀 것이란 예감에 젖어보았다. 2009. 12. 30

겨울

1월

풍장하는 나무

인왕산에는 경인년 새날을 맞이하여 올해도 새벽부터 해맞이를 하는 사람들로 붐빌 것이다. 5년 전에 우리 가족들도 인왕산에서 해맞이를 한 적이 있다. 잠에서 덜 깬 아이들을 앞세우고 어둑한 산길을 오르자니 북악스카이웨이 도로에 대형 버스가 여러 대 주차되어 있었다. 몇몇 회사에서 단체로 온 것이었다. 인왕산 정상에 오르니 옷을 두둑히 껴입은 사람들로 빼곡했다. 그 이후론 인왕산 해맞이를 하지 못했다. 늘 전날 밤에 무슨 행사가 있었기도 했지만 무엇보다 식구들이 가장의 말을 안 듣기 시작했기 때문이다.

올해도 그럴 것 같아서 마지막 날에 아들과 함께 인왕산에 다녀오기로 했다. 오후 4시쯤 궁리를 출발했는데 늦은 시간이라 그런지 등산객이 아무도 없었다. 정상에 가보니 '산행발전소'라는 등산모임이 한 팀 있었다. 인왕산은 바위산이다. 무척 가파르다. 궁리에서 출발해 정상까지 갔다오는 데 넉넉잡고 한 시간 반이면 충분하다. 나는 평일에도 점심 시간을 이용해서 자주 오른다. 하지만 작년 여름 지리산에 갔다가 발목을 삐끗해서 깁스를 하느라 못 간 것이 그만 한동안 습관이 되고 말았다. 안 오르는 습관.

인왕산에 다녀온 날은 책상 다이어리에 표시를 해두었다. 지난 겨울에 일 삼아 집계해보았더니 2006년에 106회, 2007년에는 66회였다. 그렇게 줄창 인왕산에 다닐 때 정이 가는 나무가 하나 있었다. 키가 작고 볼품도 없었다. 근데 이 나무가 자리한 곳이 아주 경사가 심했다. 무릎 연골이 약해 자주 미끄러지던 나는 이 나무가 손잡아주는 덕분을 톡톡히 보았다.

그래서 어느 날부터인가 이 나무를 내 나무로 정했다. 오르내릴 때 악수하는 기분으로 꼭 나무를 한 번씩 쓰다듬었다. 아무리 추운 날이라도 악수할 땐 장갑을 벗고 했다. 그게 나무한테 대한 예의란 생각이 들어서였다. 내가 늙어가는 만큼 너는 어서 자라고 커라. 식구들한테도 나무 이야기를 해주었다. 그 나무한테 수목장이야 하겠냐만 아빠 죽고 나서 아빠 그리우면 그 나무한테 가거라. 아빠가 그래도 눈을 가장 많이 맞춘 나무란다.

어느 날이었다. 며칠 만에 인왕산에 가보니 내 나무의 절반이 톡 꺾여져 있었다. 하얀 피가 흥건했다. 누군가가 갈 길을 방해한다고 저지른 소행이라 짐작이 되었다. 나는 그때 아주 심한 욕을 그놈한테 했다. 고약한 형용사를 몇 개 얹고서 쓰발놈!이라고 했다. 그래도 분이 안 풀렸다.

다음날 사무실에서 응급처치가 될 만한 것을 가지고 가서 소생시키려 했지만 회복불능이었다. 나는 축 늘어진 나뭇가지를 업고 사무실로 데리고 왔다. 그리고 한참 후 이번에는 서울시에서 서울성곽복원사업을 한다며 인왕산의 산성을 대대적으로 보수하는 공사를 벌였다. 그땐 무거운 돌들을 실어나르기 위해 소형 케이블카를 설치했다. 아아, 그 와중에 내 나무는 흔적도 없이 모두 사라지고 말았다. 아윽, 없어지고 말았다.

지금 내 사무실 한켠에는 내 나무의 무덤이 있다. 그때 내가 거두어온 나무가 풍장하고 있는 것이다. 궁리 사무실은 다행히 유리창이 많아서 바깥이 훤히 잘 보인다. 나무는 생전 모습은 아니지만 그래도 꼿꼿이 줄기로만 남아서 저의 고향인 인왕산 중턱을 보면서 시간을 잘 견디고 있다. 오늘 저녁을 먹다가 인왕산 다녀온 이야기를 했다. 그러자 딸아이가 벼락같이 묻는 것이었다. "아빠, 아빠 나무[※] 잘 있어?" 2010. 1. 1

[※] 부끄러운 고백 하나. 지금껏 나는 나무 이름을 잘 몰랐다. 궁리에서 펴낸 『사계절 꽃산행』의 저자인 현진오 박사한테 사진을 찍어 전송하여 문의해보았더니 꽃동백나무일 것 같다는 답을 주었다. 좀더 정확한 동정(同定)이 필요하다. 나무한테 또 죄 짓는다.

방황하는
버스

사람들의 감각기관은 얼굴에 몰려 있다. 다 까닭이 있을 것이다. 눈이 뒤통수에 달려 있지 않은 것은 한 곳이라도 제대로 보고 그것에 집중하라는 뜻일 게다. 눈이 두 개라고 앞뒤를 다 보게 되었다면 아마 우리는 그 어떤 판단이나 결정을 아예 못했을지도 모른다. 배가 산으로 가는 까닭은 선장이 둘 이상이기 때문이지 않은가. 눈, 코, 귀, 입이 옹기종기 가까이 이웃하고 있는 것은 그들의 감각이

좀 어설프더라도 일단 이를 믿고 거기에 최선을 다하라는 함의가 숨어 있는 것이다.

궁리 사무실이 깃든 곳은 5층 건물의 2층이다. 아직 세입자 신세를 벗어나지 못했지만 그나마 위로가 되는 건 삼면이 온통 유리창이라는 점이다. 햇빛도 잘 들고 바람도 많이 불고 하늘도 시원하게 보인다. 그래서 바깥도 훤히 잘 보인다. 건물에 유리창이 많다는 건 건물에 눈이 많이 달린 셈인데 그렇다고 이 건물이 하늘로야 가겠는가.

오늘 일하다 말고 밖을 보는데 평소 못 보던 것이 설설 기어가고 있었다. 옥인 아파트와 남대문을 오가는 마을버스였다. 사무실 앞길은 정규노선이 아니었다. 무슨 영문인지 짐작이 갔다. 아마 눈이 많이 와서 도로에 비상사태가 벌어진 모양이었다. 내가 정규노선을 이탈한 버스를 보는 건 이번이 처음이 아니었다.

작년 여름을 달구었던 촛불문화제가 열렸을 때였다. 그땐 덩치도 훨씬 더 큰 시내버스가 대로를 벗어나 우리 사무실이 있는 골목길로 뛰어들었다. 당시 청와대 근처는 경찰차로 겹겹이 포위되었기에 애꿎은 버스들이 팔자에 없는 방황을 톡톡히 겪어야 했던 것이다. 그때의 일이 분노한 불이 만든 것이었다면 이번의 일은 눈, 그러니까 물이 빚어낸 사태였다. 어찌 되었건 버스가 제자리를 벗어나 배회한다고 해서 그 버스한테 책임 추궁을 할 수는 없는 노릇이었다. 솔직히 버스한테 무슨 죄가 있겠나. 뒤뚱뒤뚱 마을버스가 사라진 골목길을 종종걸음으로 걷는 사람들이 뒤따르고 있었다.

통인동 일대는 아직까지 그런대로 사람 사는 냄새가 솔솔 풍기는 동네이다. 물론 그 냄새가 싫어 강남으로 떠난 사람들도 많다. 하지만 그 냄새를 찾아 하루도 빼놓지 않고 새가 날아든다. 눈이 많이 내리고 날씨도 아주 차다. 하늘의 기미를 미리 알아차렸는지 며칠째 새소리가 들리지 않는다. 하지만 이곳 주민들은 새들이 인왕산 중턱 어디에선가 몸을 녹이며 비상을 꿈꾸고 있으리라 믿기에 아무 걱정을 않는다. 2010. 1. 4

밤하늘에 보내는
신호

구파발역에 도착하여 동무들을 만난 건 오후 4시 무렵이었다. 목적지를 딱히 정하지 않은 채 북한산 근처로 가서 펑펑 내린 눈을 밟고 저녁이나 먹자고 나선 길이었다. 굳이 명분을 내걸자면 우리끼리의 신년회였다. 송추행 시외버스를 타고 북한산성 입구에서 내렸다. 하늘의 눈은 사람의 눈도 깨끗이 닦아주는가. 눈은 인간의 시력도 보강하여 주는가. 북한산의 설경이 내 야트막하게 융기한 코 바로 앞으로 바짝 육박하여 왔다. 자연은 외롭지 않았다. 많은 산사람들이 북한산 골짜기에서 몰려나오고 있었다. 복장이 좀 울긋불긋하긴 했지만 북한산사(寺)에서 동안거 마치고 저잣거리로 떠나는 수행승 같았다.

이미 겨울해가 어지간히 기울었기에 계곡길을 따라 산성 안 마을까지만 가기로 했다. 10여 분쯤 걸었을까. 어디선가 쿵, 하는 종소리가 들렸다. 기슭에 자리

한 대동사(大東寺)에서 저녁 예불을 알리는 종소리였다. 절은 보이지 않고 소리만 소리의 꼬리를 물고 들려왔다. 눈이 잔뜩 쌓였기에 뽀드득뽀드득 눈 밟히는 소리도 계속해서 귀를 간지럽게 했다. 쿵, 쿵, 쿵, 종소리는 미끌미끌한 눈소리를 뚫고 들어와 우리들 가슴에 절 한 채씩을 지어주었다. 30분쯤 걸었을까.

산성 안 마을에 도착했다. 등산복 차림의 청년이 길가에서 장작 난로를 때고 있었다. 요란한 간판 위로 작은 함석연통에서 연기가 뭉클뭉클 피어나고 있었다. 눈에 쩔쩔 매고 있는 서울을 빠져나온 지 불과 두 시간 남짓 만에 이런 설경의 마을에 도착하다니! 처음의 고립감은 이내 안도감, 적막감 그리고 환희로 계속 번져나갔다. 문득 브레히트의 시 〈연기〉가 떠올랐다. "호숫가 나무들 사이에 조그만 집 한 채. 그 지붕에서 연기가 피어오른다. 이 연기가 없다면 집과 나무들과 호수가 얼마나 적막할 것인가."

우리는 한 식당을 찾아들어 촌두부, 해물파전과 함께 막걸리를 마셨다. 오늘 밤은 우리의 기를 살리고 있는 풍경들에 대한 예의로 웬만큼은 마셔주어야 할 것 같았다. 첩첩산중은 아니었지만 이런 날 술이 떨어지는 건 산에서 범을 만나는 것보다 술꾼들에겐 더 무서운 법이다. 오늘 물류대란이 일어났는데 술은 많이 비축했느냐고 슬쩍 물었더니 여사장님이 웃으면서 걱정 마시고 마시라 했다. 1차 주문한 안주가 바닥나고 닭도리탕을 시킨 뒤 화장실에 가기 위해 일어섰다. 휘청했다.

밖으로 나오자 기다렸다는 듯 산중의 찬 기운이 전신을 휘감았다. 볼일을 보고 나오는데 한 사내가 술집 입구에서 담배를 피우고 있었다. 담배연기가 멋있게 흩어졌다. 사라지는 것을 좇다가 나는 문득 밤하늘을 올려보았다. 백운대 방향 저 너머머 깜깜한 하늘에서 별 하나가 반짝이고 있었다. 그러자 문득 저 별도 나를 까마득히 높이 쳐다보고 있을지도 모를 거란 생각이 들었다. 아무리 눈을 깜빡거려 보았자 소용없는 일일테니 그렇다면 나는 어떻게 반짝일까. 뭘로 신호를 보낼까 궁리하다가 심호흡한 뜨거운 입김을 후, 후, 후, 하늘로 올려보냈다. 2010. 1. 6

얄미운 몸통

서울에 눈이 많이 내렸다. 하늘이 폭설을 보냈다고 해도 해도 보내지 않는 것은 아니었다. 해는 어김없이 솟아나고 아침이 찾아왔다. 모두들 이불 속에서 출근 걱정을 하면서 는적는적 게으름을 부려도 인왕산에는 누군가 있어 떠오르는 해를 그냥 외롭게 내버려두지는 않았다. 아무리 인터넷이 발달했다 해도 사람들은 이동을 해가면서 살아야 한다. 피씨방 같은 밀실도 있지만 지하철 같은 광장도 있는 법이다.

버스를 타고 한강을 건너 명동까지 오는데 아직도 곳곳에 눈이 수북이 쌓여 있었다. 눈은 내릴 때는 깃털처럼 휘날리며 가볍게 왔는데 쌓이고 나서는 태산처럼 무겁다. 뭉치면 살고 흩어지면 죽는다고 했던가. 이 낯선 곳에서의 살벌한 생존법을 이틀만에 터득했다는 듯 꼭꼭 엉겨 붙어 있다. 눈터지는 싸움에서 이렇게 협동하여 지지 않겠다는 듯 그러안고 좀체 서로 떨어지지 않았다. 그리고 저들을 밟으려는 이들을 쉽게 나뒹굴어지게 했다. 둥근 지붕이 있는 체육관의 제조된 빙판이야 흙 밟듯 하는 김연아 선수도 저런 눈밭에서는 어쩔 수 없을 것이다.

눈이 그치고 며칠이 지났다. 서울 인구가 천만 명이 넘고 서울 자동차가 수백만 대라는데 아직도 순결하게 그대로 쌓인 곳이 더 많다. 사람들이 눈에 보이는 곳만 치우고 자동차도 가는 대로만 가기 때문이다.

궁리에서 조금 떨어진 곳에 한국화가 박노수 옹의 집이 있다. 박노수 가옥은 1938년에 건립한 이층집이다. 집터 뒤는 '송석원'이라는 추사 김정희가 쓴 암각글씨가 있었던 유서 깊은 곳으로 서울특별시문화재자료 제1호로 지정되었다. 집 앞에는 이러한 내력을 담은 간판이 서 있고 대문은 늘 굳게 닫혀 있다. 대문 앞이 약간 경사져 있는데 아주머니 한 분이 눈을 쓸고 있었다. 나는 그저 지나가는 바쁜 행인이었다. 고맙습니다, 로 인사하려다가 미안합니다, 로 얼른 말을 바꾸었다. 나는 깃털은 아니었고 무게가 제법 나가는 얄미운 몸통이었다. 내 체중이 고스란히 전달되는 발자국은 또 그만큼 저분의 체력을 뺏을 게 확실했다. 눈 치우기에 열중하던 그분이 허리를 펴며 고맙게도 가벼운 목례로 응대해주었다. 나는 치운 곳만 조심조심 골라 디디며 큰 걸음으로 얼른 골목을 빠져나가는 것으로 부조를 대신했다. 2010. 1. 7

지리산
봄 마중

올해 신년의 각오 중에는 이런 것도 있다. 매년 네 번 이상 지리산에 오르고 매월 네 번 이상 인왕산 정상에 오르자. 이렇듯 내 마음을 받아주는 인왕산에 대한 예의로 〈인왕제색도〉를 책상 앞에 붙여놓았다. 하루에도 틈만 나면 인왕과 눈을 맞춘다. 최완수 선생이 최근 현암사에서 펴낸 대작 『겸재 정선』도 거금을 들여 구입했다. 지리산을 위해서는 뭘 할까. 우리는 너무 멀리 떨어져 있어 인왕산 정상에서조차 아무리 발돋움을 해도 시야에 넣을 수 없는 노릇이었다. 아는 만큼 보인다는 말은 허망한 진실이 아니다. 맞는 말이다. 한길사에서 나온 이병주 선생의 소설 『지리산』을 읽기로 했다. 그걸 독파하고 가면 지리산에서 걷는 걸음 하나하나가 예사롭지 않을 것 아닌가. 1권에서 아래 대목을 만나니 나는 벌써 지리산 덕을 톡톡히 보고 있는 셈이었다.

"1939년이 눈 속에서 저물고 1940년이 눈 속에서 밝았다. 십 년 내 처음 보는 눈이라고 했다. 눈이란 언제 어디서 보아도 신비로운 자연의 경물(景物)이다. 지상의 오욕에 관한 섭리의 관심 같기도 하고, 허망의 아름다움을 가르치는 교훈 같기도 하다. 그러나 눈은 산과 들과 집과 도시를 파묻어버릴 수는 있어도, 그 속에 사는 인간의 슬픔과 고통까지 덮어버릴 수는 없다. (『지리산』 1권 201쪽에서)"

소설의 무대인 1939년에서 70년이 흐른 서울에는 2010년 정초에 1백 년 만에 처음 보는 폭설이 왔다. 2009년이 눈 속에서 저물고 2010년이 눈 속에서 밝았다 해도 전혀 틀린 말이 아니었다. 아직도 그 후유증에 시달리고 있는 곳도 많다. 시간은 다르지만 그때나 지금이나 눈의 성분은 다 같을 것이다. 그 작용과 성질도 같을 것이다. 소설에서는 위에 인용한 대목 다음에 "규의 마을에서도 그 눈 덮인 들길을 밟고 몇몇 청년이 징용을 갔다."라는 문장이 곧바로 이어진다.

이제 서울에서도 눈사람들은 녹아서 지하로 떠났다. 물론 서울에 사는 시민들의 슬픔과 고통까지 짊어지고 간 것은 아니었다. 눈사람은 눈사람의 길로, 인간은 인간의 길로 걸어가야 했다. 그들이 잠시 머물렀던 자리부터 시작해서 곧 서울의 길들은 엄청 질척일 것이다. 그 소란도 피할 겸 봄 마중도 할 겸 올해 첫번째 지리산행(行)을 곧 결행해야겠다. 2010. 1. 11

주상막걸리

경남 거창읍에서 차로 약 10분간 북으로 달리면 주상면이 나온다. 이곳은 삼거리이다. 오른쪽으로 가면 경북 김천이고 왼쪽으로 가면 전북 무주와 연결된다. 왼쪽으로 10분 남짓 더 가면 마을이 하나 나온다. 이곳이 내 고향인 내오리이다. 한자로는 內鰲里(내오리)이다. 오(鰲)는 '자라'를 뜻한다. 이건 행정상의 명칭이고 그냥 '오무'라고 한다. 내겐 오무가 더 익숙하다.

어린 시절 여름철이면 마을 앞 냇가의 문밧골이라고 하는 소(沼)에서 멱을 감고 놀았다. 그곳은 문어를 닮은 큰 바위가 있어 물이 제법 깊었다. 헤엄치다가 사고를 당한 아이들도 여럿이다. 해질녘 아이들이 모두 돌아가면 그 고요한 소의 모래 바닥에서 자라가 어슬렁어슬렁 나와서 돌아다녔다. 나는 문어바위 위에 앉았다가 내 놀던 물에서 나보다 훨씬 더 잘 헤엄치며 노는 자라를 몇 번 보았다. 자라는 늘 혼자였다. 그걸 보고 있으면 어린 마음에도 마음이 좀 묘했다.

오무는 아주 좁다. 내 여동생은 전라도 광주로 시집을 갔다. 매제가 오무에 한 번 와보고는 "야, 앞산 뒷산에 장대를 걸어도 되겠네." 하는 말을 남겼다고 한다. 전라도 너른 평야지대에 살다 보니 오무가 아주 좁게 느껴졌던 모양이다. 그렇다고 사람들 됨됨이마저 좁은 건 절대 아니다.

마을 어르신들은 젊어서 앞들에서 일하다가 늙어서 뒷산으로 들어가셨다. 나는 부산에서 태어나 세 살 무렵 오무로 왔다가 초등학교 3학년 때 다시 부산으로 나갔다. 지금 우여곡절 끝에 서울에서 살지만 나중에 나도 오무 뒷산으로 가게 될지 그건 지금 장담하지 못한다. 눈칫밥 먹고 매연에 쩔고 때가 묻을 만큼 묻은 몸을 오무 뒷산이 받아줄까. 그 결정에는 나는 전혀 관여하지 못할 것이다. 그때 나는 아무 말도 못한 채 꼿꼿한 똥막대기처럼 누워 있을 테니 말이다.

고향에는 일가친척들이 많이 모여 사신다. 벌초할 때를 포함해서 적어도 서너 번은 꼭 다녀온다. 작년 말 어머니 모시고 아버지 산소도 뵐 겸 고향에 갔었다. 그때 나는 주상면에 들렀다. 보통 농협마트에 들러 고향을 지키며 사과농사를 하시는 큰집 큰형님한테 드릴 담배 한 보루, 음료수 몇 박스 사는 게 고작이었다. 이날은 여느 때와 좀 다른 볼일이 있었다.

주상면에는 유일한 공장이 하나 있다. 쌀을 생산하는 논이나 감자, 고구마를 키우는 밭도 공장이라면 공장이라 할 수도 있겠다. 하지만 이런 공장은 지분의 절반을 하늘이 소유하지 있으니 구별하기로 하자. 그 공장은 막걸리 공장이다. 환갑을 훨씬 넘긴 노부부가 경영하고 있는 주상양조장은 소박했다. 공장이라 했지만 이렇다 할 시설은 별로 없었고 종업원도 없는 것 같았다. 그저 큰 술도가니와 긴 호스가 눈에 띌 뿐이었다. 닷되들이 플라스틱 통을 가지고 가서 가득 채웠다. 면사무소에서 근무하셨던 종형 함자를 대었더니 아는 체를 해주시고 막걸리 진액을 많이 넣어주셨다. 9천 원이었다. 서울에 가지고 와서 동무들과 먹었더니 모두들 맛이 좋다고 했다.

며칠 전 우리 집으로 주상양조장에서 보낸 막걸리 한 말이 도착하였다. 그 중 반은 집에 두고 반을 궁리로 가지고 왔다. 올 한해 출간 계획을 점검하는 회의를 하고 난 뒤 막걸리 파티를 열기로 한 것이다. 사무실에서 볼썽사납긴 해도 안주로 고기를 굽기로 했다. 편집위원을 비롯해 손님도 몇 분 초대했지만 워낙 날씨가 추워서 많이 오지는 못했다. 우리는 회의용 탁자를 얼른 식탁으로 개조한 뒤 김치와 오이는 생으로 먹고 고기는 익혀서 먹었다. 여러 사람의 입맛이 다 다르기에 주상막걸리 외에 맥주, 소주, 포도증류주, 서울장수막걸리를 구비해놓았었다. 취기가 거나하게 오르고 배도 불룩해졌다.

자리가 파하면서 나는 술의 재고를 조사해보았다. 결과는 다음과 같다. 맥주=그대로 남았음. 소주=아무도 안 마심. 포도증류주=절반 남았음. 장수막걸리=세 병 다 마심. 주상막걸리=완전히 동났음. 그리고 모자라서 장수막걸리를 마신 것임. 조그만 면 소재지의 이름 없는 도가에서 만든 술이 삐까번쩍하는 공장에서 만든 허다한 술들을 맛으로 모조리 물리친 것이다! 궁리식구들의 입맛과 사기를 고려해서 며칠 후 이 기쁜 소식과 함께 주문 전화를 또 주상양조장으로 넣어야겠다. 2010. 1. 13

참 쌀쌀한 겨울 날씨

나 죽고 난 뒤에 나보다 오래 사는 이가 있어, 혹 그가 나를 추억하면서, 야 인왕산 자락에 살던 그 양반 성질이 얼마나 쌀쌀맞았노. 그 성질머리가 꼭 최근 이 겨울 날씨 같지 않았겠나, 그쟈. 해주신다면 참 고맙겠네, 참으로 고맙겠네. 내 무덤에 돋는 순한 풀들, 그들 있는 쪽으로 힘껏 밀어주겠네. 그네들 엉덩이 꽉꽉 찔러주겠네. 2010. 1. 15

시원함에 대하여

겨울이다. 춥다. 시원한 추위이다. 아이가 아이다워야 하는 것처럼 겨울이면 겨울답게 추워야 하지 않겠나. 가령 우리가 매운탕 한 소끔 끓인 뒤 숟가락 가득 국물 떠먹으면서 아, 뜨겁다 하지 않고 아, 시원해, 라고 할 때. 그럴 때 매서운 추위는 좋은 배경이 되어주는 것이다. 그리하여 실제로 뜨거운 기운을 접한 목울대는 몸 전체로 이 시원한 소식을 전하기에 바쁘다.

오래 투병하다가 4년 전 이승을 떠나신 큰어머님은 시골에서만 산 분이다. 어쩌다 서울에 댕기러 오셨을 때 콜라 한 잔 드리면 "이거 무슨 간장에서 거품이 나노." 하셨다. 시원한 음료수이니 드세요, 하면 한 모금 마시면서 콜라 속 농축된 이산화탄소 분자들이 톡 쏘는 맛에 도리질을 치셨다. "아, 무신 꺼먼 물속에 쏘가리라도 사는가베.", 하시면서 내뱉는 감탄사가 있었다. 나는 큰어머니께서 터뜨린 표현보다 더 시원한 표현을 아직까지 만나지 못했다. 여러 자리에서 이 감탄사를 흉내내보기도 했지만 오염된 내 목구멍에서 나오는 그것은 맨숭맨숭했다. 큰어머니의 한마디처럼 톡 쏘는 맛이 없었다. 하지만 큰어머님의 표현이 워낙 강렬한 탓에 그 말을 듣고 시원하게 웃지 않는 이가 없었다. 그 감탄사는 이랬다. "아이고, 모가지를 잡아쨌다!" 2010. 1. 18

인왕산의 안개

출근길 광화문을 지나는데 안개가 자욱했다. 여기가 이 정도라면 인왕산은 빽빽할 것이다. 밀린 사무를 처리하고 청국장으로 이른 점심을 때웠다. 창밖의 안개는 여전했다. 간단히 행장을 꾸려서 인왕산으로 향했다. 마음 가득 일렁이는 궁금증을 이기지 못한 것이다. 오늘 같은 날이면 산 위에 그이가 계실 것도 같았다. 나무 곁을 스치며 정상에 가니 등산객만 빼놓고 많은 것들이 있었다. 그러나 숨을 내뱉으며 공기를 더럽히는 건 나뿐이었다. 내 거친 숨소리만 정상을 어지럽히고 고요를 깨뜨렸다.

내가 찾는 이는 아래로 출타하신 듯했다. 이젠 산 아래가 안개 천지인 것이다. 인왕산 정상에는 낮에는 경찰이 밤에는 군인들이 보초를 선다. 등산객들한테 별다른 제지는 없고 다만 청와대 쪽으로는 눈으로만 보고 사진은 찍지 말라고 한다. 오늘은 초병들도 초소에서 꼼짝을 않고 있었다. 안개가 너무 많아 늘 보던 남산을 향해서 대충 짐작으로 카메라를 들이댔다. 맑은 날이라면 이 손바닥만한 카메라의 눈꼽만한 앵글에 서로 들어오려고 다투던 저 도시 문명들! 이를 모두 돈으로 환산하면 얼마나 될까. 나로서는 짐작도 못 할 숫자일 것이다. 근데 지금 신출귀몰하듯한 이 안개는 한방에 저것들을 무(無)로 만들어버린 것! 잠깐이지만 통쾌했다.

돼지 눈에는 돼지만 보이고 부처 눈에는 부처만 보인다는 말을 떠올리며 셔터를 눌렀다. 안개를 생각하면서 한번 더 셔터를 눌렀다. 사진 속에 사진사가 없는 것처럼 인왕산에서 사진을 찍으니 인왕은 발 아래만 조금 보일 뿐 나오지 않는다. 그리고 한참을 두리번거렸지만 더는 아무도 보이지 않았다. 나는 탑돌이하듯 정상에 있는 바위 주위를 세 바퀴 돌았다. 산 아래로 잠입하신 그분은 아무런 단서도 남기지 않았다. 결국 또 커다란 숙제를 안고 나는 하산해야 했다. 오리무중의 서울은 저리 넓고 나는 이리 작은데 대체 어디에서 그분을 찾아야 할까.

2010. 1. 20

나문비를
아시나요

날이 제법 풀렸다. 그간 내렸던 눈은 길옆으로 비켜나 있었고 그나마 남은 눈들은 지붕으로 올라가서 내년을 기약하는 것 같았다. 어제 인왕산을 오를 때의 일이다. 등산로를 따라서 걷는데 좌우에서 톡, 톡, 톡, 소리가 들렸다. 비라도 오나 싶어 손을 펴보았지만 비는 만져지지 않았다. 안개보다는 짙고 가랑비보다는 가늘다는 는개가 촉촉할 뿐이었다. 요즘 날씨가 아무리 조화를 부린다지만 내가 가는 곳에만 비를 안 뿌릴 수가 있을까. 그렇다고 내 귀에 이상이 있는 것도 아니었다.

빗소리는 어김없이 들렸다. 자세히 보니 하늘에서 떨어지는 비가 아니었다. 그것은 나무에 얹혀 있던 눈들이 녹아서 떨어지는 소리였다. 나는 이 비는 새로 말을 만들어서 하늘에서 떨어지는 비와는 구별해주어야 한다고 생각했다. 가령 산에서 갑자기 소나기를 만나면 나무 밑으로 가서 비를 긋겠지만 나무에서 비가 떨어질 때는 오히려 나무 밑에서 나와야 할 것이다. 그렇다면 다른 용어가 필요한 것은 당연한 일인 것이다. 지금 내 호주머니 속에 들어 있는 카메라와 휴대전화기가 같은 이름으로 불리면 안 되는 것과 같은 이치이다.

오늘날 우리는 물질문명이 제공하는 많은 제품 속에 묻혀 산다. 하나의 물건이 나타나면 그에 걸맞는 하나의 말도 태어난다. 따라서 우리 주위에는 몇 년 전에는 듣도보도 못한 많은 어휘들이 돌아다닌다. 하지만 옛날에 비해 우리가 언어생활마저 풍부하다고 할 수 있을까. 옛날에는 금강산도 계절에 따라 각기 다르게 불렀다고 한다. 이런 예에서도 보듯 그건 결코 아닌 것 같다. 그렇게 실체를 알고 보니 하늘비에 비해 오늘 나무에서 뛰어내리는 비는 소리도 좀 짧은 것 같았다. 빗소리는 계속해서 내 뒤를 졸졸졸 짧게 따라왔다.

뭐라고 할까, 궁리하다가 쉽게 나무비로 정하고 나의 사전에 등재키로 작정하고서 확인을 해보았더니 나무비는 이미 주인이 있었다. 즉 미세한 안개가 나뭇잎과 가지에 물방울로 맺혀 땅에 떨어지는 현상이 일어나는데 이를 나무비(tree rain)라고 부른다는 것이다. 외국의 경우, 해발이 높은 고산지대에서 봄부터 가을까지 4백 밀리미터나 되는 나무비를 관측한 사례도 있다고 한다. 나무비가 안 된다면 뭐라고 할까. 잎비로 할까, 좋은 의견들 주시기 바란다. 2010. 1. 22

 이 글을 읽고 김해에 사는 고등학교 동기가 "잊어버릴까봐 문자 보낸다. 나문비. 나무에 머문 비. 나무에 남은 비. 보고 연락 줘라."라고 광복절 하루 전날 휴대전화 문자로 연락을 주었다. 나무가 머금은 비라는 말맛도 추가할 수 있겠다. 지붕이나 가로등에서 떨어지는 경우를 포괄하지 못해 아쉽기는 하나 일단 나의 사전에 등재키로 하였다. 고맙네, 친구.

백 년만의 폭설과
그 고독

인왕산은 허전하고 인왕은 야위었다. 어제까지만 해도 눈이 잔뜩 쌓여 있었다. 간밤에 무슨 일이라도 있었나. 쿨쿨 자고 와서 보니 눈은 흔적도 없이 사라지고 말았다. 인왕산에는 군대도 주둔하고 경찰도 상주한다. 그들이 특공작전이라도 펼치거나 기습공격을 해서 눈을 치운 것 같지는 않았다. 그렇다면 그 많은 눈들을 누가 다 데리고 갔을까. 올 때도 벼락같이 와서 며칠 잠자코 머물더니 갈 때도 번개처럼 사라지고 말았다.

  눈 있는 자라면 누구나 눈 구경을 실컷 한 바대로 올해 초에는 서울에 1백 년만에 큰 눈이 왔다. 덕분에 서울시민들은 1백 년만의 큰 고독에 빠지게 되었다. 그러나 한꺼번에 온 눈이라고 한꺼번에 가지는 않았다. 만약 눈이 한꺼번에 녹아버렸다면 어떤 일이 벌어졌을까. 서울은 엄동설한에 때아닌 물난리를 겪어

야 했을 것이다. 소양강 댐이 붕괴되는 이상의 홍수 피해가 났을지도 모를 일이다. 그러나 그런 일은 일어나지 않았다. 눈은 사라지는 차례에도 질서가 있었다. 장유유서(長幼有序)의 예절을 따라 나중에 온 것이 가장 먼저 떠나고 오래된 눈들이 가장 나중에 사라졌다.

    광화문에서 육안으로 보이는 인왕산의 눈은 마지막으로 남은 서울의 눈이었다. 오늘, 그 눈이 사라진 것이다. 인왕의 주봉인 치마바위는 보다시피 아주 높고 가파른 곳이다. 등산로도 개척되지 않아서 함부로 갈 수도 없는 곳이다. 서울 한복판이지만 오지 중의 오지이다. 그곳에 접근을 허락받으려면 적어도 저 눈처럼의 깨끗함과 눈만큼의 가벼움은 지녀야 한다. 이제 그 눈들이 사라졌다. 회자정리(會者定離)란 말을 눈한테 전하고 싶다. 올 여름 땡볕에 우리는 너를 많이 그리워할 것이다. 안녕, 눈들! 2010. 1. 25

막걸리출판사

통인동으로 이사올 때 궁리 사무실을 알선해준 복덕방 아저씨한테 근처에 맛있는 집을 몇 군데 추천받았다. 그중 하나가 진미횟집이다. 국민은행 효자동 지점 바로 건너편 큰길에 있다. 이 횟집은 부부가 운영한다. 아내는 서빙을 담당하고 남편은 주방을 책임진다. 이 집은 회도 회지만 구룡포 과메기가 특히 먹을 만하다. 비린내도 안 나고 쫀득쫀득 찰지고 맛있다. 진미횟집의 계산법은 특이하다. 생태탕을 먹고 얼마요, 물으면 칠백만 원이라고 한다. 조금도 놀라지 않고 빳빳한 배추잎을 내밀면, 천만 원 받았습니다, 여기 잔돈 삼백만 원 가지세요, 한다. 그러면 부자가 된다나 뭐라나.

 어제는 오후 5시에 진미횟집에 가야 할 일이 있었다. 지난번 주상막걸리 파티 후 그 맛을 잊지 못하겠다는 참석자들의 요청으로 다시 막걸리를 마시기로 한 것이다. 이번 안주는 과메기로 정했다. 궁리가 막걸리출판사로 낙인찍혀도 할 수 없다. 먹은 것은 먹은 것이다.

 이른 저녁의 문을 열고 들어가니 남녀 한 쌍이 테이블을 차지하고 산낙지와 과메기를 안주로 낮술을 마시고 있었다. 나는 과메기 네 접시를 포장해달라고 주문하고 무료하게 앉아 있었다. 식당 안은 모든 것이 조용히 느리게 흘러가는 중이었다. 뉴스이거나 낯선 이국풍물이거나 그것도 아니면 모델이 찧고 까부는 광고가 판을 치는 텔레비전도 멍하게 쉬고 있었다. 지금 이 식당이 어떤 연극의 무대라면 주인공은 단연 두 남녀였다. 나는 그저 앉아 있는 소품이었다.

 얼핏 보기에 둘은 아주 사이가 좋아 보였다. 여자가 과메기 쌈을 싸서 남자의 입에 넣어주면 남자가 산낙지 토막을 여자의 입에 넣어주었다. 그리고는 어김없이 잔을 쨍, 부딪히는 것이었다. 네 병의 맥주와 두 병의 소주가 빈 몸으로 서서 졸고 있었다. 이윽고 안주가 떨어졌다. 안주가 떨어지자 자연 화제도 끊겼다. 둘 사이에 먹을 게 사라지자 둘 사이에 할 말도 없어지는 모양이었다. 입의 역할이 끝났기 때문이었을까. 둘은 먹을 만큼 먹고 취할 만큼 취했는지 계산을 하고 무대를 빠져나갔다.

드디어 내가 주문한 과메기 손질도 끝났다. 아주머니는 열심히 봉투에 담고 일을 마친 아저씨가 주방에서 나오길래 카드를 드렸다. 아주머니께 물었다. 얼마야, 십억 맞아? 응. 찌찍찌찍, 하면서 카드가 긁혔다. 그 사이에 화폐개혁이라도 했나보다. 카드 결제이다 보니 거금의 잔돈은 챙길 수가 없었다. 양손에 비닐 봉투를 들었기에 카드와 영수증은 아저씨더러 내 호주머니에 넣어달라고 했다. 그리고 직원들이 기다리는 사무실로 발걸음을 사뿐히 옮겼다. 이제는 우리가 먹을 차례인 것이다. 2010. 1. 27

구름, 나무,
사람의 동네

인왕산의 사계절을 알아보기 위하여 하루 걸러 같은 장소에서 인왕의 모습을 찍는다. 내 고등학교 졸업앨범에 실린 까까머리 사진처럼, 이력서에 붙이는 증명사진처럼, 인왕의 포즈는 한결같다. 사진을 보면 삼등분할 수 있다. 사람들이 사는 동네와 나무들이 사는 동네 그리고 구름이 사는 동네. 어느 동네가 가장 소란스러울까. 어느 동네가 가장 복잡할까. 어느 동네가 가장 변화가 많을까. 가장 아래쪽 동네에서 아직은 사람의 신분인 나로서는 모르고도 모를 일인 것이다.
2010. 1. 29

겨울
❄
2월

그래도 하루는 슬피 울어주겠지?

비행기 타고 가다가 모니터를 보니 바깥 기온은 영하 50도였다. 겹유리창 밖으로 눈이 몇 점 들러붙어 있었다. 심해에 사는 내장이 다 보이는 투명 물고기처럼 이 높은 곳에서는 눈의 육각형 분자 구조가 선명히 드러났다. 얇은 눈꽃처럼 예뻤다. 인왕산 꼭대기에 두고 온 잔설이 생각났다. 옆에서 가볍게 졸고 있는 아내한테 뜬금없이 물었다. "여보시게, 이 담에 나 죽으면 자네 그래도 하루는 슬피 울어주시겠지?" 아내는 울지 않고 웃어주었다. 눈을 그대로 감은 채였다.

 아내가 슬몃 웃는 바람에 나도 따라 웃었다. 내가 웃는 기척에 아내도 눈을 떴다.※ 지금 웃었으니 그땐 그만큼 더 곡진하게 울어주시겠지, 내 식대로 편하게 생각하고 말을 끊었다. 더 이상 할 말도 나타나지 않았다. 아내가 눈을 뜨는 바람에 맨송맨송해진 나는 창으로 얼굴을 돌렸다. 그간 내 눈으로 교감하고 마음으로 칭송하여 마지 않았던 구름들이 발아래 엎드려 쫙 깔려 있었다. 2010. 2. 1

※ 미당의 시 중에 〈석남꽃〉이 있다. 전문은 다음과 같다. "머리에 석남(石南) 꽃을 꽂고 / 네가 죽으면 / 머리에 석남꽃을 꽂고 / 나도 죽어서 // 나 죽는 바람에 / 네가 놀래 깨어나면 / 너 깨는 서슬에 / 나도 깨어나서 // 한 서른 해만 더 살아 볼꺼나 / 죽어서도 살아서 / 머리에 석남꽃을 꽂고 / 서른 해만 더 한번 살아 볼꺼나"

입춘대길

"친애하는 이 일병. 入春이다. 잘 있느냐. 쫄병 생활에 얼마나 고생이 많노……"
손등이 터서 툭툭 갈라진 손으로 받아든 엽서였다. 파란 볼펜으로 쓴 독특한 글씨체였다. 지금으로부터 28년 전 일이다. 그때 나는 군인이었다. 나는 대구의 50사단에서 경북 구미로 이동한 연대본부의 인사과에서 장사병계를 맡고 있었다. 장교들 신분관리와 사병들 진급시키고 휴가 보내는 명령을 담당했다. 물론 나의 재량권은 없었고 시키는 대로 했을 뿐이다. 그래도 휴가 서열을 정할 때에는 논두렁만한 권력의 단맛을 잠깐 누리긴 했었다. 철필로 긁고 등사기로 밀어서 만든 전역명령서를 기념으로 주면 제대하는 고참들은 모두 좋아했다.

일과가 끝나면 텅 빈 사무실에서 하모니카를 불고 싶었다. 이럴 때 필요한 건 애인일 것이다. 불행히도 나에게 애인은 없었다. 정말 간절히 원했으나 나를 거들떠보는 여인은 없었다. 여자는 함부로 눈이 삐지 않는가 보다, 하고 혼자 견뎠다. 외로운 육군 일병한테 악기를 보내준 건 미혼의 내 여동생이었다.

이젠 희미한 기억으로만 남은 그 군대 시절. 앞에 소개한 엽서를 보내준 이는 강릉 출신의 학교 선배였다. 마음이 따뜻하고 배려가 깊은 형이었다. 그 형은 미국에서 먼지를 공부하고 돌아왔다. 요즘도 가끔 만나면 먼지에 대해 이야기해준다. 내 코높이쯤에 떠 있는 먼지도 조건에 따라선 발아래로 착지하는 데 한 달 이상이 걸리기도 한단다. 한없이 느려터졌다는 나무늘보도 그 먼지한테는 못 당할 것 같다.

다시 엽서 이야기로 돌아가자. 젊었을 때, 나는 엽서를 자주 이용하는 축에 속했다. 해마다 이맘때 보내는 엽서에는 꼭 입춘을 거론했었다. 이제 봄이 저기에 와서 대령하고 있으니 내가 그 봄 속으로 입장하는 기분을 느끼면서 말이다. 형이나 내가 쓴 입춘(入春)이 틀렸다는 것을 안 것은 그로부터 한참 후의 일이다.

입춘(入春)이 아니라 입춘(立春)이었다. 내가 봄으로 입장하는 것이 아니라 봄이 또한 저만치 봄으로 서는 것이었다. 언젠가 먹을 갈고 현관에 붙일 요량으로 입춘대길의 입춘축(立春祝)을 처음으로 쓰려다가 알게 된 사실이었다. 나는 그간 잘못 알아온 나를 탓하기보다는 입춘을 입춘(立春)으로 정의한 분들에 대해 새삼 생각해보게 되었다. 오늘의 나보고 24절기를 만들라 하면 두말할 것도 없이 덥썩 입춘(入春), 입하(入夏), 입추(入秋), 입동(入冬)으로 짓지 않았겠는가. 하지만 그분들은 세계의 중심을 본인한테 두지 않았던 것 같다. 필시 자연에서 한 발짝 떨어져 자연을 관찰했던 것이 틀림없었다. 그 지혜와 세계관에 까아마아드득한 후래자(後來者)인 나는 그저 놀라고 탄복할 수밖에 없었다.

　인왕산으로 가는 길의 맨 끝집의 유리창에 입춘축이 셋 붙어 있다. 오래전에 쓴 것인지 먼지가 잔뜩 묻어 있다. 둘은 흔히 보는 것인데 하나는 좀 특이했다. 입춘대길(立春大吉) / 건양다경(建陽多慶) / 호축삼재(虎逐三災). 인왕산의 호랑이를 의식한 듯했다. 오늘은 입춘이다. 봄이 차곡차곡 서고 있다. 나는 이렇게 나이고 봄도 또한 저렇게 봄이다. 이젠 봄과 내가 함께 나란히 서서 섞일 차례!
2010. 2. 3

생각의
주인을 찾아서

나는 인왕산을 보고 인왕은 나를 본다. 그러니 나는 나를 못 본다. 인왕도 나처럼 그럴까. 인왕의 그 사정을 나는 잘 모르겠다. 어쨌든 나는 나를 볼 수가 없다. 이는 틀림없는 객관적 사실이다. 그러나 나는 나를 보지 못하기 때문에 금방 이 분명한 사실을 잊어버린다. 벌써 세 번째 말한다. 나는 나를 못 본다. 이 말이 굉장히 중요해서 진종일 염두에 둔다면 어쩌면 한 소식 들을 수도 있을 것만 같았다. 하지만 단 십분도 계속해서 이 생각을 유지할 수가 없었다. 왜냐고? 그건 바로 나는 나를 못 보기 때문에 그렇다.

  인왕이 여러 가지 것들의 집합이듯 나의 생각 또한 온갖 자질구레한 것들의 모둠이라서 그런 것일까. 더구나 뿌리 없는 우리는 한 곳에 가만히 있을 수가 없다. 그래서 한 생각만을 계속 유지하기란 내가 나무가 되기 전에는 불가능하다는 것을 알았다. 거기에 나무가 있고 저기에 꽃이 있고 여기에 너가 있다. 내가 차례로 시선을 던졌을 때, 나무, 꽃, 너는 내게로 온다. 나의 생각도 그런 것 같다. 애시당초 생각도 머리 속에 있는 게 아니었던 모양이다. 나무, 꽃, 너처럼 외부에 흩어져 있다가 문득 불각시에 나한테 오는 것 같았다. 한강이 저 멀리 떨어져 있는 것처럼 한강이라는 생각도 저 남산 너머 멀리 바깥에 떨어져 있는 게 아닐까. 그렇다면 도대체 내 생각의 주인은 누구란 말인가. 2010. 2. 5

첫 봄비를 맞으며

비가 왔다. 올해 들어 처음 오는 비다. 눈이 내리지 않고 비가 따르는 것으로 날씨가 풀리는 것을 알겠다. 비가 잠자는 개구리의 등짝을 때렸으니 이제 곧 봄을 업고 폴짝 뛰어나오겠네. 이런 날은 가만 있을 수가 없다. 어제 인왕산을 찍었으니 오늘은 남산을 찍을 차례였다. 궁리의 홈페이지인 궁리닷컴에는 이처럼 하루하루 인왕산과 남산을 교대로 사진으로 찍고 짧은 글도 하나씩 올린다. 그런데 오늘은 인왕산도 찍은 것이다. 신문으로 치면 호외에 해당하겠다.

호외란 특별한 사건을 신속히 알리기 위하여 임시로 발행되는 인쇄물을 말한다. 따라서 이는 정규 호수에 포함되지 않는 호외(號外)인 것이다. 성철스님의 생가에 세운 절 이름을 시간 밖에 있다는 뜻으로 겁외사(劫外寺)로 지은 것과 같은 작명법이다. 예전에는 서울 시내 초등학교 교사 이동을 호외로 전하기도 했다. 그러나 주로 정치적인 격변 때 호외가 자주 발행되었다. 내 기억으로 유신시대 때의 모든 긴급조치는 호외로 세상에 전해졌다. 그리고 육영수 여사 피살사건, 김대중 납치사건, 10·26 사건, 12·12 사태, 5월 광주민주화운동 등으로 호외의 역사가 이어졌다. 가장 최근의 것은 작년에 발행된 것이었다. "그동안 힘들었다. 원망하지 마라." 전직 대통령의 서거 소식을 알리는 간결한 문장이었다.

대부분 피로 얼룩지고 총소리로 어지럽고 슬픔으로 뒤덮은 호외 중에서 그나마 기분 좋았던 것은 양정모 선수가 몬트리올 올림픽에서 레슬링으로 첫 금메달을 땄을 때 발행된 것이었다. 해방 후 주권국가로서 첫 올림픽 금메달을 그렇게 축하했던 것이다. 어디 올림픽 첫 금메달에 첫 봄비를 견주랴만, 인왕산 아래에서 살면서 효자동 일대에 무사히 첫 봄비가 오는 것은 이 동네의 아주 큰 뉴스이다. 그래서 호외로 축하하는 것은 당연한 일이다. 이 비는 단순한 물이 아닌 것이다. 주민들은 눈이 내리지 않고 비가 내리는 것으로 날씨가 풀리는 것을 안다. 겨우내 웅크렸던 가슴도 활짝 봄꽃처럼 벌어질 것이다.

올해 들어 첫 봄비가 왔다. 신생의 기운도 묻어난다. 첫 봄비는 사람들의 언 가슴도 녹일 뿐만 아니라, 저 멀리 식물들의 굳은 뿌리들도 촉촉하게 적실 것이다. 2010년 2월 9일. 이날은 궁리닷컴에서 첫 봄비를 기념하여 호외를 발행한 날이다. 누가 죽고 누굴 죽이는 것보다 모든 것을 살리는 첫 봄비 오는 것이야말로 기념할 만한 한 해의 사건이 아니겠는가. 진정 경천동지하는 날이 비오는 날이 아니겠는가. 저 안개 속 인왕도 희미하게나마 흡족히 웃고 있는 것 같았다. 2010. 2. 8

인왕은
우산을 쓰지 않는다

오늘 서울 지역에 사는 사람들은 외출 시 옷 말고도 모자 말고도 구두 말고도 한 가지씩을 더 걸쳐야 했다. 그것은 다름 아닌 우산이었다. 비가 이틀 연속 내렸기 때문이다. 몸이 없다면 비 맞을 일도 없을 것이다. 그러나 비는 그냥 통과하지 못하고 몸과 부딪힌다. 몸이 몸을 귀찮아하는 순간이다. 몸은 허공이 아니라 구체적으로 한 자리를 차지하는 물체이기 때문이다. 몸한테 튕겨나온 비는 발아래 떨어져 하얗게 거품 물고 까무라친다. 비는 여리고 몸은 땐땐하기 때문이다. 과연 비가 졌을까. 최후의 승자가 누구일지는 두고 보면 안다. 비가 몸의 오래된 선배라는 것, 그건 그리 오래지 않아 판명난다.

비가 모래처럼 단단한 알갱이였다면 좀 따갑기는 했겠지만 우산 쓸 일은 없었을 것이다. 피부 걱정을 하는 앳된 아가씨들이나 충격을 완화하기 위하여 모양은 좀 사납지만 스폰지 숄을 몸에 두르는 정도였을 것이다. 나는 우산은 아주 고약한 발명품이라고 생각한다. 그 멀리에서 찾아오는 손님을 이렇게 야박하게 내치는 법이 어디 있는가. 하늘이 보내는 이 편지를 뜯어보지도 않고 함부로 구겨 버리는 일이 대체 제대로 된 도리인가.

인왕산을 눈에 넣은 지는 오래되었고 일방적인 짝사랑 끝에 가슴에 넣은 지는 일 년이 넘었다. 그동안 명확한 사계절이 한 번 순환되었으니 벌어질 일은 다 벌어졌다. 햇빛도 쨍쨍했고 비도 오고 눈도 내리고 바람도 불었다. 천둥도 한바탕 울었고 드물게는 벼락이 때리기도 했다. 그러나 나는 인왕이 단 한 번도 우산을 쓴 것을 본 적이 없다. 그렇기에 저리도 늘상 풋풋하고 건강하고 의젓하고 당당한 것이 아닐까 생각해보는 것이다. 2010. 2. 10

눈이 오고가는 형식

눈이 내리는 형식은 늘 같다. 혼자 내리고 내려서는 가만히 쌓인다. 바람이 불면 바람이 데려다주는 대로 간다. 눈은 어제 하늘에서 지상으로 내려왔고 어제에서 오늘로 또 내려왔다. 그러지 않았다면 눈은 살아 있는 눈이 아니라 죽은 눈이었을 것이다. 죽는다는 것은 어제에서 오늘로 건너오지 못한 상태를 일컫는다. 오늘에서 내일로 가지 않겠다는 이들도 있다. 그들은 오늘 죽으려는 자들이다.

눈은 며칠간 인왕의 기슭에서 씩씩하게 살아 있다가 또 어디론가 홀연히 떠난다. 눈은 떠나는 형식도 늘 같다. 아래로 왔으니 또 아래로 내려간다. 있던 자리를 흥건한 눈물로 적시는 것으로 인사를 대신한다. 인왕도 눈을 보낼 때 그냥 덤덤하다. 별다른 이별식이 없다. 인왕은 그저 제자리를 지키는 것으로 눈과 작별한다.

시간은 멈출 줄 모르는 법이니 5백 년 전의 시절이 있었듯 앞으로도 내일, 일 년, 십 년, 5백 년 후의 시대가 도래할 것이다. 아마 오늘 큰소리를 치는 자들의 백골이 진토되어 있을 때, 인왕은 그때로 건너가 홀로 오늘의 지금을 추억할지도 모르겠다. 현재의 건강상태로 미루어볼 때 나도 언제 오늘에 주저앉을지 모를 일이다. 나는 씨름 선수는 아니지만 제법 몸피가 있는 편이다. 혹 다시 몸을 받는다면 한라급이나 백두급은 아무래도 무리일테고 그저 인왕급의 산으로 다시 태어나기를! 눈 오는 인왕산을 보면서 빌어봅니다만. 2010. 2. 12

제자리의 무서움

어제는 설날이었다. 그날 아침. 차례를 지내고 온 식구들이 모여 앉아 음복(飮福)을 했다. 이태 전에 회갑을 넘긴 큰형님이 낮게 말했다. 떡국을 먹으니 또 한 살을 먹는구나. 형님은 작년 설날에도 그리 말씀하신 것 같다. 그때나 지금이나 그 말만큼은 조금 쓸쓸한 음색으로. 제법 뻑뻑해진 국물을 한 숟가락 가득 뜨는데 간밤의 메모가 함께 떠올랐다.

나무가 나에게 말했다. 너의 뿌리인 발가락 사이에 왜 잡균이 기생하는 줄 아니? 그건 쓸데없이 네가 돌아다녀서 그래. 나처럼 제자리에 가만 있어봐. 내가 나무에게 말했다. 나인들 왜 가만 있고 싶지 않겠어요. 처음엔 나도 내가 그 어디론가 가는 줄로 알았지요. 하지만 가도가도 가는 게 아닌 줄을 예전에 미처 몰랐어요. 나도 이미 괴로움의 와중에 꼼짝없이 붙박혀 있는 중! 나도 나도 제자리란 말이예욧!

문득 나도 형님을 따라 쓸쓸하단 느낌이 들면서 국물도 잘 넘어가지를 않았다. 음복 술을 목기 잔에 따라 거푸 두 잔 했다. 돌이킬 수 없는 나날 속에 나의 자리는 여전하다. 어제와 같은 자리이다. 그 자리에서 첫사랑도, 청춘도, 중년도 빠져나갔고 오늘에는 올해의 설날이 막 빠져나갔다. 제자리 무서운 줄을 내 모르는 바 아니었으니 동그란 떡국을 먹었던 일도 벌써 하루 전(前)의 일이 되고 말았다. 2010. 2. 15

가족들의 골짜기

설을 낀 휴일이라 그런가. 사흘 연휴를 마치고 옥인동 골목에 들어서니 낯선 동네에라도 온듯 어리둥절하다. 골목은 많은 세배객을 배출한 탓인지 몹시 피곤해 보였다. 낮은 한옥대문 앞에는 평소에는 보기 힘든 쓰레기들이 잔뜩 쌓여 있었다. 작년에 내린 눈들도 어디론가 갈 채비를 마치고 옹기종기 모여 소곤대고 있었다. 이제부터 진정 먼 여행을 떠나는 것이니 각오를 단단히 다지는 자리인 듯했다. 어느 집 반쯤 열린 환기창에서는 고소한 냄새가 솔솔솔 풍겨나오기도 했다.

참 별일 없을 것 같은 이 좁은 골목에도 벌어질 일은 다 벌어진다. 아마 오늘이 길일인가 보다. 군청색 잠바 차림의 아저씨 셋이서 1.5톤짜리 트럭 두 대를 몰고 와서 이삿짐을 나르느라 부산했다. 겨울은 두 다리를 뻗어 큰 걸음으로 성큼성큼 골목을 빠져나가고 봄기운이 코끝에 알싸하다. 인정이 묻어나는 동네.

한 가족이 빼놓은 세배라도 가는지 나란히 걸어오고 있다. 아들, 아빠, 딸, 엄마. 높고 낮은 키를 차례로 연결하니 배경이 되어주는 인왕산의 능선과 그대로 포개질 것 같다. 하지만 언뜻 보이는 능선만 있는 게 아니다. 차례대로 적어보자. 아들과 아빠 사이, 아빠와 딸 사이, 그리고 딸과 엄마 사이. 지금 팔짱을 끼거나 손을 맞잡은 그 사이는 또 그대로 각각의 골짜기이기도 하다.

아빠와 엄마 사이에서 아들과 딸이 나왔듯이 그 골짜기에서는 많은 일들이 벌어질 것이다. 저 가족들에게도 마주해야 할 고비, 넘어야 할 산은 있는 법이다. 언젠가 맞닥뜨릴 그것들은 저처럼 바로 저 무탈한 식구들 안에서 차츰차츰 자라고 있는 것! 인왕산의 능선을 훑으며 집에 두고 온 나의 가족들, 우리 집안의 골짜기에 대해서도 한번 생각해보았다. 2010. 2. 17

둥근 소리

오랜만에 뭉게구름이 나타났다. 구름은 하늘에 떠 있고 구름의 그림자는 인왕산에 묻혀 있다. 구름들 사이로 하늘의 골짜기도 보인다. 어제는 오랜만에 인왕산에 올라가보았다. 먼 산에 오르다가 때를 잘 만나면 종소리를 듣기도 한다. 종소리는 종을 닮아 둥글다. 산에서 울려나오는 종소리는 듣는 이의 귀를 뚫고 들어가 가슴으로 번지기 마련이다. 내 둥근 가슴도 소리를 둥글게 번역해낸다.

어제 인왕산을 오후 3시경에 오르는 동안 비슷한 소리가 들렸다. 내 귀는 버릇대로 소리를 받아들일 준비를 하고 있었다. 하지만 그 소리는 둥근 소리가 아니었다. 거대한 도시 서울이 뱉어내는 소리는 조그만 절집에서 내는 소리와는 첫소리는 같은가 했는데 끝소리는 너무도 달랐다. 더구나 그 여음은 달라도 너무나 달랐다. 그것은 포크레인이 흙을 할퀴는 소리, 큰 해머가 땅을 뚫기 위해 쇳덩어리를 내려치는 소리였다. 퍽, 퍽, 퍽. 그 소리는 둥근 소리가 아니었다. 따라서 그 소리들은 내 둥그스름한 가슴뼈와 궁합을 맞추지 못했다. 그 소리들에게 내 가슴은 완강한 벽이어서 되돌아 나가야 했다. 내 귀에서 쫓겨난 소리들은 하늘에도 흡수되지 못하고 사방으로 흩어졌다. 어느새 하늘에는 구름 한 점 없었다.

오늘은 모처럼 구름이 왔다. 구름은 사방의 소리를 빨아들이며 고요한 풍경을 감독하고 있다. 이제 구름 감독의 사인을 받고 인왕의 왼쪽 옆구리쯤에서 철새 한 마리 한 줄의 시(詩)를 적으며 입장하면 된다. 2010. 2. 19

석굴암
가는 길

인왕산 중턱에 석굴암이라는 조그만 암자가 있다. 이름에 걸맞게 큰 바위 사이로 굴이 있어 그 안에 부처님을 모시고 있다. 인왕산을 인체에 비유할 때 석굴암은 목젖 부근 이른바 '아담의 사과'에 위치한다. 그러니 석굴암만 다녀와도 거의 인왕산 정상에 다녀온 것과 진배없다.

경인년 들어 처음으로 석굴암에 가기 위해 옥인아파트를 지나게 되었다. 석굴암 가는 길은 옥인아파트 지나 급한 경사의 계단으로만 된 길이다. 현재 서울시는 옥인아파트를 청계천의 발원지로 개발하기 위하여 철거작업을 진행 중이다. 주민들이 모두 떠난 아파트는 폐허가 되어 들고양이들이 마음껏 배회하고 있었다. 층층마다 문짝은 모두 떨어져나가고 버리고 간 쓰레기가 어지러웠다. 모든 건물벽에는 붉은 스프레이로 섬짓한 글씨들이 마구 휘갈겨 있었다. 목덜미에 좀 서늘한 기운을 느끼며 계속 올라갔다.

석굴암 가는 길은 무척 힘들었다. 하도 힘들어서 한 걸음마다 숫자를 부여해서 108을 세면서 갔다. 네 번을 겨우 채우자 석굴암 마당이 코앞에 보이는 바위 등성이에 도착했다. 작년까지만 해도 이곳은 경비 철조망이 둘러쳐져 있었다. 오늘 보니 쇠붙이가 말끔히 걷혀 있었다. 곰보처럼 보기에 흉했던 서울의 얼굴이 깨끗하게 들어왔다. 계단은 작년과 꼭 같았는데 숨쉬기는 작년보다 훨씬 힘들었다.

마지막 힘을 내서 석굴암에 도착하니 전에 없이 좀 을씨년스러운 풍경이었다. 암자에 불은 켜져 있었는데 아무런 인기척이 없었다. 녹음기에서 들리던 독경소리도 없었다. 마당 이곳저곳이 그냥 방치된 흔적이 뚜렷했다.

불교 경전 중에 『유마경』이 있다. 재가거사인 유마를 주인공으로 한 경전이다. "어리석음과 탐욕, 성내는 마음으로부터 내 병이 생겼습니다. 모든 중생들이 병에 걸려 있으므로 나도 병들었습니다. 만일 모든 중생들의 병이 나으면, 그때 내 병도 나을 것입니다."라는 유마거사의 말은 중생과 고통을 함께하는 보살의 모습을 표현한 것이다.

마당에서 한참을 서성거렸지만 찬바람만 휙휙 지나가고 아무도 나타나지 않았다. "날카론 왜낫 시렁 위에 걸어 놓고 몰래 어디로 가신 오매"처럼 스님은 법당에 촛불 켜놓고 어디로 가셨을까. 나는 석굴암이 이렇게 분위기가 변한 것은 곧 뜯겨나갈 옥인아파트의 신세와 무관치 않았으리라고 짐작한다. 옥인아파트가 병에 드니 석굴암이 아픈 것이리라. 바람 부는 마당에서 바위한테 서서 세 번 절하고 내려왔다. 2010. 2. 22

※ 미당 서정주의 시, 〈맥하(麥夏)〉에서 부분 인용. 원래 시구는 이렇다. "날카론 왜낫 시렁 위에 걸어놓고/ 오매는 몰래 어디로 갔나."

인왕산의 무늬

북학파의 선구자인 박제가(1750~1805)의 전집이 『정유각집』이란 제목으로 돌베개출판사에서 나왔다. 『북학의』를 제외하고 박제가가 쓴 모든 글을 묶은 것이다. 상·중·하 세 권인데 두 권은 시집이고 한 권은 문집이었다. 내용이 워낙 방대하고 편편이 주옥같은 글들이라 다 섭렵하려니 까마득한 생각부터 앞선다. 그러나 이 글을 쓴 분, 해석한 분, 또 읽기 편하게 책으로 편집한 분들 앞에서 그러한 생각은 사치일 수밖에 없다. 틈틈이 야금야금 뜯어먹기로 하고 앞뒤를 훑는데 하권에서 이조원이 쓴 서문이 눈에 들어왔다.

그 첫 구절은 이렇다. "일월성신은 하늘의 무늬이니 깃발에 꾸미고 곤충과 조수는 땅에서 나는 것이니 제기에 새긴다." 그 문장을 읽으니 어제 석굴암 마당에서 발견한 안내팻말이 문득 떠올랐다. 그것은 종로구 옥인동 산 3-14번지 일대를 '인왕산 생태, 경관보전지역'으로 지정한다는 내용이었다. 나는 그간 인왕산을 숱하게 올랐으나 인왕산의 생태에 관해서는 입을 닫고 있었다. 명색이 대학에서 식물학과를 나왔으나 나무이름, 풀이름 제대로 외는 게 없었던 내 무지의 소치였던 셈이다. 그간 하늘의 무늬는 빛으로 많이 그려왔지만 땅의 무늬도 좀 제대로 알아야 되겠다 싶어 여기에 적어둔다.

- 인왕산은 서울의 내사산(북악산, 남산, 낙산, 인왕산) 중 서쪽에 위치한 화강암으로 이루어진 바위산으로 기암과 소나무가 어우러져 아름다운 자연경관을 연출하고 있다.
- 토지극상인 소나무림이 주로 산림 고지대 능선부와 사면 암반부에 대면적으로 군락을 이루고 있으며 일부 상수리나무림과 아카시아나무림이 분포한다.
- 이곳의 야생조류로는 박새, 어치, 유리딱새, 소쩍새 등이 있으며 그 외 암먹부전나비, 작은주홍부전나비, 왕자팔랑나비 등 다양한 곤충이 서식하고 있다. 2010. 2. 24

생각의
종소리

방배동 제따나와선원에서 수행중인 일묵스님이 책을 쓰기로 하고 초교의 일부를 먼저 보내왔다. 불교의 근본 원리인 고집멸도(苦集滅道)를 뼈대로 하여 초기불교를 섭렵한 스님의 견해가 녹아든 독특한 책이 될 것이다. 그 원고 말미에 우리나라에도 널리 알려진 틱낫한 스님의 플럼 빌리지 이야기가 있었다. "프랑스 남서부 보르도 지방에 가면 베트남 출신의 틱낫한 스님이 설립한 세계적인 명상센터인 자두마을(플럼 빌리지)이 있다. 이곳에 가면 아주 재미난 풍경을 볼 수가 있다. 이곳에서는 가끔씩 종이 울리는데 그때마다 모든 사람들이 그 자리에서 동작을 멈추고 자신의 호흡에 주의를 돌린다. 그리고 그 순간 자신의 호흡을 세 번 관찰한 다음 다시 멈추었던 동작을 시작한다. 이것은 아주 어린 아이부터 나이 든 노인까지 예외 없이 행해진다. 겨우 일곱 살 남짓한 어린아이들이 종소리를 듣고 멈추어 서서 자신의 호흡을 관찰하고 있는 것을 보고 매우 인상 깊었었다."

이 대목을 읽자니 내 머리 속에서 문득 종소리 같은 꾀 하나가 울려나왔다. 살아가면서 더 이상 떠오르지 않았으면 하는 기억이 몇 개 있다. 그러나 그것들은 내 말을 전혀 듣지 않는다. 아무리 외면하려고 해도 불각시에 나타나서 나를 이렇게 굽어본다. 넌 이랬던 놈이라고 손가락질하면서 말이다. 지금 이 글을 쓰는 이 순간에도 또 나타났다! 나를 조롱한다! 나를 빤히 쳐다본다! 나는 어쩔 수 없이 얼굴만 붉힌다.

가끔 인왕산 중턱을 오르다 어휴, 허리를 펴며 길게 한숨을 내쉬는 것은 허리가 아파서라기보다는 또 나타난 그 옛날의 부끄러움에 대응하는 추임새인 것이다. 그리고 생각을 쫓아내기 위해 하늘 한번 쳐다보지만, 이제 와서 난들 어쩌나, 이젠 나도 어쩔 수 없는 영역의 일인데! 그러나 나도 한 가지는 안다. 생각 안 하고 싶어도 생각나는 것처럼 생각하고 싶어도 계속해서 생각할 수가 없다는 것을. 어느 땐 작심하고 그 싫은 생각을 붙들려고 하지만 어느새 도망가고 없는 것이었다. 다행이라면 그게 다행일까.

나의 쬐란 플럼 빌리지에 가보지는 못했지만 앞으로 그 생각하기 싫은 생각이 또 나타나면 그 생각을 종소리로 치환하는 것이다. 그래서 그 생각의 종소리가 울릴 때마다 내 있던 자리에서 동작을 멈추고 내 호흡을 세 번 관찰한 다음 다시 멈추었던 동작을 시작하는 것이다. 어떻습니까? 틱낫한 스님. 그래도 괜찮겠죠? 2010. 2. 26

통인시장
감자탕집에서

통인시장 통로에서 한 걸음 비켜난 골목에 자리한 통인감자탕집에 들어서니 대형 벽걸이 텔레비전에서 동계올림픽 중계가 한창이었다. 생중계는 아니었고 우리 선수들의 경기를 재방송으로 계속해서 틀어주고 있었다. 화면은 주로 메달을 딴 선수, 그것도 금메달을 캐낸 선수, 그것도 한 여자선수에게 집중되고 있었다. 점심 때우러 감자국집에 온 모든 사람들은 여러 메뉴 중에서도 감자탕으로 통일하고는 목을 길게 빼서 벽을 보고 있었다.

어디에서 들었는지는 잘 모르겠다. 요새 사람들은 한 가지만 특별하게 발달하는 거 아닌가요, 라고 누군가 말했었다. 나도 그 말에 공감한다. 나도 그렇다. 아는 것만 안다. 그 아는 것도 한 분야뿐이다. 자연계 교수들 중에서 기호학이 무슨 말인지 아는 이는 드물 것이다. 인문계 교수들 중에서 진화론을 제대로 아는 이가 몇이나 될까.

우리의 생각을 형상화한다면 끝이 뾰족한 송곳에 가까울 것이다. 우리 신체를 많이 쓰는 용도별로 재배치한다면 오른팔이 특별히 길거나, 허벅지가 특히 굵거나, 머리가 특히 크거나, 입이 툭 튀어나오지 않았을까. 어쨌든 이처럼 편이된 모습일 것은 분명해 보인다. 그 모습들은 두루원만한 원의 모양이라기보다는 옆으로 길쭉해지는 타원형의 그것으로 수렴될 것이다.

우리 사는 곳도 마찬가지다. 집은 아파트, 사무실은 빌딩 아니면 타워이다. 건물들은 소방수는 안중에도 없이 길고길게 하늘로 한없이 뻗어나간다. 지난해 겨울 홍콩에 가보았더니 15평 내외의 65층 이상 되는 아파트가 즐비했다. 맨 꼭대기층에서 다닥다닥 붙어사는 이들은 이웃들과 창문 열고 하늘에서 악수도 한다는 가이드의 설명에 아찔한 웃음이 나왔다. 더 이상 미끄러질 데가 없어 그곳으로 쫓겨 올라간 사람들도 중국 선수들이 미끄러질듯 미끄러지지 않고 끝내 빙상 쇼트트랙에서 금메달을 따는 것을 보면서 환호했을 것이다. 금메달은 국경을 불문하고 누구나 다 좋아하니깐.

우리 모두는 한 가지만 특별히 특별하게 발달한다. 그리고 그것은 우리 시대의 정의이기도 하다. 세계는 이런 식으로 계속해서 경쟁적으로 발전한다. 그리하여 어느 날 낯선 외계인이 우리 사는 행성을 방문한다면 이런 소감을 남길 지도 모른다. "어라, 웬 고슴도치 마을에 뚱딴지같이 성게들만 잔뜩 모여 있네!"

2010. 2. 28

봄

봄

3월

이봐, 겁먹지 마,
이젠 봄이잖아!

인왕산에 올라 사방을 굽어본다. 인왕은 서울이라는 큰 괴물에 포위된 호랑이 같다. 괴물은 끊임없이 고약한 냄새를 풍겨올리고 사나운 주문을 외면서 호랑이를 겁박한다. 천하의 호랑이가 괴물 앞에서 오금이 저리는 것은 무서워서가 아니다. 다만 더러운 것을 피하고 있을 뿐이다. 십자가에 못 박히는 예수처럼 온몸 끝에 말뚝이 박힌다. 산 채로 차츰차츰 박제당한다. 나는 지금 인왕산 정상에 있다. 호랑이 잔등을 타고서 괴물의 아가리 앞을 기웃기웃거리고 있는 셈이다. 내 눈동자 불안하게 굴러가는 소리라도 들었나. 노오란 나비 한 마리 팔랑팔랑 달려와 구름 문자를 해석해준다. 이봐, 겁먹지 마. 이젠 봄이잖아! 2010. 3. 3

28 고바야시 이싸는 일본 에도 시대의 3대 하이쿠 시인으로 꼽힌다. 그의 대표작으로 〈얼굴 좀 펴게나 올빼미여, 이건 봄비잖아〉라는 작품이 있다.

어느 조각가와 죽음

피 끓는 젊은 시절, 1988년 무렵이다. 대학을 갓 졸업하고 무역협회에서 주관하는 영어회화 학원에 다닌 적이 있다. 수강생은 나와 비슷한 또래의 열댓 명이었다. 첫 수업시간에 각자 돌아가며 자기소개를 했다. 서강대학교 영어과를 나온 친구는 첫인상이 퍽 좋았다. 그이는 2000년이면 자신이 반드시 아프리카에 있게 되기를 소원한다고 했다. 그 말이 아주 신선하게 들렸다. 지금도 가끔 안부를 주고받는 그이는 현재 이탈리아를 오가며 꽤 규모 있는 무역을 하고 있다. 어쩌다 옛이야기를 들추면 아프리카까지 반은 왔으니 유예되었던 꿈을 찾을 날도 멀지 않았노라고 씩씩하게 말한다.

그이가 준 엽서가 하나 있다. 맨머리에 자줏빛 가사장삼을 걸친 자소상(自塑像)을 담은 사진엽서이다. 하도 고맙고 너무 좋아서 아직도 내 책상에 붙여놓았다. 우체국 소인이 안 찍힌 걸로 보아서 명동 어느 커피점에서 직접 받은 것 같다. 커피광인 그에게 붙들려 술 안 먹고 늦게까지 명동에서 체류한 적은 그때가 처음이자 유일했다. 엽서는 호암갤러리에서 〈비운의 조각가 권진규 회고전〉을 하면서 제작한 것이었다. 나의 친구는 엽서 뒷면에 이렇게 적었다. "'凡人에겐 침을, 바보에겐 존경을, 천재에겐 감사를.' 권진규라는 조각가가 자기의 아틀리에 벽에 써놓았다는 문구다. 이 글을 보면서 문득 자네가 …… 보구 싶었다." 이 엽서 덕분에 조각은 잘 모르지만 한 조각가는 알게 되었다. 그는 천재적 재능을 보여줬지만 한국 미술계의 차가운 평가 속에 불우한 생애를 마감했다고 한다. 작업실에서 목을 맨 것이었다.

2009년 말 일본의 명문 무사시노 미술대학교가 개교 80주년을 맞아 한국의 조각가 권진규를 모교를 가장 빛낸 졸업생으로 선정하고 작품전을 도쿄국립근대미술관에서 연다는 소식이 크게 보도되었다. 그의 예술 세계에 일본이 먼저 열광하는 형국이었다. 화려하게 부활한 테라코타 권진규 선생은 일본 전시회를 성공적으로 마치고 귀국해서 덕수궁미술관 전시실에 여장을 풀었다.

권진규 조각전이 열리고 있는 전시실은 조용했다. 점심 시간 이전이라 관람객이 몇 안 되었다. 작년부터 기다려왔던 전시회라서 나는 눈을 부릅뜨고 전시장을 두 바퀴나 돌았다. 그리고 대표작으로 꼽히는 그의 자소상 앞에 오래 머물렀다. 이 작품은 그가 궁극적으로 무엇이 되고자 했는지를 잘 말해주는 것 같았다.

테라코타 권진규 선생을 만나러 가기 전날 전시회 정보를 뒤지다가 《중앙일보》에서 다음의 기사를 읽었다. "몇이 모여 운세를 본다며 각자 좋아하는 글자를 하나씩 쓰라 했더니 권진규 선생이 빙글빙글 웃으며 죽을 사(死) 자를 적어서 일동이 숙연해진 일이 있어요. 죽음에 대한 집념이랄까, 근원적 고독을 봤죠. 작품을 한 점 주며 '내 자식 잘 돌봐줘' 했어요." 그의 회고전을 계기로 생전의 작가를 가까이서 봤던 지인들의 얘기를 듣는 자리에서 나온 이야기였다고 한다.

올해 들어 나도 죽음에 대해 부쩍 많이 생각하게 되었다. 일부러 그런 것도 아니다. 그냥 그렇게 되었다. 내 생각의 주인은 내가 아닌 줄을 나는 알고 이를 또한 인정한다. 나의 죽음도 내가 모르게 찾아오듯 죽음에 대한 생각도 이처럼 몰래 찾아오는 것일 터이다. 그러니 어쩌나. 막아서 막아진다면 막겠다. 그러나 그게 아닐 것이니 차라리 반갑게 맞아주자고 했다. 전시장을 나와 덕수궁을 잠깐 거닐었다. 멀리 인왕산 자락도 보였다. 덕수궁의 흙 기운을 조금 밟으면서 나의 죽음에 대해서도 잠시 생각해보았다. 2010. 3. 5

※ 김현 선생의 『행복한 책읽기』 중 1988. 2. 21 일기에서 다음 대목을 만났다. "문예중앙의 좌담회 나가는 길에, 호암갤러리에서 열리고 있는 권진규 회고전을 보았다. 말의 두상이나, 추상적 조형은 외국의 것을 본딴 것 같은 느낌을 주었으나, 인물들은 고귀한 기품을 가진, 서구적 입체감과 동양적 정밀감을 동시에 지닌 특이한 모습들이었다. 어려운 시기에 삶을 영위해나갔음에도 불구하고 고통에 대한 표현이 전혀 보이지 않는 것이 특이했다. 거기에 비하면 이중섭은 얼마나 엄살꾼 같아 보이는지." 김현 선생도 작품 중에서 특히 목각 부처가 인상적이었던 모양이다. 선생의 글을 읽자니, 자네가 하는 말이 적어도 거짓말은 아니군, 증명해주시는 것 같아 행복한 기분이 들기도 했다.

인왕산의
해골바위

또 눈이 왔다. 눈 구경하러 눈 밟으러 인왕산에 올랐다. 인왕산 가는 길에는 에스컬레이터나 컨베이어벨트가 없다. 따라서 고장나는 일은 절대 없다. 토함산에 한 발 두 발 걸어서 올라가듯 내 발로 땀 흘리며 올라가야 한다. 인왕산 가는 길은 전부 계단이다. 계단은 우아한 곡선을 톡톡 분질러 직선으로 만든 것이다. 인왕산이 바위산이라는 것을 인정해도 무릎이 시원찮은 사람들에겐 고생이 이만저만 아니다.

   인왕산 정상에는 큰 바위가 하나 있다. 바위에 오르라고 두 줄로 다섯 개의 계단을 파놓았다. 그 다섯을 추상화처럼 생각하여 눈 두 개, 코, 입 그리고 작은 점 하나에 각각 대응시키고 보면 꼭 해골 같다. 오늘은 움푹줌푹한 해골의 이목구비에 눈이 쌓여 있었다. 그것은 생전에 걸쳤던 두툼한 살처럼 보이기도 했다. 아주 하얀 피부 같기도 했다. 해골바위는 인왕산 정상에 앉아 있다가 헉헉거리고 오는 이들을 맞아준다. 그리고 이렇게 말한다. 너희도 언젠가 나처럼 돼. 나처럼 되지 않고서는 저 푸른 창공으로 올라갈 수가 없어! 2010. 3. 8

어제 내린 덤비

어제 서울 지역은 맑았다. 그러나 인왕산 아래 그러니까 효자동을 비롯한 서촌(西村)에는 비가 추적추적 내렸다. 가보지는 않았지만 한옥이 밀집한 북촌 일대를 비롯해 강북의 많은 곳에도 틀림없이 비가 왔을 것이다. 강남에는 분명 오지 않았을 비였다. 어제 내린 비는 하늘에서 떨어지는 비가 아니었다. 따라서 아무도 우산을 쓰는 불편은 겪지를 않았다. 그 비는 지붕이나 처마, 나무에서 떨어지는 비였다. 그저께 느닷없이 내린 눈들이 높은 곳에서 짧게 일박(一泊)한 뒤 아래로 뛰어내리는 것이었다. 따라서 눈이 원전(原典)이었고 그 비는 덤으로 내리는 일종의 부록 같은 것이었다.

이 비를 예전에 나는 임시로 잎비로 명명한 적이 있었다. 그러나 좀 더 조사해보니 잎비는 임자가 따로 있었다. 잎이 비처럼 많이 휘날리는 것을 지칭하는 단어였다. 해서 오늘 나는 새로운 작명을 시도하였다. 그래서 탄생한 말이 덤비이다. 그냥 '덤으로 내리는 비'라는 뜻이다. 아무튼 어제 인왕산 자락과 강북 일대에는 하루 종일 덤비가 내렸다. 같은 서울이라고 해도 강남이나 여의도 같은 이른바 빌딩떼에 사는 족속들은 이런 덤비를 구경도 못 했을 것이다. 덤비는 낮고 좁고 쓸쓸한 동네만을 찾아다니는 것이다. 덤비소리는 처마가 있는 곳에서만 들을 수 있는 것이다.

덤비는 오래된 기억을 일깨우며 골목을 빗소리로 채우며 종일을 내렸다. 성북동 골짜기에 있는 길상사에도 덤비는 내렸다. 그 덤비 소리를 자장가 삼으며 스님 한 분이 영원한 잠에 드셨다. 무소유를 실천하신 스님이 가는 덤비 사이로 종적을 감춘 것이다. 스님은 "금생에 저지른 허물은 생사를 넘어 참회할 것이다. 이제 시간과 공간을 버려야겠다."는 말을 마지막으로 남겼다고 한다. 스님이 빠진 공간이 너무 커 보인다. 무(無)에 덤 하나 남기지 않고 원전으로 회귀하신 스님의 명복을 빈다. 2010. 3. 10

봄비를 맞으며
봄비를 부르다

오늘은 월요일, 인왕산에는 출입이 금지된다. 그러나 금지구역에도 봄비는 오고 안개가 긴 발을 멀리 드리웠다. 청국장으로 점심을 때우고 이은하의 〈봄비〉를 부르면서 인왕산 둘레길을 걸었다. "봄비 속에 떠난 사람 봄비 맞으며 돌아왔네 / 그때 그날은 그때 그날은 웃으면서 헤어졌는데 / 오늘 이 시간 오늘 이 시간 너무나 아쉬워 / 서로가 울면서 창밖을 보네 / 봄비가 되어 돌아온 사람 비가 되어 가슴 적시네"

석굴암 입구를 지나다 아래를 보니 옥인아파트 철거작업이 한창이었다. 우중충한 날씨를 이용해서 포크레인 두 대가 아파트 철근에 악착같이 매달려 있었다. "이곳은 처음 지나는 벌판과 황혼, 내 입 속에 악착같이 매달린 검은 잎이 나는 두렵다."고 토로한 요절 시인이 있었다. 그는 안개의 시인이기도 했다. 1985년《동아일보》신춘문예 당선작은 그가 쓴 〈안개〉였다. "이 읍에 처음 와 본 사람은 누구나 / 거대한 안개의 강을 거쳐야 한다. / 앞서간 일행들이 천천히 지워질 때까지 / 쓸쓸한 가축처럼 그들은 / 그 긴 방죽 위에 서 있어야 한다. / 문득 홀로 안개의 빈 구멍 속에 / 갇혀 있음을 느끼고 경악할 때까지." 그는 첫 시집이자 유고시집인 한 권을 세상에 남겼다. 그 시집, 『입속의 검은 잎』 서문에서 시인은 가장 위대한 잠언은 자연 속에 있음을 믿는다고 적었다. 넓은 벌판이 아니라 좁은 골짜기에서도 시인의 전언은 유효할 것임을 나는 믿는다.

깽깽거리고 낑낑거리는, 쿵쿵거리고 쾅쾅거리는 도심의 소란에서 잠시 벗어난 이런 조그만 자연 속에서 위대한 봄비를 맞는 기분이란! 비 맞으며 함께 어깨동무하고 싶은 사람들을 몇몇 떠올리며 다섯 번을 부르고 나자 내려가야 할 계단이 나타났다. 입안에서도 봄비가 줄줄 내리는 것 같았다. 사무실 근처에서 한 번 더 불렀다. 2010. 3. 12

기형도, 『입속의 검은 잎』(문학과지성사)에서 인용.

눈이 오려나
비가 오려나

눈이 오려나 비가 오려나. 억수 장마 지려나. 하늘이 왈칵 찌푸려 있다. 일기예보에 따르면 오늘 밤에는 눈이 온단다. 그러니 지금 저 인왕산의 아주 오랜오랜 하늘 위에는 벌써 눈이 출발했을 것이다. 무슨 할 말이 그리도 많더냐. 고요한 하늘이 너무도 분주하구나. 2010. 3. 15

구름의
북소리

눈이 왔다. 또 눈이 왔다고 투덜댄다. 하늘은 흰 것을 보냈는데 세상은 쓴 것을 내보낸다. 희한한 3월이라는 군소리도 여기저기서 들린다. 주로 텔레비전에서 하는 소리이다. 눈한테 화제를 빼앗겼기 때문일까. 사람들이 눈 구경 하느라고 저를 안 보아주어서 그런 걸까. 눈이 온다는 것은 아직도 하늘이 할 말이 남아 있다는 것이다. 근데 기자들은 왜 이 큰 뉴스를 모르는 척하는 것일까.

　우리가 구름을 쳐다보듯 구름은 우리를 쳐다보고 있다. 우리 모두는 하루 일과를 끝내고 고단한 몸을 누이러 집으로 찾아든다. 단정한 집에서 흐뭇한 불빛이 번져나올 때, 우리는 비로소 안심을 한다. 그 집에 가기 위해서 우리는 이렇게 하루를 살아낸다. 구름이 하늘에 떠 있다가, 안간힘을 다해 매달려 있다가, 매달리기 위해 몸을 잔뜩 부풀리고 있다가, 드디어 공중에서의 일생을 끝내고 아래로 올 때. 구름은 어디로 가는가. 구름의 집은 어디일까.

　몇몇 정거장을 거치기는 하겠지만 구름이 결국 몸 누이는 곳은 강(江) 아닌가. 그리고 그곳에서 세상과 몸 섞으면서 바다로 흘러가는 것 아닌가. 강은 지상에 되도록이면 오래 머무르고 싶어서 구불구불해지는 것 아닌가. 강은 세상의 모든 마을과 가급적이면 많이 접촉하고 싶어서 우회하는 것 아닌가. 그런데 그 강에서 지금 무슨 일이 벌어지고 있는가. 그것을 지금 구름은 보고 있는 것 아닌가. 왜 천주교 신부님들은 "지구상의 모든 생명은 하나의 고리로 연결되어 있습니다. 자연 생명이 파괴되면 그 자연을 호흡하고 섭취하며 살아가는 인간 생명도 운명을 함께할 수밖에 없습니다."라는 성명을 발표했는가. 구름의 집에서 벌어지는 일에 대해서 지금 하늘이 탄식하고 있는 줄을 왜 모르는 것인가.

　추계예술대학교에서 가야금을 가르치는 이효분 선생이 2008년 궁리에서 『우리 樂, 그림을 품다』라는 책을 출간했다. 그는 중요무형문화재 제23호 가야금 산조 전수교육조교이기도 하다. 저자에 따르면, 우리 국악의 사물놀이 가락은 자연의 소리로서 꽹과리는 천둥, 징은 바람, 장구는 비, 북은 구름을 상징하는 것이라고 한다. 어젯밤 눈이 제법 왔다. 아침이 되니 많이 쌓이기도 했다. 밤새 내린 눈에는 지상에 경종을 울리듯 구름의 북소리가 하얗게 들어 있었던 것이다. 둥, 둥, 둥. 2010. 3. 17

바람 부는
바위에 서면

나는 그를 안다. 모를 수도 있었는데 알아서 다행이다. 움푹한 눈에 세상을 다 살아버린 듯한 표정의 그가 나는 좋다. 싫어할 수도 있었는데 좋아해서 대견하다. 인왕산 꼭대기에는 해골바위가 있다. 그제 잠깐 내린 눈으로 해골의 움푹한 눈에는 눈물이 가득 고여 있었다. 원효스님이 환생해서 한 바가지 꿀꺽 드시고도 남을 것 같다. 그러고도 남은 물은 여러 사람의 해탈용으로 충분할 것 같았다. 해골에서 한 뼘 아래 복잡한 내 가슴이 있고 해골바위에서 스무 걸음 내려오면 인왕의 치마바위가 있다. 환히 보이는 서울특별시는 후생으로 가는 한 변곡점인가. 삐까뻔쩍인다. 바람 부는 바위에 서면 그 사람 생각이 난다. 자꾸 생각이 난다. 2010. 3. 19

과거는
총천연색

옛날은 흑백사진으로 남았다. 더욱 오랜 옛날은 그림으로 남았다. 아주 오랜 옛날은 희미한 전설로 남았다. 있었으되 남아 있지 않은 게 훨씬 더 많은 것은 물론이다. 우리의 상상력은 거세되었고 기억력은 퇴화되었다. 우리의 두개골 속에 물감이 안 들었다고 지나간 나날을 희고 검게만 보아서는 안 된다. 우리가 보는 것만 본다지만 사진 속의 과거가 흑백이라고 그 당시도 흑백인 건 결코 아니다. 옛날은 옛날대로 모두가 총천연색의 세계였다.

비행기 하나 얼씬거리지 않는 창공은 깨질듯 푸르렀고 전봇대와 겨룰 일 없는 숲의 나무들은 의연했다. 꽃은 더욱 화사했다. 색감도 오늘보다 훨씬 깊고 짙었다. 그 당시에는 아무도 안경을 끼지 않았던 것이다. 모두들 시력이 좋아서 세상을 정확하게 보았던 것이다. 꽃잎의 색깔이 그 얼마나 환했기에 꽃잎 한 조각 떨어졌다고 봄조차 어두워진 걸까!

봄의 총량에서 꽃잎 한 장 떨어지는 것을 포착하고 절정의 시 한 편을 토해내는 두보 앞에서 우리는 할 말을 잊는다. 일편화비감각춘 풍표만점정수인(一片花飛減却春 風飄萬點正愁人).※ 늦게 산다고 다 좋은 게 아니다. 1천 2백여 년 전에는 중국에서 계절을 업은 시정(詩情)이 왔었는데 나흘 전에는 지독한 황사가 왔다. 사람들이 외출을 삼가야 할 정도였다. 우리들 인생의 총량에서도 알뜰한 하루가 꽃잎처럼 또 지고 있다. 바스라지는 경인년 봄날의 끝자락에 두보의 시 〈곡강(曲江)〉을 매달아둔다. 2010. 3. 22

※ 꽃잎 한 조각 지면 봄이 그만큼 덜어지거늘 바람에 펄펄 꽃잎 날리니 이를 어쩌나.

편집된 세상

궁리 사무실에서 인왕산 정상까지 보통 걸음으로 걸어서 약 50분 걸린다. 인왕한테 가려고 우남빌딩을 나와 멀리 고개를 들면 구름은 인왕산 꼭대기에 배를 긁으며 걸터앉아 있는 것이었다. 그러나 정상에 도착하면 그 구름은 꼭대기에 걸려 있는 것이 아니라 너무나도 먼 하늘에 떠 있는 것을 확인할 수 있다. 지평선 끝까지 갔더니 또 지평선 너머로 날아간 파랑새처럼.

나의 좁디좁은 눈 안으로 한꺼번에 들어오는 구름과 산이었지만 둘 사이에는 나의 키로는 도저히 대거리도 못할 간극이 있는 것이었다. 밑에서 볼 때 하늘과 인왕산이 붙어 있는 것처럼 보였으나 실상은 이처럼 떨어져 있었던 것이다. 그 거리는 내가 등산하는 50분 동안에 떨어진 간격이 아니었다. 그들은 애시당초 서로 아득히 떨어져 있었던 것이었다. 지금 산아래에서는 구름더러 산꼭대기와 배 맞추며 간통하고 있는 게 아니냐며 손가락질하는 이들도 있을 수가 있다. 산 중턱에도 올라보지 않은 자들의 소견이지만 딱히 그들을 그리 나무랄 일도 아니었다. 밑에서만 사는 조무래기들의 눈엔 실제 그렇게 보이는 것을 어쩌랴. 세계는 이렇게 던져져 있고 사람들은 그렇게 각자 편집해서 세상을 보는 것을.

육안으로 직접 보는 것도 실상은 저리 다르다는 것을 알아야겠지만 그러기엔 세상은 너무 넓고 할 일은 너무나 많고 우리는 너무나 작은 것이다. 그러나 어찌 되었든 우리가 검은 구두로 차단당한 발밑을 잘 헤아리고 들보가 찔러대는 눈을 자주 의심해야 하는 이유가 여기에 있다. 2010. 3. 24

혀로 보는 세상

결혼하고 처음 신혼살림을 차린 곳은 상계역 바로 옆에 있는 벽산아파트였다. 지하철 4호선 북녘 종점이 지금은 당고개역이지만 그때는 상계역이었다. 저녁 7시 이후부터 상계역 계단은 퇴근하는 승객들의 구둣발 소리로 몸살을 앓았다. 어느 날 밤늦게 전동차에서 내리는데 흰 지팡이를 들고 검은 안경을 쓴 분이 나를 붙잡더니 역 입구까지만 내려다달라고 했다. 앞을 못 보는 맹인이었다. 나는 흔쾌히 그분의 한 팔을 잡고 계단을 조심조심 내려왔다.

그분은 한 손에 좀 무거워 보이는 검은 가방을 들고 있었다. 내딴에는 이왕 도움을 드리는 마당에 그 가방도 들어드릴 양으로 가방도 달라 했다. 그러자 그분은 가방을 내게 주는 게 아니라 자신의 가슴에 꼭 안는 것이었다. 나는 솔직히 내 호의가 무시당하는 것 같아서 1초간 기분이 나빴다. 그러나 1초 후 그러는 그분의 처사를 금방 이해했다. 역지사지(易地思之)해보니 나라도 그렇게 했을 것 같았다. 그분은 지금 내가 어떤 자인지 전혀 짐작할 수 없는 형편이 아닌가. 나만의 일방적 호의는 상대에게 무조건 호의가 아닐 수도 있겠다는 생각이 퍼뜩 스쳐갔다.

열흘 전 시각장애인과 그 가족이라면 눈이 번쩍 뜨일 뉴스가 있었다. "이라크 전장에서 실명한 한 영국인은 혀로 사물을 본다. 퇴역한 미군 소장이 시각장애인을 위해 개발한 '브레인포트'라는 장치 덕분이다. 소형 비디오카메라가 달린 선글라스와 혀에 부착하는 막대사탕 모양의 장치로 이뤄진 이 기구는 이미지를 전기 자극으로 변화해 혀에 전달하는데, 따끔거리는 자극의 정도에 따라 뇌에 시각적 신호가 형성된다." 소리를 본다는 관음(觀音)의 경지처럼 촉각으로 시각을 보완하는 경이적이고도 고마운 발명품이란 생각이 들었다. 다행히 우리나라에서는 한림대, 카이스트, 서울공대에서 비슷한 연구를 진행하고 있다고 한다.

인왕산 아래에 자리를 잡으면서 경복궁역을 매일 이용한다. 그곳에서 사무실까지 오가다 보면 안내견과 함께 가거나 혼자서 지팡이를 짚으며 걷거나 가족인

듯한 사람의 어깨에 의지해 가는 분들을 종종 만나게 된다. 궁리 사무실 지나 종로보건소 지나 우당기념관 앞에는 국립맹학교가 있다. 주로 그 학교에 다니는 학생들이었다.

　예전에 나는 그분들을 보면서 앞을 못 보니 얼마나 답답할까, 생각했었다. 그러나 요즘은 생각이 좀 다르다. 아마 그분들은 내가 생각하는 그 답답한 지점을 넘어 이젠 자신만의 세계를 구축했을 것이다. 나의 일방적 추측을 한참 벗어난 곳에 그분들은 틀림없이 도달해 있을 것이었다. 이러한 사정은 축구를 하다 눈을 다쳐 실명에 이르게 된 열세 살 청소년의 이야기를 다룬, 궁리에서 펴낸『괜찮아, 보이는 게 전부는 아니야』라는 책에 감동적으로 그려져 있기도 하다. 그제도 퇴근길에 더듬더듬 걸어오는 분을 만났다. 얼른 자리를 비켜드려 장애물 노릇을 면하는 게 나로선 무엇보다 급선무였다. 2010. 3. 26

부수고 찢고 빻는 옥인아파트

물렁물렁해 보이는 저 하늘 아래의 인왕산. 그 아래 자리 잡은 동네에 사람들이 살고 있다. 신은 하늘을 만들었고 인간은 도시를 건설했다. 하늘은 가진 것 없다. 단촐한 살림이다. 요즘 사람들의 입에 자주 오르내린 무소유를 저만큼 실천하는 자도 드물다. 천둥이나 벼락을 숨기고 새 한 마리 풀어놓지 않은 하늘은 지금 묵언수행 중이다. 그저 누더기 같은 구름 몇 조각 걸쳤을 뿐이다.

사람들이 번지를 매기고 사는 서울시 종로구 옥인동 일대. 집들은 지붕으로 꽝꽝 마개가 막혀 있고 사각의 테두리들 사이로 사각의 유리창들이 번쩍거린다. 방마다 사각의 텔레비전이 있고 그 속에서는 지금 서해 바다에서 벌어진 슬프고, 어이없고, 분하고, 안타까운 소식을 전하고 있다.

중앙에는 옥인아파트가 서 있다. 저 아파트는 보기에는 멀쩡해도 지금은 빈집이다. 주민들은 모두들 뿔뿔이 흩어졌다. 인왕산 공원화 사업과 옥류동천 물길 조성 계획에 의해 모두 유민(流民)이 된 것이다. 호랑이 장가가는 날 여우비 내린다고, 모든 게 멀쩡한 날에 갑자기 왔다. 전기 공급이 중단된 아파트는 금세 온기가 끊기고, 그러자 집들은 순식간에 폐허로 변했다. 물길이 나기도 전에 애꿎은 주민들만 먼저 휩쓸려간 꼴이다.

단단한 것들은 모두 사라진다고 했던가. 40년 세월을 오롯이 견딘 아파트가 지금 울고 있다. 쿵, 쿵, 쿵. 아파트는 품고 있던 꿈들을 속절없이 떠나보내고 스스로 해체 중이다. 재활의 가능성이 전혀 없는 아파트는 어디든 받아줄 데가 없어 하늘로 가기로 했다 한다. 해서 가벼운 몸을

만드는 중이다. 연기처럼 무게가 없어져야 공중의 빈 틈으로 빨려들어가 사라질 수 있다는 것을 잘 알기 때문이다. 그래서 아파트는 지금 포크레인을 호출하여 제 몸을 갈가리 부수고 찢고 빻는 중인 것이다. 2010. 3. 29

똑, 똑, 똑,
당신은 누구십니까

인왕의 이마와 어깨를 짚고 내리지른 바위를 지나 제법 울창한 소나무 떼를 훑으며 봄비는 궁리로 굴러온다. 나는 의자에 앉아 이메일을 보내고 있었다. 얌전한 비는 등 뒤 유리창을 가만가만 두드린다. 3월의 마지막 날이로군요. 똑, 똑, 똑. 당신은 누구십니까. 똑, 똑, 똑. 지금 어디로 가고 있습니까. 똑, 똑, 똑.
2010. 3. 31

봄

4월

통인시장
사람들

인왕산 아래 통인시장에는 정다운 점포들이 많다. 동무들이 궁리에 놀러 와서 함께 저녁 먹으러 식당을 찾아 어슬렁거리다가 만나면 서로 인사하고 지내는 분들이 몇 있다. 시장 바깥에서 시장분들을 만나면 좀 새롭기도 하다. 서울의 동네에서 그런 수인사를 하고 지내는 것을 보고 친구들은 신기해한다. "어이, 굴기, 이담에 선거에라도 한번 나가봐." 농을 던지기도 한다. 이때 만나는 분들은 대개 통인시장 터줏대감님들이다.

총각무를 잘 담그는 광주반찬, 누룽지를 직접 만드는 전주중앙반찬, 기름떡볶이로 유명한 원조할머니떡볶이, 쭈꾸미는 물빛맑은생선가게, 갈치는 도영이네생선, 손맛김밥 등등. 비상사태가 와도 통인시장으로 뛰어들면 나는 몇 달은 느끈히 먹고 살 수 있을 것 같다.

통인시장에는 내 고향 출신도 있다. 우리야채가게의 주인 아저씨가 그렇다. 통인시장에서 야채가게로는 가장 규모가 크다. 아주머니는 주로 가게를 지키고 내 고향 아저씨는 오토바이를 타고 동네를 누빈다. 배달을 하거나 물건을 떼어 오거나 하여튼 무지 바쁘다. 나이는 물어보지 않았지만 가게에서 보면 나보다 많아 보이는데 헬멧을 쓰면 내 아래인 것 같기도 하다.

나는 점심 때를 놓치면 부여떡방앗간으로 간다. 따끈따끈한 가래떡 네 줄이 2천 원이다. 두 개만 먹어도 배부르다. 책상서랍에 아예 참기름과 소금을 구비해놓았다. 김밥처럼 가래떡을 김으로 싸서 참기름에 찍어먹으면 꿀맛이다. 두 개는 냉장고에 그대로 얼려 다음에 먹어도 된다.

떡집 바로 건너편은 대흥건어물 가게다. 이 가게에 말린 가오리를 사러 갔다가 아저씨를 알게 되었다. 내 어머니가 집에 오시어 이런저런 밑반찬 이야기 끝에, 너거 외할머니 가오리 쭉쭉 찢어서 고추장에 박아놓았다가 나중에 꺼내먹으면 얼마나 맛있는데, 하셨기 때문이다. 건어물 가게 아저씨는 내 말투를 보더니 고향이 어디냐고 물었다. 거창이라고 했더니, 옆집 야채가게 주인이 거창이고 나는 안의요, 라고 했었다. 안의는 거창에서 가까운 함양의 한 읍이다. 그렇게 해서 다 알게 되었다. 지금 대흥건어물가게에는 건어물은 없고 왕떡갈비와 햄버거로 품목이 바뀌었다. 물론 주인도 바뀌었다. 대흥건어물이 간판만 남기고 문을 닫은 것이다. 떡집 할머니한테 사연을 물어보았더니 사모님이 큰 병을 얻어 지방에서 요양 중이라고 했다. 건어물 아저씨는 그 뒷바라지를 하느라 경황이 없다고 했다. 가오리를 산 이후 살 꺼리가 별로 없어 그냥 인사만 하고 지나치기가 일쑤였다.

  어느 날 가래떡을 사고 나오는데 안의 아저씨가 힘없이, 아이고 거기만 가지 말고 우리 집 것도 좀 사가요, 했었다. 총채를 들고 북어대가리 한 쾌의 먼지를 털면서 했던 그 말이 생각나서 마음이 많이 짠해졌다. 쾌차하여 다시 통인시장으로 복귀하면 진짜 제대로 된 단골이 되어야겠다고 마음 먹으면서 나는 퇴근길에 덜렁덜렁 우리야채가게를 찾아간다. 조금 전 사무실을 나서다 말고 나는 아내로부터 한 통의 전화를 받았던 것이다. 2010. 4. 2

인왕산에서의
중얼거림

나는 눈을 뜬다, 내가 눈을 떴구나. 나는 밥을 씹는다, 내가 밥을 씹는구나. 나는 걷는다, 내가 걷는구나. 나는 말을 한다, 내가 말을 하는구나. 나는 책을 읽는다, 내가 책을 읽는구나. 나는 시계를 본다, 내가 시계를 보는구나. 나는 앉는다, 내가 앉는구나. 나는 컴퓨터를 켠다, 내가 컴퓨터를 켜는구나. 나는 전화를 건다, 내가 전화를 거는구나. 나는 화장실에 간다, 내가 화장실에 가는구나. 나는 손을 씻는다, 내가 손을 씻는구나. 나는 뒤를 돌아본다, 내가 뒤를 돌아보는구나. 나는 인왕산을 본다, 내가 인왕산을 보는구나. 나는 팔을 쭉 앞으로 뻗는다, 내가 팔을 앞으로 쭉 뻗는구나. 나는 화초에 물을 준다, 내가 화초에 물을 주는구나. 나는 꽃 앞에서 중얼거린다, 내가 꽃 앞에서 중얼거리는구나. 나는 구름을 본다, 내가 구름을 보는구나. 나는 하늘의 빈틈을 엿본다, 내가 하늘의 빈틈을 엿보는구나. 나는 전동차를 탄다. 내가 전동차를 타는구나. 나는 멍청하다, 내가 멍청하구나. 나는 숨을 쉰다, 내가 숨을 쉬는구나. 나는 집으로 간다, 내가 집으로 가는구나. ……나는 나다, 내가 나이구나. 2010. 4. 5

구름의 속도

 구름의 속도에 관해 생각해본다. 구름이 비로 분해되는 속도는 다음으로 미루고 오늘은 구름 자체의 이동 속도에 관해. 나는 무수히 하늘을 보아왔으나 구름이 입퇴장하는 것을 목격한 적은 없다. 그저 문득 쳐다볼 때 짠, 떠 있더니 문득 생각나서 다시 쳐다보면 구름은 쑥, 사라지고 없는 것이었다. 지금의 나는 분명 있는 사람이다. 그것도 죽지 않고 살아 있다. 그래서 자리도 차지한다. 그래서 그런가. 하늘에 구름이 없지 않고 있으면 반갑다. 나는 없는 구름은 볼 줄을 모르는 것이다.

 구름이 없다 해도 공중에 구멍이 나는 건 아니다. 그 자리를 푸른 하늘이 얼른 메우기 때문이다. 그러나 빈 것을 알아채는 재주가 나에게는 없다. 그러기에 뜯어먹을 풀을 만나면 입이 벌어지는 초식동물처럼 구름을 만나면 나의 눈은 휘둥그레지는 것이다. 오늘도 그랬다. 아침부터 서울 상공에는 오랜만에 구름이 많이 떠 있었다. 역광을 고려해서 인왕산 사진은 오전 10시경에 찍는다. 오늘치 사진을 보라. 흰 구름이 인왕산 치마바위의 형님이라도 되는 것처럼 태평하게 누워 있는 것을. 그러나 오후 2시경 문득 궁금해서 사무실 문을 조심히 열고, 밖으로 나가서, 고개를 들고, 위를 쳐다보았다. 없었다. 그 사이 구름은 온데간데없는 것이었다.

 대체 발 없는 구름은 그 느린 속도로 엉금엉금 배 깔고 기어서 어디로 갔을까. 구름의 행방을 찾으러 나는 인왕산에 가보았다. 혹 그곳에서는 무슨 실마리라도 있을까 기대하면서. 그러나 북한산 저 너머, 한강 하구 멀리, 불암산 너머, 관악산 너머. 그 어디에서도 구름의 흔적은 없었다. 이렇게 깜쪽같은 잠적이라면 바퀴가 네 개나 달린 자동차보다도 훨씬 더 빠른 속도가 아닌가. 그리고 그 구름을 보관할 거대한 창고가 하늘 어딘가에 있다는 것일까.

 뭉게뭉게 일어나는 의문을 가지고 산을 내려왔다. 해가 뉘엿뉘엿 지고 있었다. 흔히 솜사탕 같은 구름이라고들 한다. 허나 이건 비유법일 뿐 구름이 설탕은 아니다. 그렇지만 우리가 다들 점심 시간에 한눈파는 사이에 누군가 구름을 녹여 먹은 게 아닐까. 결정적 물증은 찾을 수 없었지만 아무래도 붉게 입맛 다시는 해가 비밀을 간직하고 있는 듯했다. 2010. 4. 7

인왕의 뒷모습

동요 〈앞으로〉는 아주 재미난 노래다. 목청껏 내지르면 고인 가래도 뽑아져 나오고 속도 후련하다. 군대 시절 회식 때 이 곡 불러 박수 많이 받았었다. "앞으로 앞으로 앞으로 앞으로 / 지구는 둥그니까 자꾸 걸어 나가면 / 온 세상 어린이를 다 만나고 오겠지 / 온 세상 어린이가 하하하하 웃으면 / 그 소리 들리겠네 달나라까지 / 앞으로 앞으로 앞으로 앞으로." 가사를 쓴 윤석중 할아버지의 상상력도 기발하다.

인왕산을 볼 때마다 인왕의 뒷모습이 늘 궁금했다. 북한산 족두리봉으로 올라 비봉 옆구리를 끼고돌아 탕평대로 내려오면 인왕산의 모습을 볼 수 있기는 하다. 그러나 그땐 지금 내가 보는 이쪽이 또 뒷모습이 아닌가. 나는 내가 고개 들어 인왕을 바라보는 이 순간의 뒷모습이 궁금한 것이다. 그곳에도 지금 바람이 불고 야생초가 올라오고 있을까. 소나무, 상수리나무, 아카시아나무 들이 하, 하, 하, 웃고 있을까.

윤 할아버지의 상상력을 빌어서 나도 상상해본다. 내게도 인왕처럼 뒷모습이 있다. 제법 오래 살았지만 이날까지 나도 제대로 못 본 곳이다. 나에게 가장 가까이 있지만 나하고 가장 먼 곳 중 하나이다. 그러니 정작 나는 못 보고 남이 주로 보는 게 나의 뒷모습인 게다. 비록 이목구비는 달려 있지 않지만 뒷모습도 존재하는 이유와 방법이 다 있을 것이다. 뒷모습이 나의 뒤로 뒤로, 아니 뒷모습이 저의 앞으로 앞으로 자꾸 걸어 나가서 인왕의 지금 뒷모습과 만나고 있지 않을까? 뒷모습은 뒷모습끼리 잘 통할 테니까. 또한 지구는 항상 둥그니까. 2010. 4. 9

경주의
구름

경주는 벚꽃이 한창이었다. 벚꽃 구경하러 전국에서 관광객이 경주로 몰려들고 있었다. 도시야 다 비슷한 풍경 아닌가. 비슷한 간판 아래 강남고속버스터미널에서 본 것과 비슷한 제품들이 경주고속버스터미널에도 진열되어 있었다. 시외터미널은 고속버스터미널과 길 하나 건너였다. 그곳으로 가서 표를 끊고 감포행 차를 기다렸다. 오늘 나의 목적지는 경주가 아니라 감포의 감은사 근처 봉영암이다. 그곳에서 특별한 행사가 있어 참석하는 길이었다.

무료히 차부에서 기다리는데 바로 정면으로 커피숍 간판이 시선을 끌었다. 주인이 작명하느라 지쳐 잠못 이룬 끝에 지은 이름인가. '또 눈뜨고 잤다'였다. 감포행 버스는 경주 시내 복판을 경유했다. 버스가 출발해서 두 정거장 지날 무렵, 함께 간 동무가 경주라면 저 정도의 운치있는 간판은 되어야 하지 않겠느냐면서

중국집 식당 이름을 읊었다. 연래춘(燕來春). 제비 오는 봄이란 뜻이었다. 버스는 가로수 벚꽃과 경주시민, 관광객들로 북적거리는 중앙 도로를 통과하고 있었다. 눈에 채이는 게 무덤이요, 발에 걸리는 게 유물이라는 경주도 이곳은 여느 도시와 다름 없이 그저 빤하고 뻔한 통속적인 거리에 불과했다.

눈에 좀 익은 풍경이 나타났다. 성동시장 앞이었다. 시장 입구에는 좌판이 많고 할머니들이 앉아 손님을 기다리고 있었다. 천년 도시는 좀 묘했고, 또 나는 이 도시를 좀 묘하게 받아들일 준비가 항상 되어 있다. 그러기에 저 들끓는 풍경을 보자 김광석의 묘한 노래 가사가 문득 떠올랐던 것이다. "두 바퀴로 가는 자동차, 네 바퀴로 가는 자전거, 물속으로 나는 비행기, 하늘로 나는 돛단배, 복잡하고 아리송한 세상 위로 오늘도 애드벌룬 떠 있건만, 포수에게 잡혀온 잉어만이 긴 숨을 내쉰다."

천년 도시가 한복판에 품고 있는 시장이라면 저런 정도의 자동차, 자전거, 비행기, 돛단배, 잉어는 구비하고 있지 않을까. 그래서 내가 지금 버스에서 내려 성동시장에 가면 구입할 수도 있지 않을까, 생각해본 건 여긴 경주였기 때문이었다. 다른 도시에서라면 그런 생각조차 아예 않았을 것이었다.

차창 밖으로 성동시장이 가물해질 무렵 내가 정말 좋아하는 당고모님께 전화 드려야겠다는 생각을 접었다. 그 고모님은 내가 경주에 온 것을 알면 그냥 지나치려 들지 않으실 게 분명했다. 이번 여행은 홀몸도 아니었던 데다 감포에서 나를 기다리는 스님이 있었던 것이었다. 감당해야 했던 생의 불우가 비슷하기 때문일까. 고모님한테선 나의 외할머니 냄새가 좀 난다. 그래서 더욱 마음이 쏠리는 것인지도 모르겠다. 서울에서의 여러 행패를 견디다 못해 경주로 쫓겨가신 고모님은 바로 이 성동시장에서 삯바느질로 출발해 어엿한 한복가게를 이루었고 1남 5녀를 훌륭히 건사했다. 그 고모님을 믿고 대학 시절 경주를 자주 들락거렸고, 이 도시에 도착하면 맨 먼저 성동시장으로 가서 '서울한복'을 찾았다. 그리고 고모님네 식구와 각별한 추억을 제법 쌓았던 것이었다.

그 시절, 경주역 바로 옆에 '길손다방'이 있었다. 나그네 심정을 어루만지는 정감 있는 이름에다 삐그덕거리며 2층 오르는 목조계단이 좋아서 경주에 가면 일부러 들르곤 했었다. 버스가 경주역 앞에서 우회전을 했다. 기대대로라면 좌측으로 길손다방이 나를 맞아주어야 했다. 그러나 그새 길손은 어디 가고 없고 멋대가리 없는 간판 하나가 삿대질을 했다. 광장다방. 아, 또 좋은 추억 하나가 속절없이 무덤으로 갔구나.

 어설픈 서울내기인 내가 경주에 내려서서 가장 먼저 살핀 건 경주 하늘의 구름이었다. 오늘날 도시 풍경이 서로 다들 비슷하다고 한다. 천 년 전과 오늘을 비교할 때 가장 비슷한 것은 그래도 하늘이 아니겠는가. 그곳은 아무나 함부로 더럽힐 수 있는 곳이 아닌 것이다. 조선시대 사람들, 고려시대 사람들, 신라시대 사람들은 물론 2천 년 전의 사람들 모두가 그곳은 그냥 그대로 놓아두었던 것이다. 경주의 구름은 많은 층위가 지어져 있었다. 구름은 균일하지가 않고 남해 다랭이논처럼 층층계단을 이루고 있었다. 그것은 헌 옷을 조각조각 기운 누더기 회색장삼 같았다. 그러나 무엇보다도 낮게 깔리어 내 눈꺼풀을 금방이라도 건드릴 것 같았기에 더욱 좋았다. 벚꽃잎과 구름색은 아주 잘 어울렸고 그 구름에 되튕겨온 빛은 들뜬 경주를 빼곡히 채우고 있었다. 경주 남산의 구름을 보면서 서울에 두고 온 인왕산, 남산의 구름도 생각해보았다. 2010. 4. 12

※ 김광석의 노래, 〈두 바퀴로 가는 자동차〉의 가사에서 인용.

이젠 고로초롬만
살았으면 싶어라

소슬한 감은사 3층 석탑에서 출발해 골굴사와 기림사 지나 보문단지로 들지 않고 왼편으로 꺾어지니 토함산 오르는 길이다. 산꼭대기에 있는 석굴암에서 불국사로 내려와 남산을 왼편으로 두고 시내로 들어와 팔우정을 지나고 계림, 첨성대, 대릉원을 눈으로만 짚고 서울행 고속버스에 몸을 실을 때까지 가로수 벚꽃이 활활 타고 있었다.

그 벚나무 아래 혼곤히 낮잠 자는 것은 고작 한나절의 일감도 안 되리라. 살아서 세상과 잠시 작별하는 것 두어 시간이면 족하리라. 그 벚나무 가지가지마다 꽃잎 몇 장 달고 있나. 무성한 것들 다치지 않게 조심조심 헤아려보는 것 하루의 일거리는 되고도 남으리라. 무수한 꽃잎 벌어져 벚나무를 낳고 경주 거리마다 즐비하니 그 나무들 하나하나 눈 맞추며 살펴본다면 남은 생애 지루할 겨를이

없을 듯도 해라.

    허나 나무보다 마른 성격의 나는 고로초롬만※ 살 자신이 없어 이틀만에 서라벌을 떠난다. 서라벌, 그 이름을 빌려간 서울로 무턱대고 등신같이 간다. 달구벌 지나 추풍령 넘고 한밭 지난다. 한강 지나고 남산 지나 인왕산 곁으로 부릉부릉 목석같이 눈감고 간다. 2010. 4. 14

※ 아래에 소개하는 미당의 시, 〈우중유제(雨中有題)〉에서 빌려온 단어임. "신라의 어느 사내 진땀 흘리며 / 계집과 수풀에서 그 짓 하고 있다가 / 떨어지는 홍시에 마음이 쏠려 / 또그르르 그만 그리로 굴러가 버리듯 / 나도 이젠 고로초롬만 살았으면 싶어라. // 쏘내기속 청솔 방울 / 약으로 보고 있다가 / 어쩌면 고로초롬은 될 법도 해라."

할머니의
유혹

출판사를 운영하다 보니 폐휴지를 많이 생산한다. 구독하는 수를 대폭 줄이기는 했지만 하루만 지나면 휴지로 변하는 신문지를 비롯해 교정지, 봉투, 박스 등이 대부분이다. 사무실 밖에 내놓으면 할머니 한 분이 와서 수거해간다. 할머니는 기억자로 허리가 많이 꼬부라지셨다. 매번 그러지는 못하고 어쩌다 할머니와 복도에서 만났을 때 몇 번 도와드렸다. 그래서 내 얼굴을 기억하시는가 보다.

지난주 목요일의 일이었다. 오후 5시 조금 지나 사진 찍으러 사무실을 나섰다. 끄무룩한 날씨가 서둘러 하루를 마감하고 있었다. 할머니를 만난 건 사무실 바로 옆 '형제이발관' 앞에서였다. 할머니는 종이와 박스를 실은 끌개를 옆에 두고 화단에 쉬고 있다가 나를 보더니 대뜸, "아저씨 멋있는 것 같아. 무얼 관리하는 사람처럼 보여!"라고 하셨다. 몇 사람이 지나가기에 나는 웃으며 가볍게 목례만 하고 지나갔다.

인왕산 중턱까지 갔다오자면 시간이 촉박했다. 해는 광화문광장을 건너 인왕산 쪽으로 많이 기울어 있었다. 남산타워를 중앙에 놓고 서울 풍경을 찍었다. 일조량이 그런대로 풍부했다. 사진 한 컷도 다 나의 재산이다. 재산을 쉽게 몇 장 불린 뒤 내려오는 길에 할머니 생각이 났다. 근데 왜 관리하는 사람 같다고 하셨을까. 머리가 허옇고 몸집이 제법 나가서 그렇게 본 것일까. 관리하는 사람같이 보여서 멋있다는 것은 무슨 뜻일까. 나도 모르게 어깨에 힘이 들어가 있는 모습을 들킨 것일까. 내가 그저 남을 잘 부린다는 인상을 풍긴 것일까. 뭐, 그런 생각과 함께 말이다.

나더러 아저씨라고 하는 할머니는 분명 아가씨는 아니었다. 그러나 할머니에게도 꽃다운 스무 살 시절이 있었다. 아마 그땐 지나가는 잘생긴 남자한테 얼굴 붉어지기는 했겠지만 대뜸 멋있으세요, 라고 하지는 않았을 것이다. 그러나 할머니는 이제 아무렇지 않게 그런 말을 하는 위치에 도달한 것이다. 생각해보니 나도 그런 말 들어도 아무렇지 않은 나이에 도착한 것 같았다.

나는 오래전부터 여러 사람한테 어서 늙는 게 소원이라고도 했거니와 조금만 더 가면 할머니처럼의 위치가 된다. 그러면 나도 이왕이면 아가씨들한테 멋있으세요, 라는 말을 남발할 수 있는 자격을 가지게 된다. 나한테 그 말 듣는 분들도 그냥 그러려니 하고 말 터이니 쬐끔 지나친다 해도 괜찮을 것이다. 실제로 나보고 멋있다고 한 여성을 꼽자면 손가락이 모자라는 게 아니라 남아돈다. 나에게도 피 끓는 스무 살 시절이 있었다. 그러나 멋도 맛도 없는 소태같이 쓴 시절이었다. 아아, 그때 지금 할머니의 마음을 가진 맵찬 아가씨를 만났더라면!

하나 덧붙일 게 있다. 지난주 목요일, 스무 살 아가씨한테 그런 말 들었다면 나는 아마 여기에 이렇게 공개하지 않았을 것이다. 불현듯 찾아온 그레이로맨스를 꿈꾸며 남몰래 주책없이 끙끙 앓았을지도 모른다. 그러나 다른 사람이 아니라 그 할머니한테, 멀리서 보면 내 외할머니 모습도 언뜻 보이는 할머니한테 멋있다고 들었기에 이렇게 자랑도 하는 것이다. 사무실로 돌아오는 길에 할머니 앉았던 자리에 자연스레 눈길이 더 갔다. 그 자리 옆으로 여린 칸나 잎이 새파랗게 올라오고 있었다. 2010. 4. 16

해골바위 앞의
여러 해골들

점심 시간을 이용해서 인왕산에 올랐다. 정상에 오르니 해골바위는 여전했다. 평일인데도 등산객이 많았다. 점심 시간이라 그런지 해골바위 주위에는 많은 등산팀들이 모여 밥을 먹고 있었다. 세어보니 열 팀. 어림잡아 40여 명이 되는 것 같았다. 여성들끼리도 왔지만 어느 큰 모임은 부부들이 함께하는 자리였다. 두 줄로 앉은 등산객 앞에 각자 싸온 먹을거리가 푸짐하게 놓여 있었다. 건배를 외치는 사람들 곁을 지날 땐 막걸리 한 잔 생각에 침이 꼴깍 넘어갔다.

버릇대로 해골바위 주위를 세 바퀴 돌았다. 도는 동안 얼핏얼핏 등산객들의 소리가 들려왔다. 그들은 산에 와서도 다음 산행 계획을 잡느라 떠들썩하였다. 어디로 가느냐, 버스는 몇 인승으로 하느냐를 두고 목소리를 높이기도 하였다. 흔히 골프를 즐기는 이들이 이런 말을 한다. "골프를 하면 말이야, 안 쓰던 근육

을 써서 좋아!" 그러나 근육 쓰기로 하면 골프가 어디 등산을 당하랴. 굽어지는 길과 울퉁불퉁한 바닥, 그리고 제법 큰 바위나 뾰죡한 돌들은 산에 오르는 이들에게 힘든 체력과 기묘한 체위를 요구할 수밖에 없다. 아무튼 이 사이좋은 부부들도 애써 쌓은 활력을 부디 좋은 일에 쓰시기를! 누가 권한다면 한 번만 사양한 뒤 얼른 가서 막걸리 한 사발을 얻어마실 양으로 일부러 천천히 걸으며 빌어주었다.

하지만 침만 삼키고 한 잔의 아쉬움을 달래며 조금 아래 소나무 밑으로 내려와야 했다. 그때였다. 그 힘든 육체의 굴곡을 다 치루어내고 한 건장한 청년이 인왕산 정상에 막 도착하였다. 그는 내처 해골바위로 올랐다. 그리곤 주위를 아랑곳하지 않고 큰소리로 북한산을 보고 야호, 소리 질렀다. 그리고 돌아서서 서울 시내를 보고도 야호, 크게 소리 질렀다. 용기가 대단했다. 해골바위 위에서 해골이 될 얼굴이 크게 입을 벌리고, 해골바위 옆에서 해골이 될 얼굴들이 맛있게 밥을 먹고 또 언젠가 해골이 될 얼굴 하나가 해골바위 앞에서 그 광경을 부러운 듯 바라보고 있었다. 2010. 4. 19

오후의 나머지를
겨우 견디는 힘

태양이 없다면 식물은 광합성을 못 할 테고, 따라서 돼지는 굶어죽을 테고, 따라서 결국 인간들도 살아남지 못하는 것은 너무나 자명하다. 삼겹살에 소주 한 잔의 문제가 아닌 것이다. 먹이사슬이 근본적으로 끊어지기 때문이다. 태양이 사각형이라면 동쪽에서 서쪽으로 굴러가지 못할 것이다. 자동차 바퀴가 사각형이거나 삼각형이라고 생각해보라. 아무리 빵빵한 기름을 넣은들 어디 그 차가 한 발짝이라도 달릴 수 있겠는가. 그와 같은 이치인 것이다. 참으로 다행스럽게도 태양은 둥근 우리 눈과 짝을 이뤄 맞춤하게 둥글어서 잘 뜨기도 하고 잘 지기도 한다.

궁리 사무실에는 컴퓨터 모니터가 여덟 개, 유리창이 서른 개, 문이 세 개가 있다. 모조리 사각형이다. 그러나 두 개 있는 벽시계만큼은 모두 둥글다. 물론 시계 속에서 시간이 흘러나오는 것은 아닐 것이다. 그러나 1시와 12시가 이어져서 둥글지 못한다면 시간은 대체 어디로 갈 것인가. 시계제조공은 대체 시계바늘을 어떻게 제작할 수 있겠는가. 12월이 1월로 건너가지 않는다면 그 두꺼운 달력 만드느라 세상의 모든 출판사는 문을 닫아야 하지 않겠는가.

오후 3시가 지나고부터 나의 머리는 무지근한 기운 속에 생기를 잃는다. 이젠 나도 오전과 오후가 달라도 너무나 다른 나이에 도달한 것이다. 이즈음 등 뒤 유리창 너머에서 신호가 온다. 나무의 그림자가 길어지고 잎사귀들이 하품을 하고 하교하는 아이들의 재잘거리는 소리가 들리는 시간이다. "이봐, 굴기. 오후 4시가 지나가고 있네. 나도 남산을 건너 인왕산 쪽으로 많이 건너왔네. 자네도 얼른 서울 풍경을 찍어야지!" 누가 지붕을 비껴가면서 내 이름을 부르며 재촉한다. 나는 부리나케 인왕산으로 뒤쫓아 가보지만 그는 잠시도 뒤돌아보지 않고 잠깐도 머무는 법이 없다. 비록 실패했지만 어제 쏘아올린 우주발사체 나로호를 타고도 그이를 따라잡을 수 없을 것이다. 그 언젠가 죽음의 기차를 타면 또 모를까.

나는 하는 수 없이 돌아서서 사진 한 방을 찍고 조금은 청량한 바람 속에서 심호흡을 한다. 그러면서 그때까지, 그러니까 오후의 나머지에서 저녁 저물 무렵까지를 가까스로 견딜 힘을 겨우 긷는 것이다. 2010. 4. 21

동리목월기념관에서

1995년 6월경 민음사 편집부는 『김동리 전집』을 편집하느라 분주하였다. 동리는 뇌졸중으로 쓰러져 5년째 힘든 투병 생활을 이어가는 와중이었다. 이곳저곳에 흩어져 있던 작품을 모아 생전에 의미 있는 완간을 하느라 막바지 작업을 하고 있었던 것이다. 그러던 중 동리의 부음 소식이 들렸다.

동리가 떠나던 날, 영결식에 참석하고 온 어느 소설가가 내 책상에 안내문을 두고 갔다. 안내문에는 식순, 조사와 함께 동리의 약력이 가지런히 정리되어 있었다. 그 약력에서 유독 내 눈길을 끈 단어가 하나 있었다. 동리의 제자로서 장례집행위원장을 맡아 고인의 떠나는 길을 총지휘한, 이제는 그도 고인이 된 소설가 이문구가 스승을 위해 고심 끝에 고른 단어로 짐작이 되었다. 그 단어는 강렬하게 자리 잡아 내 머리에 남았다. 동리가 이승을 등지고 한 달 후인 7월 중순에 전집은 간행되었다. 동리는 민음사판 전집을 살아생전에는 못 보고 49재 때 아마 보았을 것이다.

2주 전 경주에 갔을 때 고속버스터미널로 우리를 데려다주던 봉영암 주지 스님이 예약해둔 시간이 좀 남자 동리목월기념관에 한번 가볼래? 했다. 불국사 바로 앞에 있는 기념관 정문을 통과할 때 퍼뜩 잊고 있던 이 단어가 떠올랐다. 내 기억이 맞다면 오늘 혹 그 단어를 만날 수 있을까.

오른쪽은 목월, 왼쪽은 동리가 사이좋게 자리하는 기념관의 규모는 상당했다. 나는 목월의 방을 천천히 둘러본 뒤 동리의 방으로 걸음을 옮겼다. 입구에 〈귀거래행〉이라는 동리의 시가 큰 포스터로 걸려 있었다. 동리의 시는 처음 보았는데 아주 좋았다. 이외에도 〈패랭이꽃〉, 〈은하〉 등을 읽었는데 나한테 맞는 시의 맛은 목월보다는 오히려 동리였다. 전시장 중간쯤에 나도 힘을 쬐끔 보탠 『김동리 전집』이 자리잡고 있었다. 무녀도, 황토기 / 역마, 밀다원시대 / 등신불, 까치소리 / 저승새, 만자동경 / 사반의 십자가 / 을화 / 문학과인간 / 나를 찾아서. 총 여덟 권이었다. 박생광의 강렬한 그림이 언뜻 생각나는 울긋불긋한 표지도 그대로였다. 그리고 생애와 문학이란 코너가 있었다.

  동리의 어린 시절도 참 특이했다. "동리는 어머니가 42세 때 얻은 막내였다. 먹을 젖이 부족했던 소년은 아버지가 드시고 난 술대접에 손을 대기 시작했다. 그것이 3세 때부터 술을 마시게 된 동기였다. 6세 때는 '내가 달라면 주고 때리면 맞아주었던' 소꿉친구인 선이를 잃은 충격으로 평생 죽음이란 명제를 화두로 삼게 되었다. 우울하고 병약했던 소년 동리는 계절마다 이유 없이 앓아누웠고 혼자서 산과 들을 배회했다." 이후 주요 시기별로 동리의 활동이 자료와 함께 소개되고 있었다. 동리의 흉상은 맨 마지막 코너에 자리 잡고 있었다. 단단하고 야무진 인상의 동리였다. 그리고 그 다음에 동리의 약력이 벽면에 가지런히 정리되어 있었다.

  사람의 목숨이 끊기면 우리말로는 '죽다' 이거나 '돌아가시다' 라거나 '세상을 뜨다' 라고 표현한다. 그러나 한자말은 다종다양하다. 졸, 몰, 사망, 요절, 산화, 순애, 순직, 순국, 타계, 귀천, 작고, 하직, 별세, 운명, 영면, 사거, 서거, 승하, 붕어, 소천, 선종, 입적, 열반, 입멸, 환원 등등이다. 선택한 단어를 보면 망자의 직업과 종교, 죽음의 순간을 대강이마나 짐작할 수 있을 정도이다.

  나는 천천히 동리의 축약된 생애를 짚어나갔다. 내 기억이 맞았다. 15년여 전 어느 날 민음사 편집국장 책상에서 만났던 그 단어를 동리의 기념관 약력 끝에서 나는 다시 발견했던 것이다. 동리를 저승으로 떼메고 간 마지막 문장은 이랬다. 1995년 6월 17일. 23시 23분. 신화(神化). 2010. 4. 23

할머니 더덕 가게

궁리에서 큰길로 나가면 신한은행이 있고 건널목이 있다. 건널목의 신호등 옆에는 더덕 파는 가게가 있다. 이 가게는 따로 가게라고 할 것도 없다. 그냥 가게 주인이 곧 가게이다. 주인은 할머니이다. 할머니는 머리에 흰 테니스 모자를 쓰고서 하루 종일 앉아서 더덕을 깐다. 손에는 장갑을 끼었는데 흙과 더덕 껍질이 묻고 또 묻어서 반질반질하다. 비 오는 날을 제외하고는 항상 자리를 지킨다. 작년 여름 아무리 더운 날에도 할머니는 쉬는 적이 없었다. 땡볕 아래 파라솔로 그늘을 만들어 가게 문을 열었다.

가게 구조를 본다. 우선 야외 나갈 때 흔히 쓰는 금색의 작은 돗자리가 있다. 그게 곧 가게의 전체 평수이다. 그 위에 큰 돌멩이로 눌러놓은 까지 않은 더덕을 담은 큰 청색 봉다리. 깐 더덕을 담아놓은 그릇. 손님한테 더덕을 담아줄 흰 비닐 봉지와 검은 비닐 봉지들. 돈통을 대신하는 어깨끈 달린 가방. 그리고 더덕 껍질을 모으는 붉은 고무 대야. 병따개를 닮은 껍질 까개. 잔가지와 꼭지를 손질하는 작은 칼. 한켠에는 저울. 가게 옆에는 신통하게도 빨간 우체통이 자리잡고 있다. 그리고 길가 화단에는 무궁화 한 그루가 있어 가게하고 잘 어울린다.

그제 점심 먹고 들어오다가 할머니를 보니 더덕 먹은 지가 좀 오래되었다는 생각이 들었다. 문도 없는 가게 앞에 나도 쪼그리고 앉았다. 고무 대야에는 더덕 껍질이 수북했다. "할머니, 오늘 많이 팔았나보네요." "응, 바뻬. 근데 돈은 잘 안 돼." "식사는 어떻게 하세요." "바빠서 먹을 시간이 당최 없어." "그래도 드셔야죠." "빵 한 쪼가리하고 우유를 사놓긴 했는데 잘 안 먹게 돼." "근데 이 더덕 어디 거예요?" "응, 제주에서 온대." 엥? 제주도하고 더덕하고 잘 연결이 안 되었지만 할머니한테 되물어서는 안 될 것 같았다. "……" "근데 요즘 것은 하두 잘아서 애를 먹어, 옛날엔 잘 까졌는데…… 많이 팔기는 하는데 너무 힘들어."

가까이서 보니 할머니는 틀니를 했다. 말씀도 시원시원하게 잘 하셨다. "한 봉다리만 주세요." 할머니는 저울에 달아 무게를 잰 뒤 몇 줄기를 더 얹어주셨다.

한 봉지에 5천 원이다. 나는 셈을 치르고 일어섰지만 나는 할머니가 서 있는 모습을 본 적이 없다. 양팔에 토시를 낀 할머니는 벌써 다른 더덕을 까고 있었다.

  이 건널목에는 많은 사람과 많은 차들이 오고간다. 이들은 모두 건널목의 신호등을 바라보지만 할머니가 보는 신호등은 따로 있다. 반가운 손님이 오면 고개를 들까, 할머니는 그저 더덕만을 보면서 지낸다. 할머니가 보는 신호등은 하늘에 있다. 그 신호등은 건널목 신호등처럼 깜빡깜빡거리지도 않고 사람을 재촉하는 법이 없다. 하루에 한 번 바뀐다. 할머니는 하늘을 쳐다보지 않고도 앉은 자리에서 신호등을 다 읽는다. 드디어 하늘의 신호등이 바뀌고 모든 세상에 저녁이 찾아온다. 그렇게 신호등이 바뀌면 할머니는 그제야 천천히 빨간 우체통을 잡고 일어난다. 문없는 가게가 비로소 문을 닫는 것이다. 이젠 오늘의 더덕 냄새도 마감이다. 최근 할머니 가게를 찾은 손님들의 저녁상에는 더덕이 오를 것이다. 나도 며칠 후면 고추장에 쟁여놓은 더덕을 먹을 수 있겠다. 2010. 4. 26

불국사 옆을 지나며

궁리에서 나와 인왕산으로 가는 길은 여러 가지이다. 내가 가장 자주 이용하는 단골 코스는 옥인아파트 옆으로 비켜 올라 버드나무 약수터와 해맞이광장을 지나 오르는 길이다. 주택가가 거의 끝나고 S자로 산길로 접어드는 초입에 불국사라는 조그만 절이 있다. 그 옆에는 작은 대나무 숲이 있다. 바람이라도 불면 제법 운치 있는 소리가 난다. 어느 스산한 가을날, 참새 떼무리들이 자갈처럼 떼굴떼굴 굴러나와 공중으로 우르르 솟구쳐 이륙하는 광경을 목격하기도 했다. 신라 시대 사람들이라면 이 정도의 장소와 소재를 가지고 웬만한 전설 하나는 만들었으리라. 허나 우리 시대에는 그러한 것에는 도통 관심이 없다. 그러니 나도 그냥 지나치기만 할 뿐 이 절에 한 번도 들어가본 적이 없다. 그저 저 절을 허물고 연립주택이라도 지으면 쩐 좀 챙기겠네, 하는 속된 생각으로 심사만 어지러울 뿐이다.

이곳은 경사가 심하다. 그 가파른 경사를 이용하여 단속을 피해 차들이 항상 아슬아슬하게 주차하고 있다. 약수터에 물 뜨러 가는 사람, 인왕산에 운동하러 가는 사람들을 제외하고 거의 이동 인구가 없다. 가끔 개가 짖기도 하는데 최근에는 심심한지 제 집에 쿡 처박혀 있기가 일쑤다. 아무리 짖어도 모가지만 따가울 뿐, 허공에 그냥 헛소리만 더할 뿐이란 것을 개도 이젠 알아차렸기 때문일 게다.

그 대나무 숲이 끝나는 곳에 커다란 변압기가 있다. 이 변압기에 고장이 나면 아마 인왕산의 한 골짜기는 암흑 천지가 될 것이다. 나는 산에 오르내리다가 여러 번 속았다. 어디선가 징소리가 들리는 것이었다. 불국사에서 무슨 예불을 드리는가 했었다. 대나무 숲에서 무슨 굿이라도 하는가 했었다. 근데 아니었다. 알고 보니 그 소리는 변압기에서 나는 소리였다. 징징징. 전기 지나가는 소리를 잘못 들으니 어쩐지 징소리 같기도 했던 것이다.

오전에는 맑았는데 오후 들어 서울에는 비가 왔다. 하늘이 구름을 비로 변장

시키고 첩자로 보내 지상의 안부를 염탐이라도 하려나. 이런 날에는 변압기도 더욱 잘 운다. 어디에서 들었다. 비 올 때 부침개 생각이 더욱 나는 데에는 연유가 있단다. 전 부치는 소리와 빗소리는 너무도 닮았단다. 소리 전문가에 따르면 이 둘의 음파와 음형이 정확히 일치한단다. 듣고 보니 그럴싸했다. 사진을 찍어야 했기에 오후에 변압기 근처를 지나갔다. 징 치는 소리, 전 부치는 소리가 코끝으로 왕창 몰려왔다. 막걸리 따르는 소리도 여운으로 급하게 따라붙었다.

2010. 4. 28

서울의 봄

"꾀꼬리가 버드나무 사이 오가며 꾀꼴꾀꼴 해가 지는데 / 서쪽 침상머리 나그네 외로운 꿈에서 놀라 깨어나네 / 연못에 한 차례 비 지나가더니 / 은빛 빗줄기가 이내 맑은 구슬로 맺히네." 하루에 한 수씩 읽기로 구성되어 있는, 궁리에서 펴낸 『하루 한 수 한시 365일』에 실린 오늘치 한시이다. 조선시대 신응시(辛應時)가 지은 〈부용당(芙蓉堂)〉이란 작품이다.

이 책을 엮은 이병한 선생은 "송나라 유극장(劉克莊)이 〈앵사〉라는 작품에서, 꾀꼬리가 이 나무 저 나무 부지런히 옮겨 다니며 비단 같은 낙양의 봄을 짜낸다, 고 읊었는데 제1구는 바로 그 의경을 따온 것이다."라고 해설하고 있다. 앵사(鶯梭)란 꾀꼬리가 이 가지에서 저 가지로 자꾸 날아 옮겨 앉는 것을, 베를 짤 때 북이 이리저리 왔다갔다하는 것으로 비유한 말이다. 나뭇가지 사이로 이리저리 날아다니는 꾀꼬리를 보고 저런 구절을 짜내는 시인들의 감각이란!

오늘 점심을 사직분식에서 청국장으로 때운 뒤 〈앵사〉를 생각하면서 인왕산 숲길로 향했다. 사직공원 옆을 지나 종로도서관에서 조금 올라가면 110년 전에 개장한 국궁(國弓)터인 황학정이 있다. 그 입구에서 인왕산 숲길은 시작된다. 조금 가파른 바윗길을 오르면 제법 널찍한 공터가 나온다. 얼핏 보아서는 씨름장의 둥근 모래판 같기도 한데 안내 표지판이 이곳이 조선의 마지막 택견수련터임을 알려준다. "사직골을 중심으로 필운동, 유작골, 옥인동 등이 택견이 가장 강하고 성행했으며 이곳이 구한말 택견의 마지막 수련터이다."

각종 체육시설도 구비된 야트막한 동산인 그곳에 이르자 새소리가 들리기 시작했다. 정장 차림의 한 사내가 의자에 앉아 하모니카를 불고 있었다. 그는 〈메기의 추억〉, 〈그네〉 등의 귀에 익은 곡들을 부르고 있었다. 허리를 펴며 한숨을 돌리는 사이, 내 등 뒤로 참새 몇 마리가 쨱쨱거리고, 하모니카 부는 사내 너머로 까치 두 마리가 이리저리 나뭇가지 사이로 옮겨 다니고 있었다. 그렇게 역동적이진 않았지만 한 조각 서울의 봄을 짜고 있는 것이었다.

계속해서 숲길로 나아가자 인왕산 중턱쯤에서 허스키한 소리가 들렸다. 꾸꾸꾸엉 꾸꾸꾸엉. 꿩인가. 꿩의 소리는 좀 성긴 편이어서 삼베에 어울릴 듯했다. 서로 다른 여러 개의 새소리를 따라 나는 계속 갔다. 아주 다양한 문양의 봄의 피륙을 짜는 여러 새의 소리들!

인왕산 숲길은 벚꽃나무가 터널을 이루고 단풍나무, 조팝나무, 때죽나무, 소나무 등이 어우러져 산책자들을 호위하고 있다. 그 무성한 나무 아래, 인왕산 정상 입구 조금 못 미처, 벚꽃이 무더기로 핀 자리에 아가씨 일곱 명이 호호거리고 깔깔거리고 있었다. 사진을 찍기도 장난을 치기도 했다. 환한 청춘들!

한 아가씨가 선뜻 "안녕하세요." 내게 인사를 했다. 꾀꼬리 같은 목소리였다. 나도 얼른 "어디서 왔나요." 응답했더니 "요 밑의 배화여중에서요. 오늘 중간고사 끝났거든요." 했다. "좋겠다!" 나는 진심으로 감탄하고 아가씨, 아니 여학생들과 헤어졌다. 인왕산에서 꾀꼬리를 못 만나 서운했던 나의 심사는 대번에 확 풀어져버렸다. 2010. 4 .30

봄

5월

예술의 여백

"그림을 그리고 싶어하는 소년이 있었습니다. 소년은 뭘 그려야 할지를 몰라 스승한테 물었습니다. 그림에 무엇을 넣어야 합니까. 한참을 생각하던 스승은, 그림에는 여운이 있어야 하네, 라는 한 말씀만 하고는 입을 다물었습니다. 그때 그 말이 무엇인지를 소년은 몰랐습니다. 소년은 스승의 말을 좇아서 평생 동안 여운, 기운생동, 운치 있는 세계를 찾아 헤매었습니다." 덕수궁미술관 입구에 설치된 TV모니터에서 남정 박노수는 자신의 그림 인생 55년을 그렇게 요약하고 있었다. 그 소년이 이제는 여든셋의 노인이 되어 어쩌면 생애의 마지막이 될지도 모를 개인전, 〈봄을 기다리는 소년〉을 개최하고 있는 중이었다.

2010년 4월 17일, 나는 토요일 오후에 덕수궁을 찾았다. 전시회 마감을 하루 앞둔 날이었다. 전시장에서 관람객을 맞이하는 첫 작품은 1955년 대한민국미술전람회(국전)에서 수묵채색화로는 처음으로 대통령상을 받았던 작품이었다. 검은 한복 차림의 여인을 그린 것인데 제목이 좀 특이했다. 선소운(仙簫韻). 신선의 피리 소리. 그런데 그림에 피리는 보이지 않고 여인이 의자 끝에 엉덩이를 살짝 걸친 채 손을 무릎에 포개고 앞을 바라보고 있다. 아마 피리 소리 나는 곳을 응시하는 것이리라.

이 작품을 필두로 한국화가의 1세대로서 자신만의 독특한 세계를 일군 남정의 작품을 시기별로 보여주었다. 남정의 그림에는 산과 말과 소년이 자주 등장한다. 산은 주로 군청색으로 표현된다. 말은 목이 길고 갈기가 짙으며 혼자다. 소년도 혼자다. 소년은 뒷짐을 지거나 바위에 앉아서 먼 곳을 바라본다. 주로 뒷모습이다. 그 소년은 작가의 분신인 것도 같다. 소년이 바라보는 곳이 작가가 가고 싶은 곳일 테다. 그러나 이 세상에 그곳은 없는 듯 그림에도 나와 있지 않다. 그리고 또 피리 부는 소년이 자주 등장한다. 소년은 눈을 아득하게 감고 있다. 몸은 가지 못하니 피리 소리만이라도 그곳에 보내자는 것인가.

전시장 한 곳에는 이런 글도 소개되어 있다. 남정이 국내 최초의 서양화가로 불리는 고희동(高羲東, 1886~1965)의 집을 방문했다. 화단의 대선배였던 고희동은 자신의 집을 찾아온 후배에게 고예독왕(孤詣獨往)할 것을 강조했다. 고독하게 나아가고 홀로 또 간다는 뜻이다. 이후부터 이 네 글자는 작가로서의 남정에게 좌우명이 되었다고 한다. 남정의 작업실은 부암동에 있지만 사는 집은 옥인동에 있다. 궁리와 골목 두어 개를 격한 곳이다. 인왕산 자락에 깃든 그는 인왕산의 풀포기와 바위, 나무를 즐겨 그렸다. 〈산거(山居)〉라는 작품에는 인왕산을 그리고 다음과 같은 제발(題跋)도 적어놓았다. 유거불기년 지간화개락(幽居不記年 只看花開落) 신유장하(辛酉長夏) 남정(藍丁) 인왕산거(仁王山居).

인왕산 자락에는 숨어 있는 예술가들이 많이 산다. 나는 최근에 서화악(書畵樂)을 두루 섭렵한 한 분을 알게 되었다. 호는 수초(水超)이다. 수초 선생은 추상 먹화의 오묘한 세계에 노니는 한편 과외로 해금, 아쟁, 소금, 단소, 가야금을 두루 섭렵한 분이다. 남정의 집과 바로 맞은편 연립주택의 옥탑방에 세들어 살고 있다. 철저하게 세상에서 떨어져 홀로의 길을 가고 있다. 한 발은 선(仙)의 경지에 올려놓았으나 또 한 발은 속(俗)에 담구어야 함으로 살림은 아주 궁핍하다. 당호는 예어당(藝於堂)이다. 나는 목요일 오후면 남정의 대문 앞을 지나 예어당에 가서 이런저런 세상 돌아가는 이야기도 나누면서 수초 선생의 예술혼을 조금씩 배운다.

내가 토요일 오후의 금쪽 같은 시간을 내서 남정의 전시회를 본 것은 이웃으로서의 도리를 갖추어야 했기 때문이기도 했다. 전시장을 다 둘러보고 안내데스크에서 포스터를 한 장 구해서 둥글게 말아쥐고 나오니 6시가 지나고 있었다. 이 시간이면 우면산 국악원에서는 토요명품공연이 끝났을 테고, 삼성동의 중요무형문화재전수회관에서는 오정해의 사랑방 풍류공연이 끝났을 무렵이었다. 수초 선생은 지금 옥탑방에서 홀로 인왕한테 단소 소리 한 자락 띄워 보낼지도 모르겠다. 몸은 하나이니 여러 곳에 현현할 수가 없고 다만 오늘은 덕수궁을 제외한 나머지는 모두 나의 여백이었던가. 2010. 5. 3

※ 그윽한 곳에 산 지 어느덧 몇 해 시방 꽃이 피고지는 것을 또 보네.

나의 새까만
눈

눈을 본다. 내 눈을 본다. 조그맣게 뚫린 내 구멍을 본다. 내 전신의 0.0003퍼센트를 차지하는 면적을 본다. 무성한 털 하나 자라지 않는 피부를 본다. 두 개뿐인 내 눈을 본다. 보잘것없이 그저 새까만 내 눈을 본다. 한땐 그래도 제법 아주 똘방똘방했던 내 까만 눈을 본다. 무슨 잘못을 했는지 자꾸 깜빡거리는 내 눈을 본다. 두리번거리지 말라고 했는데 자꾸만 두리번거리는 내 눈을 본다. 눈치 보지 말라고 했는데 그럴수록 더욱 깜빡깜빡거리는 내 눈을 본다. 저한테 의지하는 바가 얼마나 많은 줄도 모르고 자꾸 기웃거리는 내 눈을 본다. 한 곳을 보라 했는데 한 곳을 보지 못하는 내 눈을 본다. 눈은 보는 게 저의 운명인지 자꾸 밖을 보려고만 한다. 눈은 오로지 남을 보는 게 저의 의무라는 듯 자꾸 바깥만 본다. 그만 보자고 눈을 닫으면 검은 것을 보자고 한다. 현기증을 보자고 한다. 까만 물결 무늬를 보자고 한다. 눈에는 하늘이 와서 쉬기도 하고 구름이 와서 목을

축이기도 한다. 새들이 풍풍덩덩 물결을 튕기기도 한다. 그러나 눈은 그걸 볼 줄 모른다. 이제 나는 이 구멍을 제대로 보려고 한다. 그 구멍을 내 쪽으로 구부리려고 한다. 그 구멍 끝에 달려 있는 것들한테는 상관하지 않을 작정이다. 볼 줄 모르는 내 눈을 본다. 눈을 본다. 내 눈을 바라보는 너의 눈을 바라보지 않겠다. 내 눈을 본다. 보고 있는 내 눈을 보려 한다. 눈을 본다. 자꾸 본다. 2010. 5. 5

서울과
저승

명동성당에서 요셉의원※ 후원음악회가 열렸다. 궁리에서 명동성당까지는 교통편이 좀 고약하다. 그리 멀지 않은 길인데 지하철로는 한참을 돌아야 하고, 버스는 바로 가는 게 없다. 사직분식에서 청국장으로 저녁을 일찍 해결하고 나니 한 시간의 여유가 있었다. 걷자, 소화도 시킬 겸 걷기로 했다. 배가 고파 밥을 먹었는데 먹은 밥 때문에 몸이 그만 거북해진 것이다. 휴대전화에 저장해둔 시 하나를 꺼내 읽으며 가기로 했다.

"파란 솔등 돌아 / 노란 들녘 지나 / 하얀 모랫내 건너 / 들국화 헤치며 고향으로 간다."※※※ 빨간등 만나면 멈추고 파란등 켜지면 건너고 건너 명동으로 갔다. 광화문광장에 서니 도심에 고립된 큰 섬인 것 같았다. 넓은 횡단보도를 건너자니 출렁다리라도 밟는 것처럼 좀 어지러웠다. 사람들은 빨리가기 시합이라도 하는 듯 뒤돌아보는 법 없이 저마다의 보폭으로 큰 길을 지나갔다.

"고향은 고분의 / 천년 고도." 서울은 인구 천만을 훨씬 넘는 도시. 고분(古墳)은 눈에 띄지 않으나 1초 차이로 비켜가는 죽음과 1센티미터 사이로 어긋나는 죽음은 도처에 즐비하다. 청계천 건너고 사람들 헤치며 명동으로 간다. 도시의 저녁은 낮처럼 환하고 각종 음식점들은 찾아오는 손님들을 안으로 빨아들인다.

"어제 바람이 오늘 불고 / 저승이 이승을 이기는 곳." 서울의 저녁은 오늘 산 사람들과 어제 죽은 짐승들이 겨루는 곳이다. 그러나 승부는 이미 나 있는 것, 언제나 짐승이 졌다. 패배한 짐승은 고기가 되어 끓는 물에 담기고 토막나고 썰고 굽는 운명을 담담히 받아들인다. 그리고 최종적으로 먹어치우는 자들의 입 크기에 따라 알맞게 분해된다. 건장한 건물들이 겨우 길을 내주는 곳으로 계속 나아갔다. 무교동에 이르니 일군의 높은 빌딩떼에 갇혀 소리들이 맴돌고 있었다. 메아리는 아니었다. 마이크에서 나오는 그 음향은 말이 아니라 웅웅거리는 소리였다. 웅장한 현수막이 걸려 있길래 선거를 노리는 정치인들의 가두방송이거니 했다. 서울광장으로 와서 보니 부처님오신날 점등식을 거행하고 있었다. 서울시장을 소개하는 말 다음에 목탁소리가 식순에 의거해서 흘러나왔다. 이내 반야심경을 봉독하는 소리가 합창이 되어 귀로 들어왔다. 그 소리는 아주 웅장했다. 육중한 건물들이 메아리도 만들어주었다. 관자재보살행심반야바라미다시조견오온개공도일체고액사리자…… "하얀 모랫내 건너 / 노란 들녘 지나 / 파란 솔등 돌고 / 코스모스 헤치며 서울로 돌아온다."……아제아제바라아제바라승아제모지사바하. 그 소리가 뒷등을 밀어 롯데백화점 쪽으로 내처 갔다. 어디쯤 왔느냐는 아내의 문자에 발걸음을 빨리했다. 무릎이 시원찮아 계단을 피하려

고 했지만 을지로 입구에서 지하로 내려가야 했다. 다시 허바허바사진관을 돌아들고 또 몇 굽이 좁은 골목길을 지나 설렁탕으로 유명한 하동관을 거쳐 왼편 언덕으로 꼬부라지니 드디어 명동성당이 보였다.

"아아, 이렇게 고향에 다녀오듯 / 저승에서 이승으로 돌아올 순 없을까." 이제로얄호텔 지나 거리에서 노래 부르는 통기타 가수 앞을 지나 드디어 명동성당 입구. 낮은 경사의 계단에는 4대강 사업을 반대하는 미사를 기다리는 분들이 가지런히 앉아 있다. 계속 하늘로 오르듯 성당 들머리 지나서 본당으로 입장했다.

"내 맘 속에 언제나 있는 건 / 오직 고향과 저승." 나는 자주 서울을 떠나고 싶다. 그리고 언젠가는 아주 서울을 떠나고 싶다. 서울에도 저승이 도처에 숨어 있다. 그러나 이곳에서는 언제나 이승이 저승을 이긴다. 시의 마지막 구절을 흉내내어본다. 내 맘 속에 언제나 있는 건 오직 고향과 저승. 나는 언제 고향으로 갈 수 있을까, 그리고 그곳에서 언제 또 저승으로 떠날 수 있을까. 그 사이 배가 많이 꺼졌다. 2010. 5. 7

※ 요셉의원은 서울 영등포역 부근 행려자, 노숙자, 알코올 중독자, 이주노동자 같은 의료혜택을 받을 수 없거나 우리 사회에서 소외되고 버림받은 사람들을 무료로 치료해주는 의료기관이다. 영등포의 슈바이처로 불린 이 병원의 설립자인 선우경식 원장은 위암 판정을 받아 투병 중에도 환자들을 진료하다 2008년 뇌출혈로 쓰러진 뒤 타계하였다. 이번 음악회 〈노래의 날개 위에〉는 이 원장의 2주기를 추모하는 음악회였다.

※※ " " 속을 연결하면 한 달 전 경주 갔을 때 동리목월문학관에서 만난 김동리의 시 〈귀거래행〉의 전문이 된다. 그때 시가 좋아서 휴대전화로 찍어두었다.

좋은 구름, 나쁜 구름

출근길, 아주 맑은 날씨였다. 정류장에서 버스를 기다리며 하늘을 보니 구름이 빠르게 흘러가고 있었다. 도로에는 각종 차들이 빽빽하게 우글거리며 빠르게 좌우로 몰려갔다. 오늘의 근심을 떠올리며 그 어디에 도착하여 차에서 내리든 아마 구름의 아래일 터이다. 손오공이 아무리 재주를 부려도 부처님 손바닥을 벗어나지 못하듯 운전사들은 구름의 궁둥이를 벗어나지 못할 것이다. 오늘 보는 구름의 속도는 바퀴 달린 자동차들은 도무지 따라잡지 못할 속력인 것 같았다.

버스를 두 번 갈아타고 인왕산 아래에 도착하니 구름은 목적지가 나보다 훨씬 먼 곳이었는지 자취를 감추고 없었다. 고요하고 뚜렷하고 궁금한 하늘! 지지난 주 동묘 헌책방에서 구입한 『백팔번뇌』라는 책을 요즘 들고 다니면서 본다. 사랑과 고독과 슬픔의 나날 이 괴로운 순간을 위하여, 라는 부제가 붙어 있다. 내가 좋아했던 출판사 일월서각에서 1979년 9월 10일에 재판 발행한 책이다. 일본 정토종의 스님인 마쓰나미 고도(松濤弘道)가 쓴 책이다. 인생의 희로애락에 울고웃는 사람들에게 보내는 108통의 편지 형식인데 지금 읽어도 읽을 만하다. 두 번째는 영국의 시인 러스킨의 〈구름〉이라는 시를 소개하면서 하루가 우울한 사람들에게 띄우는 편지였다.

"세상 사람들은 오늘은 일기가 좋다 / 또는 나쁘다고 하지만 / 일기에 좋고 나쁜 게 어디 있겠나 / 다 좋을 뿐이지 / 다만 종류가 다를 뿐이다 / 개어서 좋은 일기, 비오니 좋은 일기, / 바람 부니 좋은 일기야."

인왕산을 자주 관찰하다보니 생긴 버릇인가. 구름이 없으면 허전하다. 내 하루의 근심에 그게 더해지기도 한다. 그러나 내가 구름이 있어서 좋고 없어서 허전하다 하지만 구름한테 그게 무슨 소용이겠나. 내 번뇌의 한 가지는 저리로 밀쳐내면서 얼마 지나지 않아 늠름한 구름은 또 짠 하고 나타날 터인데! 2010. 5. 10

흙 한 줌

인왕산 허리쯤에 있던 옥인아파트가 지금 해체 중이다. 그 작업 현장에서 일하는 포크레인 기사 이 씨는 때리고 부수고 무너뜨리는 데 선수다. 자신의 조종대로 무쇠팔이 대신 나서서 목표 지점을 강타하면 순식간에 건물은 허무히 주저앉고 만다. 검은 선글라스의 이 씨는 자신의 의지대로 맥없이 나가떨어지는 벽돌과 옥상과 계단의 부스러기에 부르르 온몸의 쾌감을 느낀다. 그는 마음껏 기분을 풀고 운전석에서 내려온다. 점심을 먹기 위해서다. 그가 딛는 곳은 어디인가. 아래로 훌쩍 뛰어내리는 그를 받아주는 것은 누구인가. 땅이다. 그는 땅에 서서 자신이 박살낸 건물의 잔해와 파편들을 가소로운듯 바라본다. 이제는 위치에너지를 잃어버리고 힘없이 쓰러져 있는 벽돌덩어리들과 각종 쇠부스러기들.

지금 그 광경을, 온갖 쓰레기들과 이 씨를 멀리서 보면서 인왕산을 오르는 김 씨는 생각이 좀 다르다. 그는 은퇴한 출판업자이다. 그는 아무리 보아도 가장 힘이 센 것은 결국 흙이란 생각이 든다. 저 포크레인이 서 있는 곳이 어디인가. 그도 흙 위에 서 있는 것 아닌가. 언젠간 이 씨나 김 씨도 모두 흙으로 돌아가야 하지 않는가.

김 씨는 그제 아침 신문에서 읽은, 4대강 속도전으로 파낸 준설토가 남산의 11배만큼이나 된다고 하는 뉴스를 떠올린다. 경북의 칠곡보 건설 구간에서 파낸 것만으로도 높이 10미터 너비 8미터의 거대한 흙더미를 대구에서 경주까지 쌓을 수 있는 양이란다. 이만한 흙이라면 서울을 다 매립하고도 남지 않을까.

그리고 김수영의 시 한 구절도 떠올린다. "이 땅에 발을 붙이기 위해서는 / 제3인도교의 물속에 박은 철근기둥도 내가 내 땅에 / 박는 거대한 뿌리에 비하면 좀벌레의 솜털 / 내가 내 땅에 박는 거대한 뿌리에 비하면."※ 굳이 따지자면 거대한 뿌리를 받아주는 것도 거대한 땅이 아닌가. 오늘따라 김 씨는 새삼 느낀다. 각종 나무를 끌어안고 기차바위와 치마바위를 짊어지고 군부대와 경찰대대를 주둔시키는 인왕산이 정말 대단하다는 것을!

김 씨는 인왕산 중턱에서 흙 한 줌을 쥐었다가 휙 아래로 던진다. 그리고 포크레인 기사 이 씨한테 전하고 싶다. 손 안의 흙 한 줌이야 부드럽기 한량없을 테지만 더 크게 눈을 떠보라고. 흙의 단단함, 거대함과 신성함에 대해서도 한번쯤 살펴보면서 작업하라고. 2010. 5. 12

※ 김수영의 시, 〈거대한 뿌리〉에서 인용

이사 가는 인왕산

봄철 내내 옥인동, 효자동 일대는 이사 가고 이사 오는 사람들로 분주하다. 좀체 열리지 않던 유리창문도 활짝 열리고 방치되어 있던 옥상도 소용을 찾는다. 인부들이 작업을 용이하게 하려면 반드시 그곳을 활용해야 한다. 이사의 종류도 여러 가지이다. 온 식구가 함께 새 보금자리를 찾아가는 경우도 있고, 식구들 중에서 한 분만 다른 세계로 거처를 옮긴 경우도 있다. 또 어떤 까마득한 세상에서 까만 눈동자를 달고 이 동네로 툭 전입해오는 이들도 있다. 그렇게 인왕산 자락에 깃든 동네는 조용한 변화를 엮어낸다.

그렇다고 사람 사는 동네에서만 변화가 일어나는 건 아니다. 인왕산에도 봄이 가면서 오밀조밀한 변화가 생겼다. 우선 눈에 띄는 건 나무들의 색깔이다. 푸르름이 한결 더해졌다. 인왕의 변화는 실은 은밀하면서도 때로는 왁자지껄하게 오래전부터 진행되었다. 다만 둔한 내가 그걸 요즘 알아차렸을 뿐이다. 야생화는 다투어 피어났고 훤칠한 나무들은 옷을 새로 갈아입었다. 인왕산을 떠난 나무보다도 새로 뿌리 내리는 나무들이 훨씬 많았다. 산에 오르다 보면 작년에 비해 한결 숲이 빽빽해진 느낌, 나무의 팔다리가 더욱 굵어졌다는 느낌을 받는다. 대체적으로 모든 나무들이 한층 성숙해진 것이다. 여름의 기미가 곳곳에서 드러나면서 이 느낌들은 더욱 선연해진다.

인왕산에 붙박이로 사는 나무들에게는 이사가 없을까. 그건 아닐 것이다. 차츰차츰 솔직하게 자라는 나무들은 인왕산을 견인하면서 매일 이사 가고 있다. 구름을 헤치고 그 어디론가 간다. 인왕이 키우는 모든 나무들은 돛대요 삿대인 것이다. 가끔 하늘을 바라보다 현기증을 느끼는 건 그런 이유가 있었던 것이다. 인왕산 허리를 돌다 그냥 맥없이 이 자리에 주저앉고 싶은 것도 다 이런 까닭이 있었던 것이다. 그 인왕의 뿌리에 매달려 우리도 매일매일 어디론가 조금씩 가고 있다. 하늘로 차츰차츰 가까워지는 중인 것이다. 2010. 5. 14

호랑이가 돌아왔다

최근 인왕산에 호랑이 두 마리가 서식한다는 것을 확인하였다. 내 눈으로 직접 보고 확인한 사실이다. 한 마리는 인왕산 서쪽 지역에 살고 있다. 황학정에서 숲길을 돌아들어 택견수련장 지나고 배드민턴장 지나 계속 오르면 삼거리가 나온다. 그곳에 경찰초소가 있고 왼편으로 가면 인왕산 주능선으로 오를 수 있고, 오른편은 북악스카이웨이 따라 석굴암 쪽으로 가는 길이다.

경찰초소 바로 옆에 앞발은 구부리고 뒷발은 한껏 세우고, 엉덩이는 최대한 치켜들고, 머리는 바짝 땅에 낮추고 전방을 노려보는 호랑이가 있다. 팽팽한 긴장이 흐른다. 전방에 있는 내가 바로 호랑이의 목표물인듯 저절로 오금이 저릴 정도이다. 누런 털이 북실북실하고 꼬리도 성이 났는지 빳빳이 치켜들었다. 그리고 그 앞에는 이렇게 쓰어 있다. "청와대와 경복궁을 지키는 인왕산 호랑이" "인왕산에 호랑이가 돌아왔다." 나는 나보다도 더 꼼짝 못 하는 호랑이 등을 한 번 쓰다듬어주었다. 그런데도 호랑이는 미동도 않고 가만히 앞만 응시하고 있었다. 역시 호랑이였다.

다른 한 마리는 인왕산 북쪽 자하문터널 위에 살고 있다. 경복고등학교 지나 청운중학교 지나 옆길로 계속 오르면 최규식 경무관 동상이 서 있고 그 건너편으로 윤동주 시인의 언덕으로 오르는 길이 있다. 그 길의 끝에 청운공원이 최근 새로 단장을 했다. 그 초입에 큰 조형물이 있는데 인왕산에서 굴러 내려온 작은 돌들로 바위처럼 쌓은 것이다. 바로 그 옆에 호랑이 한 마리가 돌 위에 앉아 있다. 사냥에는 관심이 없고 제 한 발을 제 입으로 물어뜯고 있는 모습이다. 발바닥에 가시라도 박혔는가. 어디가 좀 불편한 모양이다.

그리고 그 앞에는 이렇게 쓰어 있다. "문화강국 호랑이" "인왕산에 호랑이가 돌아왔다." 처음 볼 때 겁을 잔뜩 먹었지만 호랑이는 미동도 않고 먼 곳을 보고 있었다. 나 같은 것은 아예 관심 밖이라는 듯 거들떠도 보지 않았다. 용기를 내어 조금 부들부들 떨면서 가까이 갔더니 호랑이는 받침대인 돌에 딱 들러붙어 있었다. 돌 하나를 주워 돌 위에 얹어주었다. 그런데도 호랑이는 인왕산 너머 저 북한산 너머 너머를 바라보는 시선을 거두지 않았다. 역시 호랑이였다. 2010. 5. 17

비 오는
첩첩산중

    5월 1일은 노동자의 날이다. 토요일이었다. 나흘이 지나자 어린이날이 왔다. 쉬는 날이었다. 그리고 또 사흘이 지나자 어버이날이었다. 어머니를 모시고 형제들이 모여서 저녁을 먹었다. 이틀 후에는 딸아이의 생일이었다. 나는 생일을 모르고 지낸다. 그런 것은 챙기지 않는 편이다. 그러니 아이의 입이 튀어나와도 할 수 없다. 그 다음날은 11일, 입양의 날이었다. 하마터면 모르고 지날 뻔했다. 퇴근하려는데 국악방송에서 알려주었다. 많은 생각이 교차했다.

    작년 궁리에서는 『입양아 부모 되기』라는 책을 출간했다. 미국에서 입양전문가로 활동하는 저자는 한국인 아이를 둘 입양한 분이었다. 홀트아동복지재단에서 일하는 역자 또한 한 아이를 입양하여 키우는 분이었다. 많은 생각을 하면서 다음날로 갔다. 그리고 여섯 날이 지나자 스승의 날이었다. 나는 찾아뵐 스승이 안 계신다. 스스로 불행하다고 생각한다. 이틀이 지났다. 성년의 날이었다. 오늘도 아무것도 모른 채 일어나 보니 아이는 벌써 시험공부하러 나가고 없다. 아이가 없는 아이의 방에 가서 아이의 빈 의자에 앉아보았다. 아이는 내 앞으로 잠깐 왔다가 잠시 있더니 얼른 어디로 사라진다. 아이가 빠져나간 문으로 조간신문이 들어온다. 앞으로 이틀 후면 부처님오신날이다. 나는 먹을 갈아 반야심경을 한번 쓸 것이다. 부부의 날이기도 하다. 결혼기념일도 얼마 남지 않은 것 같다. 아내가 아이처럼 입을 삐쭉거려도 할 수 없다.

    그리고 또 많은 날들이 첩첩이 대기하고 있다. 비도 잔뜩 긴장하고 있다. 눈물을 비축해야겠다. 어제는 5·18이었다. 하늘에서 비가 왔다. 광주에도 비가 많이 왔다. 비는 하늘로부터 온다. 벌써 하루가 지난 일이다. 2010. 5. 19

비(飛), 비(悲) 그리고 비(雨)

먹을 갈아 붓글씨를 종종 썼다. 주로 신문지에 썼다. 보기 싫은 얼굴들은 먹물로 죽죽 긋기도 했다. 나쁜 놈들은 텔레비전 속에 우글거린다는 말이 있는데 신문지에도 많이 들러붙어 있다. 말이 먹이고 붓이지 조잡하기 이를 데 없는 글씨요 솜씨였다. 거동이 불편하시던 부친이 묵묵히 지켜보다가 한 말씀 하셨다. "야야, 날 비(飛) 자를 잘 쓰면 장개를 먼 곳으로 간단다." 飛 자는 그리 복잡하지는 않으나 어쩐지 균형잡기가 좀 어려운 글자이다. 겨우 말뚝 하나 박았는데 바람 불면 픽 쓰러지는 천막처럼 제자리 잡기가 영 힘들다. 웬만큼 써도 웬만해서는 예쁘지가 않다. 그래서 그런 말이 났는가 보다. 획의 전환과 꼬부라짐이 많이 들어 있어 붓을 연습하는 데 적합한 길 영(永) 자와 더불어 제법 많이 써보았다. 나는 강원도 춘천 출신의 색시한테 장가를 갔다. 부친한테 그런 말씀을 들었던 곳이 부산이었으니 아주 멀리 간 셈이다.

작년의 오늘은 토요일이었다. 점봉산으로 등산하러 동무들과 일찍 강원도로 가고 있었다. 문막을 지날 즈음 스타렉스 안에서 뜻밖의 비보를 접했다. 농부로 변신한 전직 대통령이 고향 뒷산 바위에서 몸을 날렸다는 뉴스 속보였다. 너무나 충격적인 소식이라서 설마? 했는데 사실인 것 같았다. 우리는 저마다 깊은 침묵으로 빠져들었다.

크건 작건 모든 일은 다 지나가는가. 그래서 더 비통하고 더욱 비감한가. 어김없이 하루하루가 365번이 지났다. 한꺼번에 지나는 법은 없었다. 매일 꼬박꼬박 지났다. 그리고 올해의 그날이 도래했다. 빨간 일요일이었다. "고결한 정신과 높은 집중력에서 비롯하는 순결한 힘 아래, 우리 시대의 어느 시에서도 보기 드문 시적 전기장치를 감추고 있는, 이 다감하고 열정적이었던 사람의 절명사"[※]를 꺼내 읽었다. 그리고 유서에 나오는 한자어들을 한자로 적어보았다. 身勢, 苦痛, 苦痛, 餘生, 健康, 冊, 自然, 未安, 怨望, 運命, 火葬, 碑石. 그 중에서도 운명은 일곱 번 더 적었다. 運命, 運命, 運命, 運命, 運命, 運命, 運命.

5월은 여러모로 비가 많이 필요한 시기이다. 이달 들어 비는 그리 많이 오지를 않았다. 6일에 비가 제법 많이 왔다. 11일에 쬐금 왔다. 18일에는 비가 많이 왔다. 그리고 며칠간 맑았다. 다시 비가 찾아왔다. 23일이었다. 폭우는 아니었다. 22일 저녁부터 내리기 시작한 비는 자정을 지나고 23일로 접어들면서 차분하고 조용하게 대지를 적셨다. 하늘이 우는 소리일까. 빗소리를 들으며 새벽까지 잠들지 못했다. 하늘도 당신이 깊은 슬픔에 잠겨 깊은 생각을 하고 있다는 것을 날씨(氏)를 통해 기별해주는 것이라고 나는 믿었다. 2010. 5. 23

※ 황현산 교수의 칼럼, 〈삼가 노 전 대통령의 유서를 읽는다〉에서 인용.

바람만이 아는 대답

궁리에서 보이는 쪽의 인왕산에는 무덤이 딱 하나 있다. 인왕산의 뒤쪽은 아직 내가 가보지 못한 곳이라서 말을 못 한다. 어느 산이든 호젓이 길을 가다 무덤 하나 만나는 것은 흔한 풍경이다. 무덤의 주인이 누구신지 전혀 알 순 없지만 그이 또한 나처럼 생전에 호젓하게 길을 가다 무덤 하나야 자주 만났던 사람인 것만은 분명할 것이다. 인왕산은 돌산이어서 무덤을 쓰기가 아주 안 좋다. 더구나 지엄하신 임금이 사는 궁궐과 가깝다보니 예전에도 함부로 무덤을 쓰기가 힘들었을 것이란 짐작이 간다. 그 무덤은 인왕천 약수터 한참 아래쪽에 자리하고 있다. 원래 이곳은 사람들이 자주 다니지 않는 곳이었다. 그런데 현재 성곽복원공사를 하느라 사직공원으로 빠지는 주능선 쪽이 통제되고 있다. 해서 샛길로 등산객이 오르내릴 수밖에 없다. 그런 까닭으로 이 무덤도 사람들의 발길을 많이 타게 되고 말았다.

어제 일요일. 집에 우두커니 있는 게 죄 짓는 것 같아서 인왕산으로 향했다. 인왕산 호랑이가 지키고 있는 삼거리에서 5백 걸음 지나 왼편으로 치고 샛길로 올라드니 약수터가 있고 그 무덤이 있던 자리가 보였다.※ 휴일을 모르는 무덤은 추모객이든 등산객이든 상관없이 소박한 뜻을 전하며 앉아 있었다. 무덤에 합장으로 인사하고 돌아들어 인왕산 정상으로 오르니 바람이 무지 세게 불고 있었다. 구름이 심각한 고민덩어리를 안고 있고 금방이라도 비가 추적추적 내릴 태세라 아무도 없었을 줄 알았더니 열 명 남짓의 사람들이 정상에 있었다. 마지막 급한 경사를 다 오르고 허리를 펴니 해골바위 바로 아래였다.

그때였다. 홀연히 비둘기 두 마리가 서너 발짝 앞에 사뿐히 내려앉는 것이었다. 그간 숱하게 인왕산에 올랐지만 이렇게 새의 환영을 받기는 또 처음이었다. 한 마리는 흔히 보는 짙은 잿빛이었고 또 한 마리는 꼬리는 희고 노랑과 주황이 알록달록하게 섞인 털이 몸통을 덮고 있었다. 그 색은 이라크에 파견되었던 우리나라 평화유지군의 군복 색깔과 참으로 비슷했다. 두 마리 모두 발은 진한 붉

은 색이었다. 비둘기는 무슨 메시지라도 전하는 듯 땅을 쪼다 하늘을 한번 보는 동작을 몇 번 되풀이했다. 바람은 더욱 세차게 불었다.

비둘기가 전한 메시지는 무엇이었나. 바람만이 답을 알고 있는가. "사람은 얼마나 많은 길을 걸어봐야 진정한 삶을 깨닫게 될까? / 비둘기는 얼마나 많은 바다 위를 날아야 백사장에 편히 쉴 수 있을까? / 전쟁의 포화가 얼마나 많이 휩쓸고 나서야 영원한 평화가 찾아오게 될까? / 친구여, 그건 바람만이 알고 있어. / 바람만이 그 답을 알고 있다네."※※

군복 색의 비둘기는 내가 접근해도 별로 놀라거나 도망가지 않았다. 해골바위 둘레를 세 바퀴 돌고 있는 나를 물끄러미 구경하듯 바라보기도 했다. 비둘기는 엉덩이가 무거운 나하고는 다른 족속이었다. 그 비둘기는 답답하다는 듯 나를 한 번 더 바라보고는 몸을 솟구쳐 공중으로 몸을 숨겼다. 나? 나무 의자에 앉아 김밥과 쑥떡을 마구 집어삼키는 데 열중이었다. 우유도 한 곽을 다 비웠다. 그리고 그냥 터덜터덜 아래로 내려왔다. 복잡다단함의 바다, 오리무중의 세계인 서울 시내로 엉거주춤 내려왔다. 2010. 5. 24

※ 이 글을 쓰고 6개월이 지난 2010년 10월 넷째 일요일 대학 동기와 인왕산에 가보았다. 일요일이라 자하문터널 쪽에서 올라 인왕산을 종주하면서 작정하고 무덤을 확인하려고 했더니 도무지 그 무덤을 찾을 수가 없었다. 마침 지나가는 초병들한테 물어보아도 모른다고 했다. 내 기억으로 짚이는 곳에 웅덩이만큼 푹 꺼져 있을 뿐이었다. 무덤이 이장이라도 하였나. 내 기억이 잘못되었나. 계속 탐험해보아야겠다.
※※ 밥 딜런의 〈바람만이 아는 대답〉의 1절 가사.

인왕산 너머
저 쪽빛 바다

사연 많은 5월의 첩첩한 날들을 떠나보내는 나날들. 오늘의 하늘은 황홀할 만큼 황홀했다. 이틀 간의 단비가 내린 뒤 세상의 근심을 모조리 씻어낸 것처럼 하늘은 푸르고 푸르렀다. 비행착각이란 게 있다. 초음속 이상으로 비행하던 조종사가 여러 가속도로 인한 인체평형기관의 감각을 그대로 받아들여 경험하는 착각현상이다. 대표적인 착각현상은 바다 위를 비행할 때 자신과 비행기의 자세를 착각하여 바다를 하늘로 착각하고 거꾸로 날아가는 현상이다. 창공인 줄로 알고 기수를 위로 올리는 순간 바닷물에 쾅 처박히고 만다.

오늘 인왕산의 저 구름을 집채만한 규모로 덮쳤다가 하얗게 까무라치는 파도라 한들 누가 의심하겠는가. 정지용의 시 〈바다〉가 생각났다. "바다는 뿔뿔이 달아나려고 했다. / 푸른 도마뱀떼 같이 재재발렀다. / 꼬리가 이루 잡히지 않았다."

직접 시간을 재고 걸어서 계산해보니 나의 보행속도는 시속 5.4미터 정도였다. 비행기의 속도에 견줄 아무런 건덕지도 못 되지만 그 느린 속도로도 인왕산 저 너머를 쪽빛 바다로 착각할 만큼 하늘은 황홀하게 푸르렀다. 달랑 팬티 한 장 걸치고 머리 앞장세우고 그냥 저 바다에 마구잡이로 풍덩! 그냥 내려꽂히고 싶을 만큼! 2010. 5. 26

5백 년 후
서울

하늘은 시시각각 변한다. 육안으로 보아서 하늘을 구성하는 재료는 별게 없다. 구름 몇 조각, 붉은 태양과 흰 달. 그리고 배경이 되어주는 아득한 허공. 바람도 있다지만 그건 시방 눈에 보이지 않는다. 단촐한 살림이다. 어디를 둘러보아도 새가 디딜 선반 하나 없다. 노을을 보관할 창고 하나 없다. 하늘의 문법은 곡선이다. 인왕산 자락에 올라 남산을 빛으로 찍고 돌아서면 벌써 하늘의 무늬가 달라져 있다. 퇴근할 무렵 화장실에서 손 씻고 손수건만한 창문으로 내다보면 오전의 하늘과는 천양지차이일 때가 많다. 좋은 풍경을 찍지 못하니 억울한 생각도 많이 든다. 이처럼 하늘은 시시각각 변하기만 하는 것일까. 과연 그럴까.

인왕산에서 남산을 본다. 남산 자락 아래 도심은 하루만 보아서는 아무런 변화가 없다. 어제 그 건물이 오늘 그 건물이다. 시멘트는 굳건하고 철강은 튼튼하다. 출입문의 보안장치도 완벽하고 외부인들의 출입은 철저히 통제된다. 왕조시대에서 민주공화국으로 변했지만. 전쟁도 겪었고 헌법도 바꾸었지만. 대통령을 몇 번 교체했지만. 그리고 무거운 것은 아래로 가벼운 것은 위로, 딱딱한 것은 겉으로 물렁한 것들은 안으로. 그렇게 질서가 구축된다. 도시의 문법은 직선이다. 그래서 구부러질 줄을 모른다. 하루만 보아서는 아무 변화가 없다. 하루하루 아무 변화가 없는 그 동네가 과연 안정된 곳일까. 과연 그럴까. 오늘 우리가 찍은 이 사진과 5백 년 후 서울을 비교한다면 어느 쪽이 더 많이 변해 있을까. 2010. 5. 28

세상이 둥글다는 증거

고등학교 2학년 지구과학 시간에 처음으로 지구가 둥글다는 것을 과학적으로 배웠다. 주워서 들은 이야기, 《새소년》 같은 잡지, 교양서적에서도 익히 배운 바이긴 했지만 교실에서 공식적으로 가르침을 받기는 그때가 처음이라는 말이다. 그때 교과서에서는 지구가 둥글다는 근거로 두 가지를 들었다.

드넓은 지평선이나 수평선을 보면 둥그렇다는 것이다. 횡(橫)으로 지구가 둥근 증거이다. 또 하나는 저 멀리 바다에서 배가 올 때 돛대부터 차츰차츰 보이다가 전부를 드러낸다. 종(從)으로 지구가 둥근 증거이다. 옛날 사람들은 지구는 편평한 것으로 믿었다. 감각적으로는 그게 옳다. 우리가 딛고 있는 땅이 비스듬히도 아니고 둥글다는 게 사실 말이 되는 말인가. 강물이 저 멀리 흘러가서 아득한 곳으로 떨어진다는 게 상식적으로도 맞지 않는가. 고등학교 2학년 지구과학 교과서는 앞에 든 증거 말고 지구가 둥근 이유를 각자 생각해보시오, 하는 익힘 문제가 있었다. 그때 나는 그 떨어진 물이 또 어디로 떨어질까, 또 떨어진 물은 어디로 떨어질까를 자꾸자꾸 생각해보면 지구는 둥글 수밖에 없다!는 결론에 도달할 수밖에 없게 된다는 답을 준비하고 있었다.

5월의 마지막 날. 선거에 나선 후보자들의 마이크 소리가 왕왕거리고 지나간다. 그 소리는 사람들의 귀로 들지 못하고 하늘로 샌다. 세상에서 아무런 뜻을 얻지 못한 말은 소음에 불과하다. 인왕의 하늘도 세상이 버린 말을 그냥 폐기처분하는 모양이다. 인왕산 일출도 유명하다. 태양도 수평선에 걸린 돛단배처럼 차츰차츰 올라와서 둥글게 온 누리를 비춘다. 우주 저 멀리에서 지구를 보면 '창백한 푸른 점'에 불과하다. 『코스모스』의 저자인 칼 세이건이 한 말이다. 무게도 부피도 면적도 없고 다만 위치만 나타내는 점이지만 그 또한 동그랗다. 세상이 둥글다는 증거는 도처에 있다. 5월의 마지막 날 다음에는 6월의 첫날이 온다. 그리고 둘쨋날, 셋쨋날……이 차츰차츰 온다. 둥글게 온다. 2010. 5. 31

여름

여름

6월

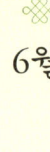

세상을 바꾸는
소식

오늘은 지방선거가 있는 날이다. 며칠 전 광화문 근처에 있는 정부종합청사 회의실에서 개최된 국무회의에서 오늘을 임시 공휴일로 지정했다. 인왕산 자락에도 그 법령은 유효하다. 인왕산은 오전에는 나무들은 투표권이 없으니 한가했으나 오후 들어 투표를 마친 유권자들로 평일보다 북적거릴 것이었다. 출마한 사람들의 큰 얼굴이 덕지덕지 붙어 있는 선거포스터 앞에서 인왕산을 바라보았다.

세상의 바쁜 소식을 전하느라 전봇대의 전깃줄이 웅성웅성거리고 있다. 복잡한 소식을 전하느라 가느다란 전깃줄은 여러 가닥이었다. 이리저리 사방으로 뭉치뭉치 뻗어가고 있다. 주권자들의 표심은 어디로 갈까. 사람들 마음의 표지인 양 전깃줄은 어지럽다. 그 좁은 전선으로 어쩌면 세상을 바꿀 소식들이 다투어 몰려가고 있는 것이다. 경쟁이 시작되었으니 결판이 곧 날 것이다. 결과가 나오면 감전이라도 된 듯 충격을 받는 이도 있을 것이다. 진인사대천명하는 심정이었다가 활짝 웃는 이도 있을 것이다. 다시 인왕산을 바라보았다. 구름 하나가 인왕산 위에 떠 있다. 이 좁은 세상의 일에 관여할 바는 아니지만 그래도 궁금한 모양이다.

궁리에서 펴낸『하루 한 수 한시 365일』의 오늘치 한시는 이백의 〈망여산폭포(望廬山瀑布)〉이다. "향로봉에 해 비치어 보랏빛 연기 일고 / 멀리 보니 폭포가 냇물처럼 걸렸구나 / 나는 듯 곧추 삼천 척을 흐르니 / 은하가 저 높은 하늘, 구천에서 떨어져 내려옴인가. (日照香爐生紫煙 遙看瀑布掛前川 飛流直下三千尺 疑是銀河落九天)" 휘장을 들추고 기표소로 혼자 들어간다. 지지하는 출마자의 이름에 빨간 도장을 꾹 누른다. 나의 이 한 표가 비류직하하여 폭포처럼 이 삼천리 강산을 때릴 것을 기대하면서. 선거는 살아 있는 동안의 행위이지만 그게 어디 살아 있는 자들만의 일일까. 인왕산 너머 구름 너머 저 높은 하늘 너머 은하 너머 구천(九天)까지와도 연결되어 있는 일인 것! 2010. 6. 2

애월과 옥인

드디어 찾았다. 오랫동안 찾았던 시 한 편을. 그 시는 제주도 애월을 주제로 한 시였다. 그 언젠가 올해 좋은 시를 모은 시선집이거나 무슨 문학상 작품집에서 본 것 같은데 다시 찾으려니 도통 정확한 제목도 시인도 떠오르지 않는 것이었다. 실마리라곤 애월을 다루었다는 것과 지은이가 젊은 시인은 분명 아니고 나보다 훨씬 윗년배라는 것뿐이었다. 대충 기억나는 것은 애월이란 지명에 홀려 제주도에 가서 애월에 꼭 가보려고 했으나 어쩐 일로 못 가고 계속 애월을 언젠가는 가보아야 할 선망의 장소로 남겨둔다는 내용이었다.

인터넷에서 애월을 주제로 한 시를 검색해보니 내가 찾는 시는 없었다. 그 시들은 애월에 직접 가보고 그 느낌을 적은 것이거나 애월의 해변을 노래하는 시였다. 내가 찾는 시는 애월이되 애월은 없는 것이어야 했다. 범위를 넓혀 제주도를 읊은 시를 찾아보았으나 그곳에도 내가 찾는 것은 없었다. 〈애월을 그리며〉, 〈가지 못한 애월〉, 〈애월로 가는 길〉 등등 급조한 제목으로 검색해보았으나 나의 애월은 손에 잡히지 않았다.

시를 좋아하는 두 분의 시인한테 물어보았으나 그이들도 모른다 했다. 애월에 가지 못하고 애월을 가슴앓이하듯 나도 애월의 근방에서 그 시를 찾아 앓아누웠네, 라고 할 정도는 아니었고 그저 애를 좀 태운 건 사실이었다.

며칠 전 다시 검색에 나섰다. 이번에는 구글을 검색했더니 애월똥돼지, 애월팬션, 애월횟집 등등이 나올 뿐이었다. 애월읍 홈페이지에도 들어가보았다. 그곳에서도 이렇다 할 단서를 찾지 못했다. 이번에도 못 찾으면 애월도서관에라도 전화해볼 작정이었다. 설마 그곳에서야 이런 시를 알고 있겠지, 기대하면서.

그러다가 우연히 흘러든 곳은 '시사랑 시의 백과사전'이란 사이트였다. 그곳의 검색어에 일단 '애월'이라고 치니 화면이 짠 하고 바뀌는데 뭔가 예감이 있었다. 그곳에 내가 찾던, 내가 비슷하게 짐작했던 시인의 이름으로 시 하나가 있었다. 바로 그 시였다. 나는 떠난 애인과 다시 만나듯 드디어 그간 내 애를 끓게

하였던 시를 드디어 품게 되었다.

　내가 이 시를 찾게 된 것은 나름대로 연유가 있다. 그것은 궁리가 인왕산 자락에 둥지를 틀면서부터였다. 궁리의 정확한 주소는 '종로구 통인동 31-4번지'이다. 근데 바로 이웃에 옥인동이 있다. 옥인이라는 이름을 들었을 때도 애월처럼 뭔가 가슴을 툭 치고 지나가는 것이 있었다. 떠나버린 애인의 이름 같은, 그곳에 가면 떠나간 애인을 만날 수 있을 것 같은, 뭐 그런 느낌의 옥인. 동네 이름이라기보다는 그리운 사람의 이름 같은 옥인. 그런 생각을 하면서 〈애월……〉이란 시를 찾아헤매었던 것이다. 한동안 내 손끝을 내 가슴을 애타게 했던 그 시, 이수익 시인의 〈애월〉을 여기에 소개한다.

　"제주에 가면 꼭 한번 가보라던 / 애월, 그 바닷가 마을은 / 결국 가보질 못했다. // 파란 바다빛이 눈부시게 아름답다던 / 네 말이 무슨 비망록처럼 자주 떠오르곤 했지만 / 제주가 초행인 아내를 위해서는 / 성산 일출봉과 민속촌, 정방폭포, 산굼부리 등속의 / 관광명소를 먼저 보아야 했으므로 / 결국 그곳은 가볼

수 없었다. // 하지만 그것은 오히려 잘된 일, / 애월은 이제 '다음에……' 하고 내 가슴 깊이 묻어둘 / 애틋한 그리움의 한 대상이 되었으므로 / 미지의, 선연한 푸른 바다를 그리워하는 마음으로 / 오랜 날들을 나는 즐겁게 시달리리라. // 애월, 가슴에 품고 싶은 / 작은 기생(妓生) 같은, / 그 이름 떠올릴 적마다."
2010. 6. 4

참 이상한 날의
저녁 날씨

경복궁역 2번 출구로 나와 궁리까지 가는 길은 여러 가지이다. 어느 골목을 조합하느냐에 따라 적어도 열댓 가지 길이 있다. 오늘 출근길은 우리은행-세종대왕 나신 곳-신한은행-옥인파출소로 이어지는 대로를 버렸다. 대신 토속촌삼계탕-시인 이상(李箱)의 옛집-참여연대-통인시장으로 가는 소로를 택하였다. 참여연대 주차장을 지나면서 이내 좁은 골목이 시작되었다. 이 골목길은 통인시장으로 가는 샛길이기도 하다.

이 길의 거의 끄트머리쯤에 통인시장 감자탕집이 있다. 이 집은 옥호대로 감자탕으로 명성이 자자한 곳이다. 시래기가 들어간 벌건 국물은 해장국으로도 좋아서 술꾼들한테 인기가 높다. 궁리 식구들도 점심시간에 종종 들른다. 이 식당과 맞붙어 세 채의 살림집이 나란히 있고 곧바로 통인시장이다. 그중 한 출입문 옆에 '대한민국베트남참전유공전우회 종로구지회'라는 나무팻말이 붙어 있다.

통인시장에서 나오는 종이나 박스를 수거하는 분을 만난 곳은 바로 그 팻말 앞에서였다. 오십대 후반의 정정한 아주머니였다. 아주머니는 허리를 구부려 시장 가게에 딸린 살림집의 평상 밑에서 박스를 몇 개 꺼내더니 그 집의 현관 손잡이에 끼인 전단지도 수거하였다. 그리곤 내 귀에도 들릴 정도로 이렇게 말하는 것이었다. "아이고, 가긴 갔구나. 이 종이가 그대로 문에 끼여 있는 걸 보니. 진짜 갔는 가베."

나는 그저 평상 밑에 있던 고양이가 어디로 사라진 것이겠거니 넘기려다가 걸음을 멈추고 돌아섰다. 좀 이상한 느낌이 들었던 것이다. "아니 누가 갔다는 것입니까." "아, 글쎄, 저 집 양반이 어제……경찰도 오고 난리가 났다아이요." 묻기는 했고 답도 듣긴 했지만 내가 더 이상 할 일은 달리 없었다. 이 작은 동네에 간밤 무슨 사단이 벌어진 모양인데 나는 당사자도 아니었고 주민도 이웃도 아니었다. 그저 지나치는 행인이요 어쩌다 물건 하나 팔아주는 뜨내기 손님에 불과했다.

더 묻기도 이상했고 돌아가신 이한테 문상을 갈 인연을 지은 것도 아니었다. 그저 나는 잠시 궁금증을 가졌던 자였고 이제는 더 물을 것도 없어 그냥 내 갈 길로 가야 했다. 천천히 내 길을 걷는데 괄괄한 아주머니도 통인시장 안으로 들어서서 주위 가게들 들으라는지 큰소리로 말했다. "아, 그 양반, 어머이가 어제 데리고 갔는가베." 나는 4백여 발짝 더 걸어서 궁리 사무실의 내 자리에 가서 앉았다. 그리고 일에 몰두했다.

　　오늘은 몹시 더웠다. 이렇게 갑자기 한여름 더위가 쳐들어올 줄이야, 하는 생각이 들 정도였다. 사무실에서는 에어컨을 가동했다. 오후 퇴근을 준비하는데 해가 남아 있는데도 사방이 순식간에 어두워졌다. 유리창을 닫고 일에 열중하였는데도 바깥 낌새를 알아챌 정도로 아주 깜깜해졌다. 먹구름이 인왕산 쪽으로 몰려가는 게 보였다. 난데없이 비도 후두둑 내렸다. 모든 게 갑자기인 것 같았다. 그러나 과연 갑자기였을까? 내가 인왕산 자락이 아니라 딴 동네에 있었더라면 오늘 저녁 날씨가 참 갑자기 이상하네, 하고 말았을 것이다. 그러나 오늘 퇴근 무렵에 벌어진 일들을 나는 내 식으로 해석하였고 그러자니 짚이는 바도 있었고 또 쉽게 이해도 되었다. 오늘 아침에 겪은 일과 연결시켜보는 나한테는 적어도 그랬던 것이었다. 2010. 6. 7

꽃들의 인사말

서울시 종로구 통인동 참여연대 근처. 어느 낡은 한옥 대문의 문패 옆에는 집주인의 간절한 호소문이 아크릴판에 적혀 있다. "구경만 하시고 제발 꽃은 꺾어가지 마세요. CCTV 녹화중." 이 순한 동네에 꽃 사냥꾼이 얼마나 발호하기에 저런 호소문을 발표했을까. 제 운명을 좌우할지도 모르는 그 문장을 아는지 모르는지 식물들은 뚱뚱한 화분에 담겨 옹기종기 모여 재미나게 살고 있다. 나팔꽃, 분꽃, 철쭉, 초롱꽃, 오이, 상추, 가지, 고추. 간이 주말농장이라도 되는 듯 야채도 신나게 자란다. 꽃들은 아무런 걱정이 없는 듯하다.

인왕산 땅거미를 목덜미에 잔뜩 느끼며 퇴근하는 길. 낯이 익은 아주머니가 조리개로 꽃밭에 물을 흠뻑 주고 있었다. 좋은 풍경이었다. 정말로 좋은 풍경이어서 시원합니다, 말을 건넸더니 아주머니가 나팔꽃처럼 웃으면서 고맙습니다, 대답했다. 꺾어지는 골목을 따라 나도 꺾어지는데 순진한 생각 하나가 초롱처럼 떠올랐다. 혹 방금 건넨 그 감탄스러운 말은 목말랐던 꽃들이 나더러 대신 전해 달라는 인사말이 아니었을까. 2010. 6. 9

수박

망치와 바늘과 칼과 숟가락이 필요하다. 요즘처럼 냉장고가 없던 시절이었다. 얼음집에 가서 톱으로 쓴 두부 네 모 크기의 얼음덩어리를 사온다. 아주 큰 양재기에 얼음덩어리를 넣고 바늘을 대고 망치로 깬다. 망치로 너무 세게 때리면 바늘이 부러지거나 휠 수 있으니 조심해야 한다. 신중하지 못해 그것을 빠트리면 양재기 속이라도 바늘 찾기는 쉬운 일이 아니다. 오각형의 물분자 구조로 꽉 짜인 얼음은 마지막 자존심을 내세우며 삐쭉빼쭉 깨진다. 사람들이 한 입에 쏙 먹기 좋게 알맞은 크기로는 못 해주겠다는 것이다. 얼음의 심술에 걸려들어 잘못하면 입술을 벨 수도 있으니 조심조심 해야 한다.

이젠 수박을 칼로 반으로 또갠다. 적나라하게 쩍 벌어지는 수박. 새색시처럼 수박씨가 얌전히 박혀 있다. 수박의 살은 깍두기처럼 썰어서는 안 된다. 수제비 뜨듯 닳은 숟가락으로 파내서 얼음이 담긴 양재기에 넣는다. 냉정한 얼음은 금세 붉게 물든다. 얼음과 수박이 부딪히면서 양재기는 진짜 수제비처럼 벌겋게 펄펄 끓는 것 같다. 수박에서 물이 나오긴 하지만 그것으로는 부족하다. 찬물을 더 넣어야 한다. 그리고 설탕을 넣는다. 얼음물에서 설탕은 잘 분해되지 않는다. 그렇다고 더운물을 부을 수는 없는 노릇이니 그냥 휘휘 저어주어야 한다. 수박 수제비의 건더기가 부서지지 않게 조심 또 조심조심.

드디어 애초의 수박보다도 1.5배가 넘는 양의 수박화채가 완성되었다. 사람 수대로 유리그릇을 준비하지만 그릇 하나는 국물맛도 못 본 채 그냥 빈 그릇으로 부엌행이다. 나누다 보면 어머니는 양재기에서 그냥 한 모금 후르륵 마시고 말아야 하기 때문이다. 텅 빈 양재기 바닥에 하늘의 별자리처럼 박히는 수박씨. 나는 구석으로 가서 녹고 있는 얼음도 건드리며 수박씨도 세어보며 한 숟가락씩 떠서 아껴 먹는다.

수박은 아프리카에서 태어나 전 세계로 퍼졌다고 한다. 기록에 따르면 우리나라는 고려 말부터 개성에 수박을 재배하여 즐겼다고 한다. 신사임당도 겸재 정선도 수박을 그림으로 남겼다. 겸재의 〈서과투서(西瓜偸鼠)〉는 비단에 그린 그림으로 발갛게 잘 익은 수박을 쥐들이 정신없이 파먹는 것을 묘사했다. 옛날에도 맛있는 건 쥐들이 먼저 알아본 모양이다.

　나는 수박이 억수로 좋다. 결혼해서 솥단지 걸고 내 살림 시작한 어느 무덥던 여름날, 어머니가 집에 오셨다. 선풍기 틀어놓고 벌건 수박을 두터운 삼각형으로 토막 내서 허겁지겁 먹고 있는 나를 보더니 출생의 비결을 털어놓으시는 게 아닌가. "그때 덥기는 또 을마나 더웠노. 예정일이 지나도 영 나올라카지를 않더이 저녁에 수박 먹었더니 다음날 새벽에 쑥 나왔다 아이가." 그 뒤부터 나는 수박과는 특별한 친밀감을 느끼는 것은 물론 태생적으로 연결되어 있다는 강한 유대감을 갖게 되었다. 아내가 리어카에서 흥정을 하는 동안 나는 수박에 달린 채 말라 비틀어져가는 꼭지를 만져본다. 탯줄 같다. 슬그머니 나의 배꼽도 한번 만져본다. 수박의 꽃말은 '큰 마음'이라는데 내 마음의 '큰 것'은 다 어디로 갔을까? 2010. 6. 11

수박 파먹는 쥐.

하늘의 한구석을
바라보는 각도

지금으로부터 딱 10년 전인 2000년 6월 13일 오전. 나는 텔레비전을 보고 있었다. 푸른 하늘이 보이더니 공항 활주로에서 기자가 소식을 전했다. "국민 여러분 안녕하십니까. 여기는 평양입니다." 이윽고 비행기가 서서히 정지하고 문이 열리자 김대중 대통령이 모습을 나타냈다. 그때 인상적인 장면이 하나 있다. 김 대통령은 곧바로 트랩을 내려오지 않았다. 트랩에 선 채 한동안 평양의 하늘 한 곳을 이윽히 바라보았다. 그러고 난 뒤에 천천히 내려와 기다리고 있던 김정일 위원장과 악수하고 포옹했다.

  2007년 9월 30일. 정오를 조금 넘긴 시각. 이른 점심을 다 잡수신 나의 아버지는 홀연히 이승을 떠나셨다. 향년 81세. 40대 중반에 큰 교통사고를 당하고 생의 절반을 부자유 속에서 사셨다. 생전의 아버지에게는 특이한 버릇이 하나 있었다. 그것은 자식과 손자들을 몸집으로 나누어 좀 튼튼하면 국방부장관, 조금 약하면 문교부장관으로 호칭한 것이었다. 나는 고등학교 때부터 몸피가 좀 나갔으니 아버지의 나라에서 초대 국방부장관이었다. 이렇게 장관 임면을 혼자 하셨으니 나의 아버지도 대통령은 대통령인 셈이었다.

  돌아가시고 한참이 지난 후 아버지의 유품을 정리하다가 사진들을 보면서 한 가지 안 사실이 있다. 집에서 혼자 찍은 사진이든 고향분들과 여행 갔다가 단체로 찍은 사진이든, 아버지는 항상 머리를 약간 들고 고개를 조금 왼편으로 돌린 채 하늘의 어느 한구석을 바라보고 있었다. 사진 속 아버지의 시선은 카메라를 바로 보지 않고 항상 열한 시 방향을 쳐다보는 일정한 각도를 유지하는 것이었다. 아버지는 지상이 아니라 하늘의 한구석에 마음의 거처를 마련해놓고 그곳을 드나든 것이었을까. 갑작스럽게 들이닥친 생의 불우를 저렇게라도 비껴가려고 한 것이었을까. 몸의 부자유에서 오는 고통을 저런 각도로 외면하려고 한 모양이셨구나. 나는 뒤늦게 아버지의 포즈를 그렇게 이해했다.

  2009년 8월 18일. 오후 1시 43분. 김대중 대통령. 그분이 세상을 떠나셨다.

영결식날, 황지우 시인이 〈지나가는 자들이여, 잠시 멈추시라〉라는 제목의 추모시를 발표하였다. 황 시인도 김 대통령이 6·15 남북정상회담을 위해 방북했을 때 이북 하늘을 쳐다보던 그 장면이 오래 기억에 남았는가 보다. 추도시에 이런 구절을 넣었다. "순안공항에 내렸을 때 트랩 위에 잠시 서서 동원된 환호성 대신 멀리 북녘 산하를 망연히 바라보시던 당신 모습을 정말 잊을 수 없어요."

 2010년 6월 4일 저녁. 서울중요무형문화재전수회관 풍류극장에서 〈동해안별신굿〉을 보았다. 중요무형문화재이기도 한 이 굿은 동해안 지역에서 마을의 풍요와 풍어를 기원하는 마을굿으로 강신무가 아니라 집안대대로 굿을 해온 세습무당이 하는 것이었다. 이번 공연팀은 부산에서 활동하는 분들로 모두들 한 집안 식구들이었다. 굿이 시작되었다. 남자 여덟 분이 징, 장구, 북, 아쟁, 해금, 꽹과리, 대금, 태평소를 연주하는 가운데 여자 일곱 분이 흰옷을 입고 나왔다. 무녀(巫女)들은 모두 아주 길고 흰 총채를 들고서 이리저리 공중을 털었다. 굿청을 깨끗이 청소하는 동작이라고 했다. 내 눈엔 그게 공중에 있는 어떤 처소의 먼지를 털어내는 것처럼 보였다. 나는 그 동작을 보면서 김대중 대통령이 눈에 담은 하늘의 한 구석과 종이 대통령인 내 아버지가 드나들었던 하늘의 한 거처를 떠올렸다. 굿이 진행되는 내내 그리 했다.

 2010년 6월 13일 일요일. 오후 늦게 인왕산에 올랐다. 오늘은 어쩐지 오르지 않으면 안 될 것 같았다. 어제 비가 왔던 터라 하늘은 몹시 맑았다. 황 시인의 추도시에는 이런 구절도 있다. "그분이 가셨고, 그분이 가셨다고 / 어디선가 문자 메시지들이 연달아 들어오고, / 광화문광장, 꽉 막힌 차량들 사이로 / 잠시 짜증을 멈추고 / 사람들은 인왕산으로 몰려가는 먹구름을 보았다." 오늘은 날이 날이니만큼 남산을 찍은 뒤 북녘 하늘을 오래 바라보았다. 북한산 저 너머 먹구름이 좀 있는가 했지만 그게 뭐 대수랴. 구름 위에서 내려쬐는 햇볕에 비하면 한줌에 불과한 것을! 고개를 아버지의 각도만큼 왼편으로 돌리자 서해로 접어드는 한강의 하구가 저물면서 더욱 빛나고 있었다. 2010. 6. 13

인왕산 꼭대기의
고운 빨래들

지독히 근시인 사람이 있었다. 툭 튀어나온 못을 손바닥으로 힘껏 내리쳤다. 손이 따끔하자 이렇게 말했단다. 제기랄, 파리인 줄 알았더니 벌이로군. 시력만 나쁜 게 아니라 안목도 형편없는 사람이었던 셈이다. 요즘 새로 안경 끼기 시작한 사람들 중에서도 이런 이들 많다. 1989년 《중앙일보》 신춘문예 당선작은 이상희 시인의 〈봉함엽서〉라는 작품이다. 첫 구절은 깊은 울림이 있는 시구이다. "세상에 나와 이로운 못 하나 박은 것 없다. // 못 하나만 잘 박아도 집이 반듯하게 일어나고 / 하다못해 외투를 걸어두는 단정한 자리가 되는 것을."

   인왕산 정상은 바위이다. 그러나 있다. 그 바위를 뚫고 자라는 나무들이 있다. 나무 아래로 바람이 잘록하게 지나가고 그늘이 나무의 모양대로 햇빛을 잘라먹는다. 이런 곳에 오면 사람들은 앉아도 꼭 나무 아래부터 먼저 앉기 시작한다.

어쩐지 외로우니까 나무한테 기대고 싶은 것일 게다. 못이 단단한 시멘트 벽을 뚫듯이 인왕산 바위를 뚫고 악착같이 자라는 나무를 보면 하늘이 꽝꽝 박아놓은 못 같다. 다정한 부부가 나무 밑에 앉아 있는 것을 보고 나무는 사람들이 기대는 것이기도 하지만 마음을 걸어두는 곳이란 생각을 했다. 사람들이 나무에 축축한 마음을 널어두면 이내 햇빛이 달려들어 뽀송뽀송하게 말려준다. 이때 그 나무는 사람들의 마음을 받아 단정히 걸어두는 아주 이로운 못인 것이다.

벼락은 못처럼 뽀족한 것을 좋아하느니 하늘이 무서운 사람은 그 못, 아니 그 나무를 가까이 하지 않으려 들 것이다. 그러니 지금 인왕산 정상의 나무 밑에서 쉬고 있는 이들은 다 어진 사람들! 바람이 시원하고 풍풍하게 불어 저 어진 빨래들을 곱게 말리고 있다. 2010. 6. 16

더덕
소주

주말이면 어김없이 산행을 가는 큰형님이 강원도 횡성이라며 전화를 주셨다. "동생, 산나물을 무지 많이 뜯어가는 길이다. 아이들도 데리고 저녁에 오너라." 우리 식구는 총출동했다. 곰발바닥을 닮았다는 곰취, 미나리 같은 참나물, 심장 모양 같은 취나물 등등. 그날 형님 댁에서 우리는 산나물 두 소쿠리를 갖다놓고 삼겹살과 함께 포식을 했다. 어머니는 옛날 덕유산 자락에서 산나물 뜯던 시절의 이야기를 풀어놓으시기도 했다. 소주병이 반으로 줄어들 무렵 형님이 배낭에서 무언가를 한 움큼 꺼내놓았다. 더덕 몇 뿌리였다. 당장 껍질을 까고 손으로 찢어서 소주병에 넣고 흔들었다. 강원도산 더덕이 참이슬 분자와 섞이면서 황홀한 맛을 내었다. 그렇군, 이렇게 맛을 내어도 되겠네. 역시 강원도의 힘이 대단해!

여름이 본격 시작되면서 효자로에 새로운 풍경이 하나 등장하였다. 더덕 까서 파는 할머니 가게에 파라솔이 등장한 것이다. 여전히 할머니의 가게는 간판도 없고 의자도 하나 없다. 형님 댁에서 급하게 제조하여 마셨던 더덕 소주가 생각나서 입맛을 다시며 할머니 가게로 갔다. 여전히 할머니는 더덕 까는 일에 열중하고 있었다. "할머니, 더덕 한 봉다리!" "아이고 어째. 오늘 물건이 늦게 와서 시간이 좀 걸리는데……" 나는 할머니 가게 앞에 쪼그리고 앉았다. 할머니 가게는 지나가는 사람들한테 더덕 냄새를 무료로 나눠주고 있었다. 이 지독한 매연 속에서 할머니의 건강을 지켜주는 것은 바로 이 더덕 냄새가 아닐까 하는 생각이 들 만큼 강원도의 냄새는 풍부했다.

"할머니, 이 더덕은 어떻게 가져오세요?" "응, 청량리 경동시장에서 택배로……" "잘 되세요?" "지난번엔 제주도 것이었는데 이건 강원도 거여." "……" "강원도 것은 확실히 잔가지가 많아…… 구찮지만 그렇다고 버릴 수도 없잖여. 깔려면 심이 너무 들어." "할머니 어디 사세요?" "…… 불광동" "……" "내가 이 동네에서 리어카로 건어물을 30년간 팔고 다녔어. 단골들이 많어. 함부로 아무

물건이나 팔면 안 돼." "대단하십니다, 할머니." "잔가지 없는 실팍한 놈으루 골라봐, 얼른 까주께." 나는 할머니의 장사 밑천, 그러니까 더덕 재료가 들어 있는 큰 비닐봉지를 열어보았다. 강원도산 흙 냄새와 더덕 냄새가 더욱 진동했다. "누구하고 사세요?" "응, 아들이 두 갠데, 큰 거 하고 살어." "일하는 거 힘들지 않으세요?" "내가 돈 벌라꼬 하는 게 아녀. 재미루 하는 거여." "그래도 번 돈 어떻게 하세요?" "그냥 쌓아둬." "이렇게 쉬지를 못하니 쓸 시간도 없겠네요." "응, 놀면 뭐해. 내 손자두 대학 가구 군대 갔다 오구 취직했어." "가게를 하나 얻으시지……" "필요없어. 이대로가 좋어." 할머니가 저울로 무게를 달았다. "기다리게 해서 증말 미안혀." 할머니는 몇 개 더 얹어주시는 것도 잊지 않으셨다. "할머니, 이대로 오래오래 하셔요." "응, 고마워. 또 와."

나는 배낭에 더덕을 넣고 일어났다. 일금 5천 원이 호주머니에서 빠져나가는 대신 이제부터 내 몸에서는 더덕 냄새가 풍겨날 것이다. 앞으로 당분간 동무들과의 술자리에서 막걸리를 잠시 물리고 더덕 소주로 판을 차려야겠다. 그래, 당분간은 더덕 소주다. 한편 할머니의 더덕 가게를 떠나면서 이 이야기는 꼭 해야겠다. 더덕 껍질로 수북한 할머니의 더덕 가게를 더욱 돋보이게 하는 것이 새로 생겼다. 그것은 모자다. 할머니는 여름을 맞아 겨우내 쓰던 테니스 모자를 벗고 새 모자를 장만하셨다. 짙은 보라색 줄무늬에 꽃레이스가 눈에 확 들어온다. 영화 〈시〉에서 배우 윤정희, 그러니까 미자 할머니가 쓴 것만큼이나 예쁜 모자였다.

2010. 6. 18

발등바위의
웅덩이

옥인아파트 입구에서 오른편으로 꺾어들어 불국사 지나 인왕산 초입으로 오르면 나무계단이 끝나는 지점에 왼편으로 제법 큰 바위가 있다. 내가 오후 4시경 남산을 중심으로 서울의 모습을 카메라에 담는 지점이 바로 그곳이다. 이 바위에도 이름이 있을까. 인터넷에는 인왕산에 대한 많은 이야기가 있으나 이 바위를 언급하는 자료는 없었다. 며칠 전 올라갔더니 바위에 도사풍의 한 사내가 앉아 있었다. 사진을 찍고 잠시 쉬는데 말을 걸어왔다.

"이 바위가 무슨 바윈 줄 아시겠소." "그러지 않아도 궁금하던 차였습니다." "이 바위가 선바위지요." 바위는 편평하지는 않고 그 아래쪽 끝은 울퉁불퉁하다. 해안선처럼 들쭉날쭉한 그곳을 가리키더니 "흡사 무슨 공룡의 발가락 같지 않나요?" 사내가 말했다. 듣고 보니 그럴 듯했다. 사내와 인사하고 얼른 내려왔다. 가만 있다가는 사내가 자꾸 말을 걸어올 것 같았다.

서둘러 사내와 작별한 것은 그 바위가 선바위가 아니란 것을 나는 분명히 알고 때문이었다. 선바위는 인왕산의 서쪽 능선 그러니까, 독립문 쪽에 자리잡고 있다. 더구나 인왕산 선바위는 기도처로도 아주 유명한 곳이다. 어떤 이의 말에 따르면 팔공산 갓바위와 더불어 전국에서 영험 있기로 선두를 다툴 정도라고 한다. 사직공원에서 주능선을 따라 인왕산을 오를 때 굿을 하는 소리가 나는 곳, 그곳이 선바위인 것이다. 사내의 말 중에서 믿을 만한 것은 내 눈으로도 확인한 공룡의 발가락 모양이었다. 내려오면서 나는 그 바위를 발등바위라고 명명했다.

오늘 발등바위에 가서 찬찬히 관찰하였다. 바위 가운데쯤에 패여 있는 작은 웅덩이가 새삼 눈에 들어왔다. 새끼 공룡의 발자국일까. 직접 재보았더니 내 휴대전화 네 개만큼의 넓이이고, 내 밥그릇 정도의 깊이였다. 웅덩이에는 물이 반쯤 고여 있었다. 이 물은 바위를 뚫고 지하에서 온 것이 아니다. 이 물은 구름을 뚫고 하늘로부터 유래한 물이다. 솔잎이 몇 개 썩어가는 것으로 보아 송화가루도 녹아 있을 것이었다. 누가 버렸는지 담배꽁초도 하나 있고 어느 새가 떨어뜨

렸는지 흰 새틸도 반이 물에 잠겨 있었다.

　불경 번역과 한국 선시에 정통했던 월하 김달진(1907~1989) 옹의 시, 〈샘물〉이 생각났다. "숲속의 샘물을 들여다본다 / 물속에 하늘이 있고 흰구름이 떠가고 바람이 지나가고 / 조그마한 샘물은 바다같이 넓어진다 / 나는 조그마한 샘물을 들여다보며 / 동그란 지구의 섬 위에 앉았다." 꽁초를 건져내려고 고개를 숙이니 거무튀튀한 물에 내 얼굴이 검게 얼비쳤다. 나머지는 다 같은 혈연이니 함께 썩어가라고 둔 채 발등바위에서 폴짝 뛰어내렸다. 나는 동그란 지구의 다른 지점, 궁리로 내려가야 하는 것이다. 2010. 6. 21

피리부는
착각 사나이

소형 녹음기에 국악 몇 곡을 녹음하여 듣고 다닌다. 한갑득류 거문고의 진양, 중모리, 엇모리, 중중모리, 자진모리. 그리고 단소로 연주한 청성자진한잎. 이어폰을 꽂고 다니는데 소리가 이어졌다 끊어졌다 했다. 접속이 불량인 것 같더니 어느 날부터는 아예 소리가 안 나왔다. 아이들 이어폰으로 바꿔도 소용이 없었다. 문제는 이어폰이 아니라 녹음기인 것 같았다. 하는 수 없이 이어폰을 꽂지 않고 그냥 윗호주머니에 넣어서 듣고 다녔다. 귀에 꽂는 게 청력에도 크게 손상을 준다고도 하잖는가. 내가 못 들을 노래를 듣는 것도 아니잖는가. 남들이 좀 들으면 그게 또 어떠랴. 내 편한 쪽으로만 생각을 몰아갔다.

그렇게 결정을 하고 출퇴근길에 공개적으로 소리를 듣고 다녔다. 하지만 내 소리를 남들도 들을까 하는 걱정은 한갓 기우에 불과하다는 것을 알게 되었다. 우선 소리에 관심을 가질 만한 사람들의 절반은 귀에 이어폰을 꽂고 있다는 사실이었다. 또한 그 나머지의 절반은 휴대전화로 통화중이었다. 그러니 나의 거문고 소리가 끼어들 틈이 없었다. 또 하나 관찰해보면 쉽게 알 수 있다. 걷는 동안 내가 접촉하는 사람들은 크게 세 부류이다. 즉 나와 같은 방향으로 걷는 사람, 나와 반대 방향으로 어긋나는 사람들. 그리고 또 한 부류는 정거장에서 기다리는 사람들. 그이들도 각자 바쁜 사람들이라 나를 주목하는 이도 없었고 나한테 나오는 소리를 귀담아 듣는 이도 사실상 없었다. 스쳐가는 사람들 중에서 내 소리에 뒤돌아보는 이는 아무도 없었다. 내 뒤를 따르는 사람은 보행 속도로 거리를 얼마든지 조절할 수 있었다. 외려 어느 땐 아무도 내 소리를 들어주지 않네, 하는 서운한 마음까지 들 정도였다.

또한 생각해보라. 도시의 소음이 좀 많은가. 아마 그들이 실제 길거리에서 거문고 소리를 들었더라도 그게 나한테서 나온다는 사실을 알아차리려면 나하고 상당한 시간을 함께 해야 겨우 눈치챌 수 있을 것이었다. 도시의 우리는 같은 곳에 있다지만 사실 너무나 다른 각자의 환경에 있는 셈이었다.

이런 일도 있었다. 사직분식에 청국장 먹으러 갔을 때였다. 오후 1시 반을 지날 무렵이라 빈 자리가 많이 있었다. 그곳에서 녹음기의 소리를 조금 낮추기만 하고 그대로 두었다. 내가 내는 소리에 신경이 쓰이면서 주위 소리에 굉장히 민감해졌다. 마음을 조용히 시키고 있자니 부엌에서 반찬 담는 소리, 밥 푸는 소리, 설거지 하는 소리 등등이 차례로 생생하게 들려왔다. 이웃 테이블에서는 이런 말들도 내 귀로 건너왔다. "검사가 룸싸롱에…… 짜식들 말이야……" "스폰서 없는 놈 어디……" "그래도 신문에 났다고 다 믿을 수 있겠나……"

이윽고 밥 한 공기, 청국장 한 그릇 그리고 여덟 가지 반찬이 내 자리에 차려졌다. 나는 묵묵히 청국장의 향기와 거문고 소리를 동시에 만끽하면서 점심을 먹었다. 다행히 아무도 내 몸에서 나는 거문고 소리에 이의를 제기하지 않았다. 물론 다른 사람들의 목소리에 토를 다는 이도 없었다. 아무튼 그날 나는 녹음기를 틀어놓은 상태로 식사를 마쳤다. 쩝쩝거리는 소리, 달그락거리는 소리, 쫄쫄쫄 물 내리는 소리, 신발 신는 소리, 지갑 여는 소리들 사이에서 나의 거문고 소리도 한 공간을 의젓하게 차지하였던 셈이었다. 밥그릇에 물을 붓고 즉석숭늉을 만들어 마시면서 이런 생각까지도 해보았다. 혹 오늘 나하고 점심 먹었던 이들이 그 유명한 사직동의 청국장을 떠올릴 때 어디선가 들려왔던 거문고 소리도 떠올리지 않을까?

사직분식을 나와 황학정을 향해 걸어가는데 가야금 명인인 황병기 선생의 글에서 읽은, 음악은 조용한 곳을 좋아한다, 라는 구절이 떠올랐다. 그 말씀처럼 인왕산에 들어서면 내 녹음기의 노래도 아연 활기를 띤다. 나는 개의 목걸이를 풀어주듯 녹음기의 목을 최대치로 올린다. 산속에서는 거문고 소리보다는 고음의 단소가 더 어울린다. 청아한 청성자진한잎이 울려나오면 모퉁이를 돌아드는 어느 등산객은 나를 피리부는 사나이로 착각할 수도 있겠다. 인왕산이 비록 깊은 산중은 아니래도 도인이 살기에 제법 어울리는 곳이다. 이러다 나마저 그냥 피리부는 착각 사나이가 되고도 싶다. 그래라도 되었으면 참 좋겠다. 2010. 6. 23

손가락의
끝

직접 들어가본 적은 없지만 사진으로 보는 비행기 조종석은 작동하는 기계가 어마어마했다. 하기사 저 욕망덩어리인 승객들과 그들의 짐을 감당하면서, 그 자체 무게만도 어마어마할 비행기가 이착륙을 무리없이 수행하려면 그 정도는 되어야 할 것으로 짐작이 갔다. 파일럿은 어떻게 저 기계들을 다 다룰까. 그는 고된 훈련을 받고 노련한 경험으로 조종석을 장악했지만 결국 비행기 운전은 그의 손가락 끝에서 다 이루어지는 일일 터이다.

내 친구인 자연대학에 소속된 교수는 큰 실험실을 운영하고 있다. 많은 실험 도구와 기기는 물론 배우는 제자들로 늘 북적인다. 그는 어떻게 저 기구와 학생들을 무리 없이 다 다룰까. 이 또한 몇 해에 걸친 반복된 실험과 응용의 결과일 터, 결국의 내 친구의 손가락 끝에서 결정되는 일이다.

우리가 태어나고 먹고 자고, 반지를 만들어 끼고, 아이를 낳고, 부모님을 떠나 보내고, 뜻밖의 사고를 겪어내는 일. 이 또한 복잡한 기계를 손으로 다루듯 다 온몸으로 치루어내야 하는 일일 터이다. 결국 단순화하면 내 손가락 끝으로 집약시킬 수 있는 일이기도 할 것이다. 결정은 머리가 하되 집행은 손이 하는 것이다.

인왕산에 오르다 개미 한 마리를 만났다. 내가 보기에 개미는 아주 단순한 동작으로 전진하고 있었다. 먹잇감이라도 찾으러 가는 중일까. 저 잘록한 허리의 개미가 나의 이 띵띵하고 복잡한 심사를 알 수 있으랴. 싶었지만 그건 나의 생각일 뿐이었다. 모르기는 피차 서로 마찬가지 아닌가.

그러한 생각이 아주 첩첩이 쌓인 결과일까. 어느 날부터 내 열 손가락의 끝이 아주 근질근질해지는 증상이 생겼다. 손톱 밑이 벌에라도 쏘인듯 화끈거렸다. 개미가 스멀스멀 기어가는 것도 같기도 했다. 이 도시의 어떤 유능한 의사도 잘 알지 못할 테지만 이 증상의 치료법은 간단하다. 사실 나는 안다. 내 마음의 최종 집행기관인 손가락 열 마디 끝을 한방에 말끔히 낫게 하는 방법을. 근데 그

뻔한 치료를 실시하지 못하는 나의 요즘 고민이 실로 비행기만큼이나 육중하고 실험실만큼이나 복잡하다. 2010. 6. 25

그 기쁜 소식들은
다 어디로 갔을까?

인왕산 아래 동네는 행정구역상으로 좀 특이하다. 좀 과장해서 말한다면 서너 집을 묶어서 동(洞) 하나이다. 고층빌딩은 없고 낮은 한옥과 조금 높은 연립주택이 사이좋게 어우러져 있는 동을 꼽아보면 다음과 같다. 효자동, 옥인동, 통인동, 통의동, 창성동, 체부동, 청운동, 사직동, 누상동, 누하동, 필운동, 신교동.

강남이라면 그냥 이 열두 동을 하나로 뭉뚱그리고 말았을 것이다. 그러나 이곳은 인왕의 가호 아래 이렇게 풍성한 이름을 갖고 있는 것이다. 멋없이 아라비아 숫자 그냥 갖다붙이는 것보다 얼마나 문화적인가.

통인시장에 들러 점심으로 쑥떡을 사고 좁은 골목으로 들어서니 빨간 오토바이 한 대가 서 있었다. 주인은 어디 가고 없었다. 6월의 따가운 햇살이 오토바이를 더욱 빨갛게 색칠하고 있었다. 가까이서 보니 우편 배달하는 오토바이였다. 핸들 앞에 달린 작은 칸과 뒷짐칸에는 끈으로 묶은 배달물들이 빼곡하게 들어차 있었다. 아마 효율성을 위해서 동네별로, 골목별로 묶어놓은 것 같았다. 그리고 우편물 사이로 플라스틱 물병이 하나 누워 있었다. 이 작은 오토바이에 냉장장치가 따로 없을 터이니 물은 눈으로 보기에도 뜨뜻미지근해 보였다. 얼핏 보기에 주인을 찾아가는 우편물은 주로 청구서나 고지서였다. 그리고 홍보물, 잡지 등이 대부분인 것 같았다. 그러니 배달하는 분도 그리 신이 나지 않고 수신인도 얼굴 찡그릴 것이 분명해 보였다.

우체국 로고는 제비를 형상화한 것이다. 제비가 흥부한테 물어다주듯 그 기쁜 소식들은 다 어디로 갔을까? 이 골목에서는 배달해야 할 곳이 많았나 보다. 처마 밑에 한 묶음이 놓여 있고 배달부는 어느 새끼골목으로 뛰어든 것 같았다. 배달부는 우리 사무실에도 자주 오는 분이라 생각난 김에 기다렸다가 "요즘도 육필로 주소를 쓴 편지를 보내기도 하나요?" 물어보고 싶었다. 그러나 더위에 지친 그이를 생각하니 도리가 아니다 싶어 얼른 자리를 떴다. 조금 있다 궁리에도 들르겠지?

내 짐작이 맞았다. 쑥떡을 하나 입에 넣으려는데 배달부가 궁리에 들어선 것이다. "시장할 텐데 떡 하나 드소." 했더니 한사코 사양했다. 그이는 등기장부에 사인을 받고는 "괜찮다면 시원한 물이나 한 잔 주세요." 했다. 냉장고에서 꺼낸 찬물 한 컵을 시원하게 들이키고 그이는 서둘러 다음 동네 다음 골목을 찾아 사무실을 나갔다. 나는 미뤄둔 질문을 할까 하다가 관두었다. 땡볕에서 그이를 기다리고 있는 배달물들을 생각하니 그럴 수가 없었던 것이다. 2010. 6. 28

고정관념

쪼글쪼글한 풍선을 물에 담궜다가 꺼내면 주름이 펴진다. 그 풍선을 뉘어놓고 정성껏 편 뒤 반으로 나눠 색칠을 한다. 아래는 파랗게 위는 빨갛게. 파란 것은 선이고 빨간 것은 악? 빨간색은 네 편이고 파란색은 우리 편? 이제 풍선에 바람을 넣는다. 단호한 결심을 담은 입김을 힘껏 불어넣는다. 부풀어올라 둥글게 팽팽해진 풍선. 조금 옅어진 파랑과 빨강이 정확히 반반으로 대치하고 있다. 이제 주둥이를 묶을 차례. 의지를 총동원하여 풍선 속의 바람과 결심이 새나가지 않도록 매듭을 조인다. 풍선은 뚱뚱한 오리처럼 하늘로 박차오를 준비를 한다. 그는 마지막 순간까지 파랑색을 아래로, 빨강색을 위로! 향하게 하여 풍선을 받든다. 과연 이 풍선이 그들의 손아귀를 벗어난 바람 부는 공중에서도 그들의 바람대로 파랑과 빨강의 위 아래를 그대로 유지한 채 떠오를 수 있을까. 2010. 6. 30

여름
※
7월

수박 같은 세상

올해도 벌써 오늘로서 절반이 지났구나, 하는 표현은 상투적이다. 나는 늘 반과 반의 중간에 서 있기 때문이다. 나로 인해서 모든 것은 반으로 쪼개진다고도 할 수 있다. 나와 너. 안과 밖. 앞과 뒤. 그것들은 다 나로부터 비롯된 것이다. 나 아니라면 뫼비우스의 띠처럼 서로 아름답게 연결될 것이다. 문제는 나였던 셈이다. 뭣도 모르고 서 있는 나 때문에 세상은 늘 반쪽이 날 수밖에 없다. 아무것도 모르고 나아가는 나 때문에 세계는 좌우로 나뉜다. 나의 작은 위치 때문에 세상은 위아래도 갈린다. 다 나로 인해 말미암은 것이다. 그러니 "띵띵 부은 수박의 배를 가르는, 검은 등에 흰 배의 고등어 같은 부엌칼"처럼, 겉은 시퍼렇고, 속은 벌건, 수박같은, 이 둥그런 세상을, 반으로 쩍, 쪼개는 놈이라 할 수 있겠다, 나는. 2010. 7. 2

⁂ 이성복의 시, 〈수박〉에서 인용.

삼계탕집 옆 수제비집

삼계탕으로 유명한 '토속촌' 입구로 들기 직전 오른편으로 좁은 골목이 하나 있다. 다 인왕산 아랫자락이다. 토속촌은 이미 국제적으로도 유명해서 중국인, 일본인 관광객들이 많이 몰린다. 어느 땐 관광버스가 도로를 점령해서 교통 체증을 일으킬 정도이다. 그 좁은 골목의 첫 번째 가게는 '송암골뱅이' 집이다. 이들 관광객을 상대로 커피나 주스도 판다. 유리창에 한문과 가타카나로 입안에 남은 걸쭉한 삼계탕 국물을 가실 품목들을 요란스레 광고하고 있다. 두 번째 가게는 '체부동 수제비' 집이다.

수제비집은 사랑방처럼 좁아서 손님들이 몰리는 점심시간에는 어깨를 나란히 맞대어야 할 정도로 불편하다. 그렇다고 토속촌처럼 20여 분이나 줄을 서는 법은 없다. 시누이와 올케 사이 같은 두 분이서 운영한다.(두 분의 관계를 물었더니 빙글빙글 웃으며 알아맞춰 보라고 하더니 끝내 입을 다물었다.) 메뉴는 보리밥과 감자수제비, 해물수제비 그리고 동동주와 해물파전이 전부다. 기업형 음식점인 토속촌 손님들이 영계 한 마리씩을 뜯고 난 뒤 이를 쑤시며 나올 때 수제비집을 나서는 이들은 그저 멸치 국물의 담백한 입맛을 다실 뿐이다. 이 가게에서 맛볼 수 있는 고기란 국물로만 맛보는 멸치와 해물파전에 들어간 오징어 토막이 전부이기 때문이다.

체부동 수제비집은 제비집처럼 소박하다. 한지로 벽지를 발랐고 선풍기가 두 대 돌아간다. 벽 한귀퉁이에 액자 하나가 걸려 있었다. 우체부가 반가운 편지를 전해주듯이 살아가면서 여기저기에서 한두 번 마주친 경구이다. "내가 헛되이 보낸 오늘은 어제 죽은 이들이 그토록 바라던 내일이다."

며칠 전 동무들과 도교의 양생 수련을 겸한 여행을 떠났다. 임시정부가 있었던 중국의 중경 근처 진운산 자락이었다. 여행 중에는 계속 함께 움직이는 것 같지만 실은 혼자 경영해야 하는 시간도 의외로 많다. 그럴 때마다 두리번거리기가 싫어 책을 몇 권 챙겼다. 점심을 먹고 잠깐 휴식시간에 수련관의 침대를 뒹굴면서 『장자』를 읽다가 다음 구절을 만났다. "삶을 즐거워하는 것이 미혹 아닐까? 죽음을 싫어하는 것은 어려서 집을 잃고 돌아갈 줄을 모름과 같은 것 아닐까? 미녀 여희(麗姬)는 애(艾)라는 변경지기 딸이었네. 진(晉)나라로 데려올 때 여희는 너무 울어서 눈물에 옷깃이 흠뻑 젖었지. 그러나 왕의 처소에 이르러 왕과 아름다운 잠자리를 같이하고 맛있는 고기를 먹게 되자 울던 일을 후회하였다네. 죽은 사람들도 전에 자기들이 삶에 집착한 것을 후회하지 않을까."⊗

마지막 문장을 읽는데 돌연 체부동 수제비집의 벽에 걸린 액자가 생각났다. 어느 것 하나 그 자체로 완벽한 것은 없을 것이다. 오늘의 삶에 대한 집착과 내일의 죽음에 대한 호방함이 짝이 되어 비로소 큰 한 문장으로 완성되는 것 같았다. 오후 시간 내내 강의 내용이 귀에 쏙쏙 더 잘 들어왔다. 2010. 7. 5

⊗ 『장자』(오강남 풀이, 현암사) 인용.

인왕의 피서법

이 자글자글한 불볕 더위를 인왕은 어떻게 다스리고 있을까? 지난 겨울에 내린 눈이나 며칠 전에 쏟아진 비를 골짜기에 저장이라도 하였을까? 도시인들이 에어컨이나 선풍기를 돌리고 얼음을 깨물며 더위를 쫓는 것처럼 인왕도 그런 이기적인 물건에 의존하는 것일까? 몇 해 전 큰아이와 함께 지리산 갈 때 중산리 입구에서 산 밀짚모자로 햇빛을 가리며 인왕산에 가보았다. 내 머리 둘레로 토성의 띠처럼 그늘을 만들고 인왕산을 오르는 동안 인왕의 피서법에 대해 꼼꼼히 관찰해보기로 했다.

우선 눈에 띄는 것은 나무들의 잎사귀였다. 그것들은 한결같이 지면과 나란히 평행하게 펴져 있었다. 그렇게 함으로써 광합성에 필요한 햇빛을 많이 받고 그늘을 짙게 만드는 장치가 되는 것 같았다. 그 층층의 잎들에서 나오는 그늘이 차곡차곡 쌓이면서 더욱 깊고 깊은 그늘로 변하고 있었던 것이다. 더구나 그 잎 하나하나는 자루가 근사한 부채였으니 바람이 조금만 기척을 해도 더 큰 바람을 일렁이게 하였다. 그것만으로도 더위의 절반은 날아가는 것 같았다.

또 하나 주목해야 할 게 있었다. 그것은 소나무 잎사귀였다. 넓적한 잎들이 주종을 이루는 숲에서 그것은 일종의 통풍구 역할을 하고 있었다. 산 자체에서 나오는 뜨거운 지열이 그곳으로 배출되고 있었던 것이다. 더구나 소나무는 숲의 곳곳에 효과적으로 분포하고 있었으니, 부채가 아니라 참빗 같은 구조로 된 그 솔잎을 통해 인왕은 온도를 능숙하게 조절하고 있는 것이었다.

그리고 또 하나의 장치가 있었다. 그것은 인왕산의 주위 온도가 모두 공평하다는 것이었다. 추우면 함께 춥고 더우면 다 함께 덥자는 것이었다. 에어컨 틀었다고 문을 꽁꽁 닫아 걸어 실외를 더 덥게 하는 짓 따위는 안 하는 것 같았다. 그렇게 여름의 열기를 균등하게 배분하니 더위도 그리 기승을 못 부리는 것이리라.

산으로 들었다가 산에서 빠져나오는 동안 나름대로 샅샅이 훑어보았지만 인왕이 비나 눈을 혼자 몰래 꼬불쳐둔 흔적은 발견하지 못했다. 내 일천한 과학적 상식으로도 이미 그들은 나보다 훨씬 먼저 인왕의 골짜기를 빠져나갔음에 틀림이 없었다. 곧 들이닥칠 더위를 모를 리 없는 인왕이었지만 아무런 조건 없이 비와 눈을 아래 동네로 보내준 것이었다. 땀으로 범벅이 된 얼굴로 약수터에 들러 물 한 바가지를 들이켰다. 물이 이처럼 차고 몸이 이토록 시원해지는 것은 인왕이 아낌없이 놓아준 그 눈과 비의 희미한 기억이 물 속에 왕창 녹아 있는 덕분일 것이다. 2010. 7. 7

거인의 어깨

네이버에서 연재한 '오늘의 세계인물' 편에서 뉴턴을 다룬 이는 궁리의 편집위원인 장석봉 씨다. 궁리가 자랑하는 『세계만물그림사전』을 기획하고 출간까지를 총지휘한 책임자도 주도면밀한 솜씨의 그였다. 궁리는 다 이런 '궁리하는 거인'들의 어깨 위에 건설된 출판사인 것이다. 그의 글에서 일부를 인용해본다.

"1727년 3월 20일, 뉴턴은 여든다섯 살의 나이로 세상을 떴다. 뉴턴은 자신에 대해 이렇게 말한 적이 있다. '나는 세상에 내가 어떻게 비치는지 모른다. 하지만 나는 내 자신이 바닷가에서 노는 소년이라고 생각했다. 내 앞에는 아무것도 발견되지 않은 진리라는 거대한 바다가 펼쳐져 있고, 가끔씩 보통 것보다 더 매끈한 돌이나 더 예쁜 조개 껍질을 찾고 즐거워하는 소년 말이다.' 하지만 그는 단순한 소년이 아니었다. 그는 거인이었다. 그리고 훗날 또 다른 과학자들이 그의 어깨 위에 올라서서 더 먼 곳을 보았다."

우리 사는 세계가 태초에 어떻게 만들어졌는지 정확히 알 방도는 없다. 그러나 뭇 생명은 바다에서 뭍으로 올라와서 진화하였고 세상의 유수한 산들 또한 바다에서 솟구쳐 융기한 것만은 틀림없는 과학적 사실인 것 같다. 한편 오르고 솟구치는 것은 비단 이들만일까? 차가운 물 속에서 5백 년을 지낸 이무기는 비바람을 불러타고 용이 되어 승천한다고 한다. 하지만 그건 인간의 상상력이 만들어낸 신화이거나 전설이다. 어떻게 용꿈이야 꾸겠지만 꿈에서 깨어나도 용은 만날 수 없다고 보아야 한다. 용은 실재하지도 가능하지도 않은 것이다.

그러나 여기에 살아 있는 용이 있다. 그것은 바로 인왕산이다. 나는 인왕산에 오를 때마다 승천하다 말고 잠시 인간 세상에 웅크리고 있는 용의 가쁜 숨결소리를 듣는다. 그것은 광화문을 지나다 우러러 볼 때 실재하는 모습이고 인왕의 품으로 들 때 실제로 듣는 소리이다. 빈약한 몸을 이끌고 인왕산 정상에 올라서 망원경 없이도 저 푸른 하늘이며 저 부신 흰 구름들을 좀더 가까이 끌어댕겨 볼 수 있는 것, 그것은 바로 거인의 어깨인 듯 용의 이마에 올라섰기 때문인 것이다.

지금 나는 인왕의 높이에 내 키를 더한 아주 거대한 거인이 된 것이다! 2010. 7. 9

양자강의 보름달

중국의 진운산 도교 도장에서 소정의 수련을 마치고 중경에서 의창까지 크루즈 여행을 했다. 피교육생 신분에서 벗어나 중경의 특산물이라는 샤브샤브로 점심을 먹고 배가 기다리는 선착장으로 갔다. 바다에 있으면 어울릴 만한 규모의 큰 배들이 여러 척 떠 있었지만 단연 눈길을 사로잡는 것은 양자강(揚子江)의 붉은 물이었다. 이토록 큰 강물이 저토록 붉다니! 믿어지지가 않았다. 강물은 그냥 지저분한 황토물은 아니었고 붓으로 찍어 그림을 그려도 좋을 만큼 곱게 빻은 가루로 갠 붉은 물감 같았다.

초등학교 때 부산 해운대에 갔었다. 태어나고 바다를 처음 보았던 날이다. 저 넓고 많은 바닷물이 짜다는 게 도무지 믿을 수가 없었다. 손가락으로 찍을 때까지는 몰랐는데 혓바닥에 바르자 바닷물은 어린 몸 하나를 부르르 떨게 할 만큼 충분히 짰다. 세상 물정이 그와 다르지 않다는 것을 바다는 그날 미리 알려준 것은 아니었을까.

양자강을 앞에 두고 그때 바닷물이 진짜로 짜다는 사실을 알고 놀란 것과 비슷한 느낌이 들었다. 강은 길다고 했다. 일생의 눈으로도 다 담을 수 없는 길이라 했다. 그래서 중국인들은 양자강이라고 하지 않고 장강(長江)이라고 한단다. 무릇 이름이란 게 사물의 본질이나 외양을 적확하게 형용해야 하는 법이다. 그렇다면 강은 길고 강물은 주황에 가까운 붉은색이니, 적장강(赤長江)이라고 해야 옳지 않을까.

7백 명 정원의 크루즈 여객선인 '제왕' 호는 오후 내내 빈둥거리다가 밤 11시경에 출발했다. 삼협댐이 있는 의창까지는 3박 4일이 걸리는 여정이었다. 병풍처럼 늘어선 산맥들이 틔어준 골을 따라 강물은 순하게 흐르고 강물에 편승해서 배도 흘러갔다. 배는 정박할 때를 제외하고는 강물의 속도를 허겁지겁 쫓아가는 것 같았다. 갑판 위에서 보니 달이 환했다. 강이 여러 번 굽이치다 보니 달이 오른쪽 산꼭대기에 걸터앉아 있더니 또 잠시 후에는 왼쪽 산꼭대기로 훌쩍 건너뛰

기도 했다. 환한 달이 무언가 말을 하고 있는 것 같고 내겐 한 편의 시(詩)가 필요했지만 나는 나름 세상 물정이나 재는 짠돌이에 불과했다. 시상(詩想)이 나올 리 없는 나한테서는 그저 술이나 땀 냄새만 퀴퀴하게 풍겨나올 뿐이었던 것이다.

지대물박(地大物博). 아무리 중국 땅이 넓고 물자가 풍부하다 해도 저 달마저 중국의 것은 아니다. 양자강이 결국 상해까지 흘러내리니 강물 위의 나를 기준으로 왼편으로 있으면 그게 내 나라 쪽일 터였다. 이곳의 현지시각은 옥인동보다 한 시간 빠르다. 그러나 서머타임제로 인해 두 시간의 시차가 있다. 이제 두 시간 후면 인왕산 등성이에 배 긁으며 걸터앉을 보름달이여, 그곳에서 잠시라도 편한 휴식을 취하시라. 그리고 나의 현재 안부를 인왕에게 전해다오. 닷새 후엔 나도 그대 뒤를 따라 옥인동으로 간다. 그리고 그땐 양자강의 어느 산골짜기에 귀양 갔다 돌아오는 그대를 남다른 감회로 맞이하여 드릴게. 2010. 7. 12

※ 이것은 나의 짧은 소견이었다. 양자강은 상류에 속하는 이 지역에서만 붉고 하류로 진행하면서 붉은색을 털어버리고 흔히 보는 물빛을 되찾는다고 한다.

인왕의
소금

　장마철이 도래한 제주와 남녘에는 비가 많이 오는 모양이다. 인왕산 주위에는 비가 오려는 시늉만 있었고 정작 며칠째 비는 오지 않았다. 화장실 가면서 얼핏 하늘을 살피니 남산을 중심으로 먹구름이 잔뜩 포진해 있었다. 비를 마중하는 기분으로 점심시간에 인왕산으로 갔다. 궁리에서 인왕산 해골바위까지는 어림잡아 50분 정도 걸린다. 한갑득류 거문고 산조 중에서 진양 완판 연주시간이 45분 정도이다. 중간중간 좀 꾸물거린다 해도 이 한바탕 듣고 나면 얼추 정상에 서는 셈이다.

　해맞이동산 지나 북악스카이웨이 도로를 건너 인왕의 옆구리께로 치고올라가는 오솔길이 있다. 시멘트 계단이 죽 이어져 있는 그곳을 5분간 올라가면 경복궁 일대가 한눈에 훤히 들어오는 지점이 있다. 옛날 억울하게 쫓겨난 후궁이라도 있어 그리운 임금을 보려든다면 바로 이 자리가 안성맞춤이었을 성 싶은 야트막한 바위이다. 호젓한 그곳에서 물을 한 모금 먹고 계속 올라가는데 아차, 싶었다. 그제야 소금 생각이 났던 것이다.

　오늘은 산중 점심으로 인절미 세 개와 살구 세 개를 비롯해 삶은 달걀 두 개를 준비한 참이었다. 바위산인 인왕한테 혹 암염(巖鹽)이 있을까. 그러나 그런 소식은 들은 적이 없고 되돌아가기에는 또 너무 쩨쩨한 문제였다. 목이 메어 퍽퍽한 계란을 그냥 먹어야 하나. 거문고 연주가 끝날 무렵 정상에 거의 도착했다. 꺾어질듯 휘어지고 휘어질듯 꺾어지는 진양조 장단처럼 흐르면 좋으련만 훔치훔치 땀 흘리며 둔한 몸으로 터벅터벅 걸어서 도착했다. 늘 하던 대로 정상의 해골바위 둘레를 세 번 돌고 어진 소나무 밑에 가서 앉았다.

　점심 때를 조금 지났음에도 목구멍 저 너머에서 허기가 아우성을 쳤다. 소금 걱정은 의의로 쉽게 해결되었다. 땀을 훔치며 달걀부터 까서 반을 입에 넣으니 어라, 짭쪼름한 게 간이 맞는 것이었다. 인왕이 내 고민을 알아차리기라도 했는가. 그제야 나는 알아차렸다. 인왕이 달걀껍질을 까는 내 손가락에 소금기를 잔뜩 묻혀놓은 것을.

    점심을 무난히 해결하고 하산하는데 제법 굵은 비가 쏟아졌다. 비 마중을 제대로 하는 셈이었다. 그렇게 여기니 비를 맞아도 기분이 아주 좋았다. 콧노래를 흥얼거리며 약수터 지나 골목으로 들어서는데 거짓말처럼 또 날이 활짝 개었다. 비릿한 먼지 냄새가 골목바닥에서 떠돌고 일어나는 순간, 와! 이젠 인왕이 지저분한 몸의 염분을 깨끗이 닦아주려 했나보네, 라는 생각이 나로서는 들 수밖에 없는 순간. 특히나 손가락 끝을 문지르면서 뒤돌아 인왕산을 한참 우러러보았다.
2010. 7. 14

춘천에서 만난 비

지난 토요일. 서울 지역과 강원도 일대에는 비가 몹시 내렸다. 나는 이 명확한 사실을 잘 안다. 회사 안 나간다고 방에 틀어박혀 잠만 쿨쿨 잔 게 아니었다. 경춘고속도로를 달려 춘천으로 가는 동안 겁나게 퍼붓는 비를 제대로 목격했던 것이다. 차지붕과 차창을 마구 두드리는 빗소리 때문에 휴대전화 소리는 고장난 상태였다. 신호가 와도 신호를 듣지 못했던 것이다. 그러나 약간의 불안을 동반한 그 소리 때문에 차의 실내는 아주 아늑한 공간으로 변했다.

이런 비 난리에 어디를 나서느냐, 너희 엄마도 병원 갔다와서 이젠 괜찮다며, 처가에서는 오지 말라는 신호를 계속 보냈다고 한다. 마음이 죽 끓듯 하는 아내는 통화가 성사되었더라면 필시 차를 돌리자고 했을 것이다. 운전자는 함부로 진로를 바꾸는 법이 아니라는 나의 고집에 아내는 바가지로 대항했을 것이었다. 그러한 판국에 빗소리가 휴대전화기 소리를 잡아먹은 것이다. 어디 땅이 하늘을 이기는 법 있겠는가. 결국 전화의 불통이 우리를 춘천으로 통하게 했던 것이었다. 갔다오는 길은 괜한 걱정은 지나고 나면 그뿐이란 것을 새삼 확인하는 자리였다. 대가는 있었다. 얌전해진 비는 자장가로 변하더니 조수석의 아내를 쌔근쌔근 잠재웠다. 나는 혼자서 앞으로도 비한테 주눅들지 않겠다고 결심했다.

눅눅한 주말을 그렇게 명랑하게 보내고 반포대교 건너면서 출근하는 길. 억수같이 비를 뿌렸던 하늘은 아주 딴 얼굴을 하고 있었다. 맑고 투명하고 고왔다. 그간 대체 무슨 일이라도 있었느냐며 시치미를 뚝 떼고 있었다. 그러나 강원도 쪽에서 넘실대며 강물이 내려오는 다리 아래는 달랐다. 물은 끊어지는 법이 없었으니, 어제 벌어진 일들이 흐르는 강물에 고스란히 담겨 있을 것이다. 강폭이 벌어진 이곳 서울에서 물살이 좀 천천히 흐르는 틈을 이용하여 어제 이야기가 강둑으로 기어오르고 있었다. 이틀 전 춘천에서 만났던 비는 지금 서울 어디쯤을 통과하고 있을까. 나머지 이야기를 마저 들으려 나는 인왕산 아래로 계속 갔다.

2010. 7. 16

고개의 급소

어느 산이든 오르려들면 깔딱고개는 한두 개 있기 마련이다. 아무리 만만한 산이라도 쉽게 함부로 아무에게나 그 정상을 허락하지 않는 법이다. 서울 한복판에 있는 인왕산이라고 예외는 아니다. 인왕산에 가시나무는 드물다. 하지만 가끔 한때 유행했던 〈가시나무〉라는 노래를 흥얼거리는 날이 있다. "내 속엔 내가 너무도 많아 당신의 쉴 곳이 없네. 내속엔 헛된 바램들로 당신의 편한 곳 없네." 가수 조성모가 부른 이 노래는 곡조도 좋지만 가사도 음미할 만하다.

자하문터널 방향에서 주능선을 따라 성곽을 끼고 오르다 보면 벽돌계단으로 이루어진 깔딱고개가 턱 버티고 있다. 그러나 그리 험한 것은 아니다. 108보씩 헤아리며 세 번 내디디면 고개는 더 이상 나한테는 고개가 아니다. 고개가 대가를 지불한 나한테 고개를 숙이는 것이다. 이 고개 중간에 또 고개가 있다. 말하자면 고개의 급소이다. 나는 이 급소에 도착하면 그냥 통과하지 않는다. 나도 모르게 허리를 한번 펴주거나 한숨을 쉬거나 하면서 잠시 정지한다. 내친김에 서울 시내를 보면서 물을 먹기도 한다.

그러한 잠시 동안에 나는 저절로 알게 된다. 내 속에도 제법 내가 많다는 것을! 한 녀석은 주저앉은 채 더 쉬자고 한다. 한 녀석은 어차피 갔다올 건데 그만 내려가자고 한다. 한 녀석은 무릎이 몹시 아프단다. 또 한 녀석은 그러한 녀석들을 물끄러미 쳐다본다. 또 한 녀석이 있다. 출발할 때부터 못마땅한 기색이더니 아까부터는 대놓고 헉헉거리던 녀석이다. 그 녀석, 이제는 좀 정신을 차렸는가. 등 뒤로 숨었는지 안 보인다.

이곳은 인공으로 만든 계단을 제외하곤 연약한 지반이다. 바위에서 부스러진 알갱이들이 소금처럼 흩어져 있다. 경사가 심한 비탈을 간신히 붙들고 소나무들이 안간힘을 다해 서 있다. 이곳에서 맞는 바람은 진하고 구름의 그늘도 아주 달콤하다. 마음을 다잡고 일어서면 내 모양을 그대로 빼닮은 그림자 한 녀석이 발밑에서 슬그머니 걸어나온다. 그림자는 소나무 그늘과 은밀하게 몸을 포갠다.

그리고 떨어지려고 하지 않는다. 나마저 흔들리면 안 된다. 고지가 바로 저긴데! 이 여럿의 골치아픈 녀석들을 몽땅 인솔하여 저곳으로 가야 할 임무가 아직 내겐 남은 것이다. 2010. 7. 19

끙끙 앓는 중

벌써 며칠째 인왕산의 하늘은 하안거에 든 스님들처럼 조용히 침묵하는 중. 그 조용한 침묵을 떠받들고 있는 인왕도 주렁주렁 달고 있는 잎들을 흔들 뿐 같이 참선하는 중. 미구에 태어날 그 경이로운 세계를 기다리면서 팔랑나비 한 마리는 지금 인왕산과 몸 부비고 있는 중. 그 옆에서 신열 내린 나도 신음 삼키며 끙끙 앓는 중. 2010. 7. 21

구름들의
잔치

요즘 일기는 아주 불순하다. 그렇다고 뭐 일기가 간첩이라는 말은 아니다. 여기서 불순하다는 것은 순조롭지가 않다는 말이다. 예측 가능하지가 않다는 말이다. 오늘 날씨도 불순함의 전형을 보여주는 것이었다. 아침에는 느닷없이 소나기가 한바탕 퍼부었다. 소나기는 구름의 재고도 살피지 않은 채 너무 성급하게 뛰어내린 모양이었다. 채 10분을 유지하지 못하고 바닥이 나고 말았다. 그러나 그 위력은 자못 대단해서 준비 없이 학교로 가던 아이가 집으로 다시 뛰어들어 황급히 우산을 챙겨나가게끔 만들었다. 그리고 먹구름은 곧장 한강 이북으로 몰려갔다.

오전에는 먹구름이 인왕산 위를 두텁게 차지하고 있었다. 하지만 또 금세 하늘의 판도에 변화가 일기 시작했다. 무궁화꽃이 피었습니다. 놀이라도 하자는

것일까. 먹구름은 지상의 사람들이 식당에서 점심 먹는 사이에 슬쩍 자취를 감추었다. 그리고 그 자리마다에는 새파란 너무나 새파란 웅덩이가 고개를 내밀었다. 변화는 이뿐만이 아니었다. 어디서 금방 왔는지 하얀 너무나 새하얀 뭉게구름이 하늘의 곳곳을 수놓은 것이었다.

  오늘 오후 서울 하늘은 온통 구름들의 잔치였다. 그 잔치판의 흥을 돋우기 위한 듯 구름 사이로 파란 하늘연못이 진을 치고 있었다. 그 연못 주위로 개구리가 떼지어 노래한다면 얼마나 좋을까. 아마 하늘에 머리 위에 있지 않고 발밑에 있는 것이라면, 이 눈치 저 눈치 보지 않고 저 연못으로 풍덩 뛰어들 시민들, 장사진을 이루었을 것이다. 하늘연못도 개구리처럼 사람들이 뛰어들어주기를 바라고 있는 것 같았다. 2010. 7. 23

인왕산의
자리

인왕이 기지개를 켜면서 내려다보면 아침에는 스킨딥서스 넌출대는 통인동의 사무실. 인왕이 취침 준비를 하면서 바라보면 저녁에는 휘황한 술집 그리고 컴컴한 아파트. 그 세 곳을 꼭지점으로 하는 삼각형을 그릴 때 그 면적의 어딘가에 나는 불확정적으로 분포한다. 인왕은 묻는다. 너의 자리는 어디인가. 어디가 너의 자리인가. 네 자리가 있기는 한가. 있는 곳이 너의 자리인가.

  인왕산 한 자리에서 매일 서울의 중심을 관찰하였다. 같은 자리에서 본다 해도 같은 풍경, 서울에는 없다. 우리가 같은 강물에 두 번 발 담그지 못하듯 서울은 같은 하늘에 두 번 들어갈 수 없는 것이다. 움직이지 않는 것들의 고요한 명상은 두리번거리며 돌아다니는 것들의 번뇌를 이기고도 남는다. 그리하여 바람이 불고 눈이 내려도 우왕좌왕하는 나무 하나 없이 언제나 인왕산 가족은 제자리에서 서늘하다. 출근하면서 바라보면 어제 그 자리에 또 인왕산. 퇴근하면서 바라보면 오늘 그 자리에 또 인왕산. 내일 보면 내일 그 자리에도 또 그 인왕산.

2010. 7. 26

칼국수
코스

칼국수와 나의 관계는 아주 오랜 역사를 자랑한다. 밀가루 음식을 어려서부터 좋아했던 것이다. 칼국수를 하도 좋아해서 고등학교 때 도시락으로 싸가는 방법도 연구해본 적이 있을 정도이다. 왜 컵칼국수는 아직도 개발되지 않을까. 두 번째 직장이 여의도 번화가였다. 여의도백화점 지하 식당코너에 손으로 직접 밀어서 끓여주는 칼국수집이 있었다. 하도 맛있게 먹는 모습을 보고 그 아주머니는 좀 모자란 눈치를 보이면 얼른 보충해주었다. 어느 날엔 나이를 물어보더니 참한 조카가 있다면서 소개시켜주고 싶다고도 했다. 무엇보다도 잘 먹는 모습이 맘에 들었단다. 날씬하지 못한 나의 몸은 이처럼 다 까닭이 있고 역사도 오래된 것이다. 당시 나는 밀가루에 맘이 팔려 여자를 생각할 겨를이 없어 흐지부지되고 말았다. 부상(副賞)은 없었지만 칼국수 가게 아주머니한테 말로 받은 표창장이라고 생각한다. 내 인생의 흡족한 경력이었고 인정이 넘나드는 도타운 시절이었다.

통인시장에서 인왕산 쪽으로 길 하나 건너 좁은 골목으로 들어가면 허름한 아크릴 간판이 눈에 들어온다. 아무런 장식도 없고 그 흔한 전화번호 하나도 없다. 아니 아예 상호도 없다. 그냥 보통명사뿐이다. 손칼국수. 원곡 김기승(1909~2000) 선생의 글씨체와 비슷하다. 통인동으로 궁리가 이사온 뒤 식구들이 매일 먹어야 할 점심도 걱정이라면 걱정이었다. 해서 골목 탐방에 나섰을 때 단연 이 간판은 내 눈을 사로잡았다. 물론 먹는 것에 관한 한 나도 안목을 나름대로 키우긴 키웠지만 무엇보다 간판은 거짓말을 안 한다. 그만큼 그 간판은 녹록찮은 세월의 무게를 드러내고 있었던 것이다.

손칼국수 집은 좌우로 열리는 유리창 출입문도 마음에 든다. 호기롭게 문을 드르륵 열면 뭔가 한 국면이 전환이라도 되는 듯해서 좋다. 그리고 그 드르륵 소리는 우리 왔다는 소식을 자동으로 할머니한테 전해준다. 할머니는 혼자서 빠른 솜씨로 칼국수를 끓여낸다. 작년엔 만두도 했는데 최근엔 칼국수 하나뿐이다.

이 집의 메뉴는 단순히 칼국수가 아니고 '칼국수 코스'라고 해야 제격이다.

우선 자리에 앉으면 시원한 보리차가 나온다. 그리고 이내 손님의 시장기와 급한 성격을 헤아렸는지 강된장국과 함께 반공기의 맨밥이 나온다. 김치도 세 종류가 진열된다. 오이김치, 양배추김치, 무우채나물. 그리고 드디어 메인 메뉴인 쑥갓을 얹은 칼국수가 나온다. 할머니가 직접 반죽하고 끓여서인지 국물도 텁텁하고 면발의 근기도 쫄깃하다. 국수 그릇이 반으로 줄어들 무렵 아주 얇게 부친 부추전이 테이블마다 올라온다. 바싹불고기처럼 바싹 구운 부추전을 다양한 김치와 함께 먹으면 금방 빈 접시다.

모두들 배를 의식하면서 숟가락을 놓으면 할머니는 쟁반에 사람 수대로 컵을 가지고 온다. 직접 담근 시원한 식혜는 뜨거운 칼국수 먹느라 흘린 땀을 진정시키라는 할머니의 깊은 배려이다. 할머니는 독실한 신앙인이다. 가게에 장식된 것을 보면 알 수 있다. 여의도순복음교회에 나간다고 한다. 칼국수 먹고 인왕산에 산책 갔다오면서 칼국수 집을 지나치기도 한다. 점심 영업을 끝낸 할머니는

언제나 성경을 읽고 계신다. 그 모습이 참 보기에 좋다.

이렇게 좋은 분을 왜 할머니라고 하느냐고? 그건 할머니하고 할머니라고 해도 좋다는 합의를 본 사항이니 안심하시도록. 한편 후식에 해당하는 식혜가 코스의 끝이라고 생각하면 안 된다. 들어올 때처럼 드르륵 문을 열고 나서면 할머니가 한 가지 더 주시는 게 있다. 그걸 잘 챙겨야 한다. "아, 오늘도 여러분들 덕분에 잘 되었소. 여러분 모두들도 다 잘 될거야." 쩌렁쩌렁한 목소리로 아낌없이 귀에 퍼담아주시는 그 탱탱한 덕담 말이다. 2010. 7. 28

유무상통의
모래들

천릿길도 한 걸음부터인 것처럼 인왕산도 한 걸음부터. 그렇게 비스듬하게 차곡차곡 쌓아나가면 어느덧 더 이상 오를 데 없는 곳으로 가닿는다. 인왕은 아주 큰 산은 아니지만 바위 하나하나 나무 하나하나가 그렇게 모여서 산을 이룬다. 인왕산 정상에 도착하면 알 수 있다. 산의 맨 꼭대기, 가장 높은 곳에 무엇이 있는 줄을. 그것은 덩치 큰 바위도 아니요 키 큰 나무도 아니다. 지난 비에 씻겨 속절없이 아래로 굴러떨어지다가 깔딱고개에서 잠시 쉬고 있던 모래들. 어느 등산객의 발밑을 붙들고 정상으로 귀향해서 슬그머니 떨어지는 알갱이들. 그것은 먼지로 차츰차츰 닳아지는 작은 모래 알갱이들! 오늘 있어도 좋고 내일 없어져도 좋은 유무상통(有無相通)의 세계로 접어들기 직전의 위대한 존재들! 2010. 7. 30

여름
❈
8월

아스팔트의
작은 웅덩이

비 올 때 하늘에 큰 구멍이 있는 줄을 비로소 안다. 그 큰 구멍이 없다면 인왕산 위 하늘에서 대체 어떻게 저리 큰 물줄기가 옥인동 일대로 떨어지겠는가. 비 온 뒤 세상이 반반하지 않고 울퉁불퉁하다는 것을 그제야 안다. 비 그친 뒤 학교 운동장에 가보라. 편평한 줄 알았던 운동장에는 움푹줌푹 작은 웅덩이들이 무수히 생겨난다. 갓 입학한 일학년의 신발처럼 병아리만한 웅덩이도 있다. 하늘의 빗방울에 자리를 바꾸는 모래들.※ 그 운동장 한가운데 서면 무수히 작은 연못 안으로 무수한 내가 무수히 태어나서 공터의 운동장을 빽빽이 채운다.

 점심 먹고 사무실로 복귀하는 길이었다. 아침에 한바탕 소나비 쏟아지고 난 뒤 인왕을 두껍게 감싸고 있던 안개도 걷혔다. 오락가락하던 가랑비도 그쳤다. 그 사이 옥인파출소 앞 아스팔트 길에 작은 웅덩이가 하나 생겼다. 맑은 날에는 보이지 않는 비상구다. 예전엔 미처 몰랐던 구멍이다. 이 길을 만들 때 어느 운치있는 인부가 조그만 여유를 부렸던가 보다. 아스팔트 재료가 부족했던 것은 아닐테고 그 인부의 파격이 풍부했던 것일테다. 그 임시 연못에도 바람이 던져준 잎사귀나 잎줄기들이 둥둥 떠다닌다. 아주 작은 하나가 손톱만한 돛단배라도 탄 듯 이러저리 움직이고 있다. 낯모르는 곤충인가 했더니 어디서 날아온 길쭉하고 쬐끄만 풀씨였다. 솜털이 물에 젖었다. 그 작은 웅덩이에도 옥인동의 하늘은 뭉게구름을 이끌고 아주 깊숙이 자맥질하고 있었다. 2010. 8. 2

※ 최승호의 시, 〈공터〉에서 인용.

진미횟집에서의
마지막 점심

열흘 전쯤 좀 늦게 출근하다가 통인시장 골목 어귀에서 아는 분을 만났다. 과메기로 유명한 진미횟집 주인아저씨였다. 아저씨는 파와 무 등의 채소를 담은 비닐 봉지를 들고 있었다. 그리 많은 짐이 아니었는데 아저씨의 뒷모습이 왠지 좀 쓸쓸해 보였다. 7월 30일. 은행에 볼일이 있어 나가다가 옥인파출소 앞에서 아는 분을 만났다. 진미횟집 아주머니였다. 더운 철이라 가본 지도 오래된 것 같아 더욱 반갑게 인사했다. "여전히 잘 되시지요."

언젠가 말한 것처럼 아주머니는 농담도 잘하고 아주 성격이 밝은 분이다. 근데 얼굴에 근심이 좀 어린 것 같고 뭔가 할 말이 있는데 망설이는 눈치였다. "일간 한번 들르겠습니다." 했더니 그제야 아주머니가 입을 열었다. "우리 문 닫기로 했습니다." "아니, 갑자기 그게 무슨 말씀이십니까. 잘 되셨잖아요." "아무래도 좀 쉬어야 할 것 같아요. 내일이 마지막 장사……" 내일은 토요일이니 천상 오늘이 우리로서는 마지막 날인 셈이었다. 길거리에서 길게 이야기할 건 아니라서 "오늘 점심 그리로 가겠습니다. 일곱 명 예약해주세요." 했다. "예, 그럼, 있다가……" 그렇게 하고 나는 은행으로 아주머니는 시장으로 종종걸음을 했다. 아주머니의 뒷모습도 며칠 전의 아저씨를 닮은 듯했다.

이 집에서도 마지막 점심이구나 생각하고 진미횟집으로 들어서니 감회가 좀 남달랐다. 언젠가 이야기했듯이 궁리가 처음 효자동에서 둥지를 틀 때 복덕방 주인이 생태탕이 괜찮다고 가장 먼저 추천해준 식당이 진미횟집이었다. 해서 우리 식구들은 종종 이 집에서 점심으로 알탕, 회덮밥, 대구탕, 생태탕, 내장탕 중에서 하나씩을 골라 먹었던 것이다. 탕도 탕이지만 진미횟집은 과메기가 일품이다. 작년 겨울 주상막걸리하고 환상의 짝꿍이 되어 궁리 식구들의 입을 사로잡았던 것도 이 집이었다.

겨울철이라면 과메기 한 접시도 시키겠는데 철이 아니라 관두었다. 대신 재고를 남기면 안 되니 남은 소주랑 막걸리 있으면 다 달라고 농담처럼 이야기했더니 진짜 한잔 하실 양이면 이따 저녁 때 오라고 했다. 우리 식구들은 메추리알과 기본 반찬을 안주로 해서 이 식당과의 이별주를 나누었다. 그리고 각자 주문한 탕을 먹었다. "어디를 가든 건강하십시오." "자주 찾아주시어 고마웠습니다." 서로 인사하고 진미횟집의 독특한 계산법으로 8억 원을 카드로 긁고 나왔다.

  8월 들어 첫 월요일. 점심시간에 중국대사관 옆에 있는 중국집으로 직원들과 몰려가다가 진미횟집 앞을 지나게 되었다. 문이 열려 있길래 들어가 보았더니 주인 부부가 이삿짐을 한창 싸고 있었다. 아주머니는 홀에서 유리 그릇을 하나하나 포장이사 하듯 신문지로 싸고 아저씨는 주방에서 조리기구들을 뜯어내고 있었다. "진짜 이사를 하시는군요." "어서 오세요. 오늘은 드릴 게 없는데……" "이곳에서 얼마나 하신 겁니까." "……그러구러 딱 23년 되었네요." "근데 문을 닫는 이유가 뭡니까. 집주인이 나가라고 하던가요?" 아저씨가 나섰다. "사실 최근에 주위에 새로 좋은 음식점들이 생겨서 장사도 좀 안 되었고요. 그리고 집이 하도 누추해서 손을 대긴 대야 하는데 도저히 엄두가 안 나서 아예 새로 하기로

했습니다." "어디서……" "지금 딱히 정해진 건 없구요. 우선 좀 쉬려고 합니다. 언제고 하긴 해야지요." "아이고, 마음 잘 잡수셨네요. 두 분이서 손잡고 여행도 다니고 하십시요."

　　23년의 세월이라면 이 집으로 수십 사단 규모의 술꾼들이 들락날락거렸을 것이다. 나는 그이들을 대표하는 최후의 술꾼이 된 심정으로 며칠 후면 모두 뜯겨져 나갈 식당 풍경을 다시 한 번 눈으로 더듬었다. 메뉴판이 적혀 있고, '계절의 별미, 구룡포 과메기'라는 포스터가 붙어 있었다. '운중백학(雲中白鶴)'이라는 액자도 새삼스러워졌다. "우리 회사의 마케팅 부장은 입이 좀 까다로운 편인데 여기 과메기만 유일하게 먹습니다. 다른 집 것은 비릿해서 도무지 못 먹겠대요." 주인아저씨가 싱긋 웃었다. "궁리를 위해서라도 자리 잡는 대로 꼭 연락주세요." 했더니 아주머니가 외상장부로 쓰는 막노트를 꺼내 이름과 전화번호를 적어달랬다. "정말 고맙습니다." "그동안 맛있는 거 먹여주시어 고마웠습니다. 건강하세요." 아저씨하고는 서로 진심으로 인사하고 악수했다.

　　그래도 이렇게 작별인사를 나누었으니 다행이다. 멋모르고 탕 먹으러 갔다가 탁 닫힌 문 앞에서 이마가 썰렁했을 수도 있었을 텐데. 혹 그런 손님이 있을 것도 같아서인지 횟집 문을 나서는데 아주머니의 곡진한 필체가 돋보이는 안내문이 눈길을 붙들었다. "그동안 아껴주신 모든 분들께 감사드립니다. 더 좋은 모습으로 다시 뵙겠습니다. 고맙습니다. 010. 38X. XX38." 2010. 8. 4

뒤집힌 세상

세상은 누가 바꾸는 것일까. 5년 단임의 대통령이 바꾸는 걸까. 정론과 직필을 부르짖는 신문이 바꾸는 것일까. 모든 것 다 해준다는 현란한 광고가 바꾸는 것일까.

  2010년 8월 6일. 오후 1시 30여 분부터 오후 2시 10여 분 사이. 세상은 한번 제대로 뒤집어졌다. 정오가 조금 지나 날씨가 말짱하길래 간단한 산중 점심을 허리춤에 차고 인왕산에 올랐다. 점심이랬자 달걀 두 개, 쑥인절미 한 덩이, 포도 몇 알이니 여행갈 때 지갑이나 여권 넣으면 편한 그 허리벨트 지갑이 딱 안성맞춤이다. 인왕산 중턱에는 나만의 식탁이 있다. 그것은 바위로 된 식탁이다. 바위를 뚫고 탄탄하게 자리 잡은 소나무 한 그루가 파라솔처럼 그늘을 만들어준다. 그곳에서 서울을 굽어보면서 하늘도 쳐다보고 남산도 바라보고 광화문도 내려다보면서 점심을 먹는다. 땀을 비 오듯 흘린 터라 맛은 따질 겨를조차 없다.

하늘이 자신의 마음 일부를 구름을 통해서 언뜻 내비치는 것이라면 우리가 그 마음을 어찌 종잡을 수 있겠나. 최근 들어 하늘은 온갖 이론과 학설을 따돌리고 이상기후가 대세를 굳히고 있었다. 나의 산중에서의 점심식사 동안 남산 주위로 아주 맑은 구름과 약간의 먹구름이 뒤섞여 있긴 했지만 대체적으로 맑은 날씨였다. 그런데 잠시 후 남산의 북경사면, 그러니까 국립극장에서부터 동국대학교 뒤로 걸친 골짜기의 색깔이 좀 이상했다. 그것은 단순히 골짜기의 음영이 만들어내는 것이 아니었다. 그 색깔은 차츰차츰 남산을 점령하더니 시내 쪽으로 몰려왔다. 땅거미가 검게 산 아래를 덮는 것이라면 그것은 하얗게 세상을 덮는 것이었다. 그것은 시내를 돌아다니는 자동차들보다 훨씬 빠른 속도였다. 해변의 순진한 관광객들을 쓸어담는 너울성 파도처럼 순식간에 나의 몸을 포함해서 인왕산을 덮치고 평창동 너머 북한산 쪽으로 휙 넘어갔다. 그 짧은 순간에 북한산의 족두리봉, 비봉, 치마바위 근처는 운무에 휩싸여 보이지 않았다.

그리고 이내 빗줄기가 툭 떨어지기 시작했다. 눈앞의 전부가 어둑어둑해지더니 드디어 비는 내 몸통을 툭툭 건드렸다. 이렇게 산속에서 먹구름을 보면서 비를 맞고 있자니 실감할 수 있었다. 하늘과 땅 사이에 내가 끼여 있구나! 그 소란의 와중에서도 저 멀리 아차산과 동대문 낙산 쪽은 아주 파란 하늘이었다. 참 알 수 없는 하늘의 마음씨였다. 먹구름의 덩치가 크지 않으니 비도 얼른 기세가 꺾였다. 나는 너덜너덜한 우산으로 변한 소나무 아래에서 비를 긋고 있었다. 이럴 때 준비 없이 맞는 비는 하늘이 나한테 좀 미안해지기도 하는 법일 것이니 나는 흠씬 두들겨 맞고 싶었다. 이 기회에 마음의 얼룩을 씻어내리고도 싶었다. 하지만 하늘은 비를 천천히 거두어갔다. 금세 하늘이 갠 것이었다. 바람이 불어 소나무에 얹힌 빗방울을 털어주는 것을 보면서 아래로 내려왔.

그때 나는 덤비 속에서 보았다. 남산 위의 하늘이 조금 전의 검은 딱지를 말끔히 걷어내고 더욱 푸른 뭉게구름을 풀어놓고 있는 것을! 김칫국에 밥 말아 먹고 장구치면서 붉은 해도 다시 나왔다. 그 40여 분 동안 세상은 완전히 뒤집어졌다가 다시 일어나고 있었다. 세상이 한번 제대로 바뀌고 있었다. 2010. 8. 6

울보들의
합창

나는 동물학자는 아니지만 인왕산을 자주 드나들면서 몇 가지 생각을 건졌다. 앞으로 좀더 학문적인 검증을 거치긴 해야겠지만 개미는 비를 좋아하고 매미는 비를 싫어한다는 사실이 그중 하나이다. 비 올 때 산에서 관찰하면 개미들이 일제히 자취를 감춘다는 것을 알게 된다. 개미 나라에도 독문학자가 있어 이런 시를

번역한 것일까. "내가 사랑하는 사람이 나에게 말했다. / '당신이 필요해요.' // 그래서 / 나는 정신을 차리고 / 길을 걷는다. // 빗방울까지도 두려워하면서. / 그것에 맞아 죽어서는 안 되겠기에."※

    농담이 아니라 이건 진실이다. 정말 개미는 비한테 정통으로 맞으면 정신을 잃을 수도 있겠다. 심하면 뇌진탕으로 비명횡사할 수도 있을 것이다. 그러니 아마 그런 이유로 비 올 때 영리한 개미들은 무조건 휴식을 취하는 것인가 보다. 그게 개미 사회로 보아서도 훨씬 경제적인 셈이다. 따라서 우중(雨中)의 하루가 개미 나라에서는 꿀맛 같은 임시휴일인 것이다.

    매미는 우는 데 선수이다. 운다고 누가 젖 주고 쌀 주는 것도 아닌데 그냥 운다. 그런 매미는 빗방울이 후드득 기미라도 보이면 울음을 뚝 그친다. 빗속에서 아무리 울어보았자 아무도 들어줄 이가 없으니 울 필요가 없는 것인가. 빗소리를 이겨낼 자신이 도무지 없는 것인가. 보아주는 이 아무 없어도 계곡에 비친 제 그림자하고 태연히 잘 노는 식물들하고 달리 매미는 동물이라서 그런가.

    그제 인왕산 속에서 갑자기 소낙비를 만났다. 매미소리가 일제히 쏙 들어갔다. 한껏 고래고래 소리 지르고 있는 노래방에서 갑자기 정전이 되어 돌연한 침묵과 맞닥뜨린 기분이었다. 비는 이내 그쳤다. 하늘을 보니 먹구름도 금방 싹 가시고 없는 것이었다. "이봐, 천하의 울보들. 비가 도망갔어! 여름날도 이젠 얼마 안 남았잖아!" 하고 숲을 쳐다보는 순간. 눈 알이 두 개 툭 튀어나와서 도무지 웃을 줄 모를 것 같은 무뚝뚝한 울보들의 합창이 터져나왔다. 맴맴맴맴맴맴맴맴맴맴맴맴맴. 2010. 8. 9

※ 베르톨트 브레히트의 시, 〈아침 저녁으로 읽기 위하여〉 전문.

인왕산 계곡이
답하다

인왕산 출입이 금지된 월요일. 인왕산 중턱 석굴암에 다녀오는 길이었다. 상당히 가파른 고개를 내려오니 운동기구가 있는 약수터 의자에 할머니 나이로 넘어가고 있는 아주머니가 앉아 쉬고 있었다. 부채를 부치며 연신 땀을 훔치던 아주머니가 나를 보고 말했다. "이젠 더는 못 올라가겠네." "……" "우에 누가 있땡교." "정자에 두 분이 주무시고 있습디다." "아이고 웬만하면 가겠는데……도무지 못 가겠네." "석굴암에 다닙니까?" "예. 다닌 지 오래 되었죠." "요즘 절 분위기가 좀……" "원래 큰 절이었는데 김신조 일당이 넘어오는 통에 팍 쪼그라들었다 아이요." "아, 그렇군요." "그래도 요즘 장마철이라 그렇지 신도들이 많아요." "……" "매주 법회가 있습니까?" "매달 초파일 열한 시에 오세요." 내가 내려가려는 눈치를 보이자 아주머니는 인왕산 계곡으로 얼굴을 돌리며 말했다.

"작년보다 더 덥고 어제보다 더 덥네. 아이고 내일은 또 어째." 투정하듯 계곡으로 말을 던지는 것이었다.

조금 전 나는 저 계곡에서 얼굴을 씻었다. 손수건을 빨아 목과 겨드랑이의 땀을 닦아내기도 하였다. 나를 세탁하고 난 계곡은 또 혼자서 저 아래로 내려가 있었다. 그렇게 함으로써 "계곡은 텅 비어 있어서 모든 것을 다 받아들일 수 있고, 그 은은한 공간 속에서 다양한 생물들이 생명의 기운을 잉태시킬 수 있"[※]는 것이리라.

오늘 아침 인왕산을 중심으로 해서 비가 왔다. 비는 계속해서 며칠째 내릴 것이라고 한다. 하늘도 이에 호응해서 물의 재료를 잔뜩 쌓아두고 있었다. 그것만으로도 지상에는 그늘이 만들어지고 마음에서도 서늘한 바람이 불어나왔다. 나는 심사숙고한 계곡이 아주 천천히 이틀만에 인왕산 석굴암 아래에서 만났던 그 아주머니한테 전해줄 답을 하늘에 적어둔 것이라고 믿어 의심치 않는다. 2010. 8. 11

[※] 『노자의 목소리로 듣는 도덕경』(최진석 지음, 소나무)에서 인용.

전신응시명월
기생수도매화

지난 겨울 눈이 엄청나게 왔었다. 그리고 참 자주 왔었다. 이게 올해의 마지막 눈이겠거니 하고 여기는데 또 눈이 펄펄 내리기 일쑤였다. 이례적으로 3월 22일까지 눈이 왔었다. "……이제 그 눈들이 사라졌다. 회자정리(會者定離)란 말을 눈한테 전하고 싶다. 올 여름 땡볕에 사람들이 너를 많이 그리워할 것이다. 안녕, 눈들!"이라고 쓴 게 올해 정월 25일이었다.

사시(四時)는 명확한 법칙을 가지는 법이니 어김없이 그때 예측한 대로 지금은 여름 땡볕이다. 과연 요즘 인왕산 오르내릴 때 눈 생각을 많이 하면서 그리워한다. 눈은 왔다가 그냥 사라진 게 아니었다. 이처럼 최소한 나에게 기억이라도 남겨주지 않았나. 요즘 인왕산은 매미 천지다. 매미소리는 인왕산을 덮는다. 지난 겨울 옥인동 골목 곳곳에 눈사람이 나타났던 것처럼 올 여름 인왕산 숲 곳곳에 소리 인형이 출몰하고 있다. 차이가 있다면 눈은 하늘에서 오고 매미는 땅 속에서 온다. 귀가 먹먹하도록 맴맴맴 소리를 들으며 인왕산을 오르는데 문득 이런 생각이 드는 것이었다. 혹 매미의 전생(前生)은 눈이 아니었을까. 그리고 시방 우는 매미가 환생해서 올 겨울 눈으로 다시 태어나는 건 아닐까. 너무 터무니없는 생각이라고?

학고재 대표가 쓴 칼럼이 《중앙일보》에 실렸다. 〈퇴계 이황의 매화 사랑〉이란 제목이었다. 나는 그 칼럼이 너무 좋아서 야금야금 뜯어먹듯이 여러 번 읽었다. 해서는 안 될 일이지만 싹둑싹둑 잘라서 줄이면 다음과 같다.

"매화를 만나러 전라선 열차에 오른다. 천리 길 아득해도 도착은 삽시간이다. (……) 관기였던 두향은 선생을 사모하여 가까이 모시길 자청했다. 처신이 풀 먹인 안동포처럼 빳빳한 어른인지라 두향의 애간장은 녹았을 것이다. 마침내 선생의 마음을 얻은 것은 조선 천지를 뒤져 기품 넘치는 매화 한 그루를 찾아낸 뒤였다. 두향은 그 매화를 선생에게 바쳤고, 선생은 단양 시절 동안 동헌에 심어놓고 애완했다. 물론 두향에게도 곁을 주었다고 한다. 퇴계 선생이 임종을 앞두고

남긴 말은 알다시피 '저 매화에 물 줘라'이다. 나는 그 말에서 선생의 심중에 남은 두향의 야윈 모습을 본다. (……) 지난해 가을 나는 매화 전문가에게서 운 좋게도 도산 매화의 지손(支孫)을 몇 주 분양받았다. 가지도 줄기도 꽃받침도 모두 푸른 녹악매다. 집 담장 밑에 고이 심어 모셨다. 내년부터는 남행열차에 성급히 몸을 싣지 않아도 되리라. 느긋해진 마음으로 꽃이 피면 꽃 아래서 매화음(梅花飮)을 펼쳐도 좋겠다. 흥이 오르면 내 좋아하는 매화 시구를 읊어보기로 작정해둔다. 퇴계 선생과 두향이 명계에서나마 웃어주시면 좋겠다. '내 전생은 밝은 달이었지. 몇 생애나 닦아야 매화가 될까(前身應是明月 幾生修到梅花)'."

특히 마지막 열두 글자가 가슴에 사무쳤다. 한동안 출근해서 이 한시를 적어보는 것으로 하루 일과를 시작하기도 했다. 지금도 처음 신문에서 이 시구를 보고 적어둔 빛바랜 메모지가 내 전화번호 다이어리에 꽂혀 있다. 전신응시명월 기생수도매화. 지금은 땡볕 여름이다. 매미소리가 울려오는 인왕산에서 나는 작년 내렸던 눈을 생각한다. 혹 시방 저 매미는 전생이 눈이 아니었을까. 펄펄 내리는 눈과 맴맴 우는 소리는 그런 숙연(宿緣)의 관계가 아닐까. 퇴계를 매개로 밝은 달과 매화가 그러한 것처럼. 그러니 지금 인왕산 깊숙한 곳에서 엉덩이를 씰룩거리며 울고 있는 매미 한 마리는 이렇게 생각하는지도 모를 일이다. '내 전생은 애벌레였지. 몇 날을 울어야 흰 눈이 될까(前身應是幼蟲 幾日鳴到白雪)'. 2010. 8. 13

※ 우찬규 칼럼,《중앙일보》2005년 3월 5일자에서 인용.

구름
도시락

통인시장의 부여떡집에서 2천 원어치 가래떡을 사면 네 가락을 준다. 두 가락이면 점심으로 거뜬해서 두 가락은 냉동고에 보관했다가 다음 번 점심으로 사용한다. 이때 주의해야 할 사항이 있다. 그것은 가래떡이 따뜻하고 말랑말랑할 때 얼른 냉동을 시켜야 한다는 점이다. 그래야 다음에 해동할 때 아쉽게도 따뜻함은 다시 찾을 수 없지만 떡이 말랑말랑해진다. 그렇지 않으면 너무 딱딱해서 도저히 먹을 수 없다. 내 혀와 이빨은 그만큼 허술하다.

오늘 인왕산에 오르면서 간편한 삶에 대해서 생각하면서 간편한 점심에 대해서도 생각해보았다. 우리는 아무 말 안 하고 살 수 없듯 아무 것도 먹지 않고 살 수는 없는 노릇이다. 그렇지만 그래도 가급적 번드르르한 말은 줄이고 살아야 하듯 어디 좀 검박하게 때울 점심 메뉴가 없을까. 인왕산 정상에서 땀을 닦으며 열기를 바람에 식히고 있는데 내 두부 같은 머리에서 좋은 생각 하나가 떠올랐다.

그것은 하늘에 쫙 깔린 구름을 이용하는 것이다. 두레박으로 우물에서 물을 퍼올리듯 낚시를 던져 하늘에서 구름을 댕겨 한 움큼 떼내자. 그리고 물렁물렁한 구름을 꼭 짜자. 그러면 남는 건더기는 두부처럼 각종 영양분이 제법 풍부한 음식이 되지 않을까. 소금은 다섯 손가락 끝마다 무진장 저장되어 있어 간도 맞출 수 있고, 구름에서 짜낸 물통의 하늘 생수로 목을 축이고도 남을 것이다. 구름이 없는 날은 어떡한다고? 그날은 단식하는 날로 정하면 되지, 뭐.

이 구름 도시락으로도 배가 부르자면 나의 내장도 공중에서 생활하는 새의 그것에 맞춰져야 할 것이다. 그러자면 나의 생(生)도 그에 맞춰 더욱 홀가분히 다음 생으로 날아갈 수 있지 않겠는가. 2010. 8. 16

매미의
독백

비가 한 줄금 오고 나면 공기의 탁도가 달라진다. 공중에 떠 있던 먼지들이 비의 밧줄을 타고 모두 지상에 착륙한 탓이다. 그러니 매미소리도 귀에 쏙쏙 더 잘 들어온다. 매미도 갑자기 시야가 밝아진 탓인지 나무의 하부에 들러붙기도 한다. 어제 실제로 벌어진 일이다. 북악스카이웨이 가로질러 인왕산으로 본격 성큼 들어서는데 매미 한 마리가 불쑥 허리 높이에서 뛰어나왔다. 비 잠깐 내린 뒤라 매미도 기분이 좋았는지 인간 세계로 좀 가까이 진출하려 했던 모양이었다.

  요즘은 비가 간단없이 내리고 펄펄 한낮의 더위가 대단해서 이 시간이면 등산객도 거의 없는 때였다. 그런 잠깐의 적막을 즐기다가 갑자기 불청객을 맞이하니 매미도 좀 놀랐던 모양이었다. 매미는 당황한 나머지 내 밀짚모자 밑으로 들어왔다가 내 이마를 툭 건드리고 쏜살같이 달아나버렸다. 너무 가까운 거리라서 둘 다 충돌의 피해는 없었지만 놀라기는 서로 마찬가지였다. 나는 녀석을 붙잡으려고 황급히 땀에 젖은 손을 뻗었다. 잡아서 그냥 볼에 한번 부비고 놓아줄 작정이었다. 그러나 까칠한 날개, 꽁무니 끝의 비닐 같은 감촉만 손에 남았다. 하마터면 목숨을 잃을 만큼 식겁한 녀석의 바르르 떠는 경련이라서 그런지 그 느낌은 아주 강렬한 여운을 남겼다.

  나의 장난을 알 리 없는 매미로서는 죽음의 한 입구를 구경한 셈이렷다. 십 년 놀랄 것을 오늘 한꺼번에 놀란 그 녀석은 지금 뭐하고 있을까. 혹 동료들한테 이러지나 않을까. 조심해라 조심해. 밀짚모자 쓰고 인왕산에 자주 출몰하는 놈을. 나 어제 그 놈과 이마와 손을 슬쩍 닿아보지 않았겠나. 증말 독하고 짜더라! 나중 내 친구 굼벵이가 어떻게 파먹을란지 걱정된다, 걱정돼! 2010. 8. 18

바둑 두는 쭈꾸미 식당 부부

인왕산에서 광화문 쪽 자락에는 시장이 두 개 있다. 그 중 하나는 통인시장이고 또 하나는 금천교시장이다. 적선시장이라고도 한다. 통인시장이 있는 옥인동 계곡에는 옥류동천이 흘렀고 사직동 계곡으로는 금천이 흘렀다. 그래서 금천교시장이다. 금천교시장은 지하철 경복궁역에서 2번 출구로 나오자마자 바로 왼쪽에서 시작된다. 그 시장으로 계속 나아가면 배화여자대학으로 연결된다.

버스로 한 정거장 떨어져 있는 통인시장과 금천교시장은 사뭇 분위기가 다르다. 통인시장에는 주로 주부들을 상대로 하는 가게들이 많고 금천교시장은 술꾼들을 상대로 하는 술집과 음식점들이 대부분이다. 그래서 같은 먹을거리라도 통인시장에서는 반찬이 되고 금천교시장에서는 안주가 된다. 퇴근하면서 통인시장에 들르면 한가하다. 하루 장사를 끝내면서 가게 상인들은 여기저기 모여서 웃음꽃을 피우기도 하고 이른 저녁을 먹기도 한다. 어느새 파장 분위기가 물씬하다. 이에 반해 금천교시장은 이때부터 아연 활기를 띠기 시작한다. 넥타이를 휘날리고 또각또각 구두소리를 울리며 선남선녀들이 모여 흥청거리기 시작한다.

퇴근을 서두르는데 동무한테서 은근한 전화가 왔다. "어이, 인왕산 자락의 굴기. 젊은 친구들과 자네 동네 왔네. 잠깐 볼 수 있을까." 나는 밀린 사무를 정리하고 느긋하게 사무실을 출발했다. 궁리 사무실에서 경복궁역까지는 옷가게도 있지만 음식점도 많다. 옷한텐 어디 눈길 하나 안 줄 자신이 충만하지만 파전이나 통닭 냄새의 유혹을 이겨내기란 정말 힘들다. "날씨야, 아무리 네가 추워봐라. 내가 옷 사 입나. 술 사 먹지." 막걸리 집에 가면 흔히 이런 글이 액자에 걸려있기도 하다. 어째 꼭 나 같은 이를 두고 하는 말인 것 같기도 하다.

어차피 오늘도 아무 일없이 전동차를 타기는 글렀다. 금천교시장의 중간쯤에 위치한 '다래' 라고 하는 막걸리집에 들어서니 동무 일행이 자리잡고 있었다. 아는 얼굴들도 여럿 있어 반갑게 인사를 나누었다. 이 일군의 젊은이들은 신촌의 모 대학교 대학원생들이다. 학생들은 낮에는 열심히 공부하고 밤에도 열심히 공부한다. 그리고 이렇게 가끔 틈을 내어 저녁을 함께 먹는다. 그럴 때 통상 술도 곁들인다. 물론 술자리에서도 학문에 대한 이야기가 꼬리에 꼬리를 문다. 이렇게 책상에서의 부족한 공부를 같은 길을 가는 도반과의 대화로 보충하는 술자리는 언제나 유쾌하고 흥겹고 떠들썩하다. 신촌의 번잡하고 빤한 술집을 버리고 누추하지만 이런 사람 냄새 나는 인왕산 자락을 찾은 그들은 그런대로 멋을 아는 젊은 친구들이다.

그렇고그렇게 열중하던 이야기에서 잠시잠깐 빠져나왔다가 술을 마시다가 또 이야기에 들어갔다가…… 그렇게 하다가 작은 소동이 있었다. 이 집의 명물은 칼칼한 조개탕이다. 아주머니가 급하게 조개탕을 나르다가 그만 한 학생의 팔이 데인 것이다. 피부가 벗겨지고 화상이 제법 심한 것 같아서 얼른 응급실로 가야 했다. 놀란 아주머니도 영업을 그만두고 환자와 함께 병원으로 갔다. 동료를 병원으로 보내놓고 술자리를 더 이상 이어간다는 게 무리였다. 더구나 지금은 주방도 휴업 상태가 아닌가. 학생들을 먼저 보내고 병원으로 뒤따라야겠다는 동무와도 헤어졌다. 좀 무미해진 나는 시장이나 한 바퀴 돌고 지하철로 갈 요량이었다.

'다래'에서 나와 몇 가게 건너 '만선 쭈꾸미집' 앞에서였다. 조그만 평상에서 오늘 영업을 끝낸 주인 부부가 바둑을 두고 있었다. 예상과 달리 남자가 흑을, 여자가 백을 쥐고 있었다. 판세를 훑어보니 흑의 비세였다. "아, 아주머니. 대단하시군요. 이기세요." 부부인데 어쩌랴 싶어 노골적으로 백의 편을 들어주었다. 남편은 수읽기에 골몰해 있었지만 역전은 불가능해 보였다. 아내 또한 짜그락짜그락 돌통에 손을 넣고 다음 수를 준비하고 있었다. 비록 반상에서는 피비린내가 진동했지만 하루 영업 끝내고 수담을 나누는 부부의 모습이 그림처럼 아름다웠다.

예로부터 바둑은 도(道)나 예(藝)의 영역에 속한다고 생각해왔다. 다음과 같은 프로바둑 기사들의 별칭은 이러한 생각을 잘 반영하고 있다. 초단=수졸(守拙, 겨우 지킬 줄 안다), 2단=약우(若遇, 어리석지만 나름대로 움직인다), 3단=투력(鬪力, 싸우는 힘을 갖췄다), 4단=소교(小巧, 기교를 부릴 줄 안다), 5단=용지(用智, 지혜를 쓸 줄 안다), 6단=통유(通幽, 그윽한 경지에 이른다), 7단=구체

(具體, 골격을 두루 갖추었다), 8단=좌조(坐照, 앉아서도 훤히 내다본다), 그리고 마지막 9단=입신(入神)에선 신(神)의 경지로 들어선다는 것.

나는 기력은 미미하지만 바둑은 무지 좋아한다. 하지만 실력은 동네바둑 수준이니 수졸 저 아래아래 단계에도 미치지 못한다. 그러나 훈수의 수준은 대단해서 투력의 경지를 가끔 넘보기도 한다는 게 주위의 평가다. 지금 병원으로 떠난 동무하고는 바둑으로 티격태격하면서 우정을 쌓았다. 지금 쭈꾸미 식당 부부도 바둑으로 한판 붙으면서 정을 더욱 돈독히 하는 것이리라. 오늘 밤, 달이 제법 휘영청 밝았다. 나는 불콰해진 얼굴로 쭈꾸미집 앞에 쪼그리고 앉아 있다. 세상의 편한 밤이었다. 입신은 너무 과분하다는 것을 이 총중에도 나는 너무나 잘 알고 있었다. 다만 이런 나를 누가 좌조(坐照)라 한번 불러주면 참 좋겠다, 는 아주 시건방진 기분을 잠깐 가져보긴 했다. 2010. 8. 20

인왕산
기획회의

소나기가 종일 내리기는 힘들다는 말이 있다. 하지만 요즘 비는 한 시간 내리기도 힘든가 보다. 그만큼 비의 근력이 떨어진 것일까. 예전에 비해 하늘도 기가 빠진 것일까. 대부분 30분 정도 내리다가 그치기 일쑤다. 어느 땐 사정없이 10여 분 간을 몰아치다가 금세 무슨 일이 있었느냐는 듯 뚝 그치기도 한다. 여름비는 소의 잔등을 가른다는 말도 있는데 인왕산 갈 때와 나올 때의 날씨가 너무 다르다. 비의 영향 탓인가. 인왕산에서 울어대는 매미소리도 며칠새 완연히 달라졌다. 여름 한철, 인왕산에서는 수백 마리의 매미가 일제히 왕왕거리고 울었다. 매미소리에 여름이 오고 맴맴맴 매미의 합창소리에 여름이 펄펄 달구어졌다.

  오늘 인왕산에서 듣는 매미소리는 외로웠다. 겨우 몇 마리가 울었다. 그것도 한꺼번에 우는 게 아니었다. 한 마리가 독창으로 울고 나면 다음 매미가 나서 울

음을 받았다. 한 마리의 우는 시간도 아주 짧아졌다. 마치 여럿이서 이어 부르는 돌림노래 같았다. 귀 가까이에서 들리는 것도 아니었다. 저 멀리 숲 가운데에서 희미하게 들려왔다. 매미도 근력이 떨어진 것일까. 매미도 이젠 올해의 고별무대를 준비하는 것일까. 인왕산에서 매미들의 퇴장이 임박한 듯했다. 매미소리 떠난 적막감을 무엇으로 채울까. 그 다음에 펼칠 무대를 기획회의하느라 인왕산의 숲이 몹시 부산스러웠다. 2010. 8. 23

빨간 티셔츠의
부부

중년의 부부를 만난 건 깔딱고개를 치고 올라가 인왕의 오른쪽 어깨 위에서였다. 내가 땀을 훔치고 숨을 고르며 눈으로 남산을, 등으로 북한산을 보고 있을 때, 부부는 인왕산 정상에서 내려오던 참이었다. 남편은 모자를 쓴 평범한 등산복 차림이었고 아내는 빨간 티셔츠를 입고 있었다. 빨간 티셔츠는 멀리서도 눈에 잘 띄었다. 특이한 것은 아내가 남편의 등에 딱 붙어서 아주 공손한 태도로 뒤를 따르는 것이었다. 내가 남산 사진을 몇 장 찍었을 때 부부는 나하고 정확히 엇갈렸다.

그때 나는 보았다. 아내의 양쪽 눈이 완전히 감겨 있는 것을. 아내는 앞을 전혀 보지 못하는 분이었다. 비로소 왜 그렇게 남편 뒤에 딱 붙어서 가는지 이해가 되었다. 아내는 남편의 배낭에 연결된 끈을 붙들고 산행 중이었던 것이다. 어떻게 내려가실까. 두 눈이 성한 나도 힘들게 올라온 길을. 더구나 오를 때보다 내려갈 때가 더 어렵지 않은가. 남편은 끊임없이 아내에게 작은 소리로 중얼중얼거리는 것 같았다. 그것은 두 분만이 통하는 언어이고 신호인 것 같았다. 남편이 끈을 조금 바짝 당기는 듯했다. 그리고 두 분은 조금도 망설이거나 힘든 기색도 없이 그 험한 돌계단 아래로 사라졌다.

그로부터 며칠 후, 그 부부를 다시 만난 건 인왕산 중턱 석굴암에서였다. 비가 오락가락하는 날씨였다. 석굴암 가는 길은 매우 가파르다. 옥인아파트 지나 북악스카이웨이를 건너 오로지 돌계단만으로 이루어진 길이다. 그 길의 끝에 달린 석굴암에는 큰 바위가 있고 그 바위 안에 법당이 있다. 그리고 마당 한켠에는 작은 정자가 있다. 묵묵히 발밑을 보고 걷다가 어서 계단 아닌 마당이 밟히기만을 고대하며 올라갔다. 드디어 석굴암 마당. 바위를 향해 선 채 합장하고 삼배한 뒤 정자 쪽을 바라보니 빨간 티셔츠가 눈에 띄었다. 그 부부였다. 아내는 빨간색을 못 볼 것이다. 옷이란 내가 입는 것이기도 하지만 남에게 보이는 것이기도 하다. 불편한 아내의 눈을 고려하여 남을 배려하는 마음으로 남편이 골라준 빨간색일 것이었다.

　남편은 목침을 베고 한낮의 오수를 즐기고 있었고, 아내는 그 옆에 앉아 있었다. 그것은 남편이 마음 놓고 푹 자도록 경비를 서는 것 같아 보이기도 했다. 한편 옆으로 누워 자고 있는 남편은 엉덩이로 아내가 기댈 곳을 마련해주고 있었다. 웬만하면 드르렁드르렁 코고는 소리도 들릴 법한데 아주 조용했다. 나는 살금살금 곁을 지나 바로 뒤에 있는 체력단련장으로 가서 턱걸이, 팔굽혀펴기, 윗몸일으키기, 허리돌리기 등등을 하고 가벼운 점심을 먹었다. 내려올 때 보니 부부는 아까 그 자세와 다름 없이 그대로 정자 속의 시원한 풍경과 잘 어울려 있었다.

　그저께 그 부부를 다시 만난 곳은 통인시장에서였다. 나는 퇴근길, 부부는 시장길이었다. 아내는 떡집에서 비닐 포장된 떡을 만지면서 살 것을 고르고 있었다. 남편은 큰 장바구니를 들고 뒤에 서 있었다. 바구니에는 이미 아내의 감별을 거치고 산 물건들이 빼곡했다. 기름떡볶이 할머니 가게에서 잠깐 뒤를 돌아다보았다. 떡집을 떠난 부부는 다음 가게로 이동하고 있었다. 노란 바구니를 든 남편이 여전히 아내 뒤를 묵묵히 따르고 있었다. 아내가 입고 있는 빨간 티셔츠는 멀리서도 금방 눈에 잘 들어왔다. 2010. 8. 25

먹구름 속에서
천둥이 울 때

모진 자 옆에 있다가 벼락 맞는다는 말이 있다. 벼락은 둥둥 떠다니는 구름 너머에 은거하고 있지만 그것이 활동하는 곳은 하늘이 아니다. 벼락은 점잖은 척 있다가 사람 사는 세상으로 잽싸게 내려꽂힌다. 세상 사람 중의 하나가 벼락을 맞은 게 모진 자 옆에 있었기 때문만이었을까. 그 하나의 애꿎음으로 인한 것은 아닐 것이다. 모진 자는 본시 모질었으니 그렇다고 치자. 모진 자 옆에 있다가 벼락을 맞는 더 큰 이유는 그 사람 자신 피뢰침도 없이 너무 날카롭게 세상을 찔렀기 때문이 아니었을까. 그러다 결국 찔린 것은 자신의 생이 아니었을까. 광고천재 이제석의 전쟁방지 공익 작품에서 보듯, 겨눈 총구가 결국 되돌아와서 겨눈 자의 뒤통수를 정확히 정통으로 겨누는 것처럼.

   그 사람은 자해한 상처를 보려고 아주 오랫만에 고개를 숙였다. 아아, 그러나 그 사람의 눈에 들어온 건 자신의 창에 꿰인 채 바둥거리는 자신의 생애! 정말 분명한 것이 있다. 그것은 하늘에서나 세상에서나 까닭 없는 결과는 없다는 점

이다. 이것이 있음으로 말미암아 저것이 있고, 이것이 생김으로 말미암아 저것이 생기는 것이다. 벼락의 어머니는 천둥이었다. 먹구름 속에서 천둥이 울 때 알아야 한다. 머지 않아 인왕산 가까운 곳에 벼락이 떨어질 것임을. 그러나 또 우리들은 안다. 천둥의 울음을 바탕으로 이윽고 인왕산에도 한 송이 들국화가 피어날 것임을. 2010. 8. 27

퇴장하는 매미들

놀라운 일이다. 올 여름을 뜨겁게 달구었던 매미소리가 한꺼번에 사라졌다. 나는 이 사실을 석굴암에 올라서도 눈치채지 못하였다. 월요일이면 오르는 석굴암 마당에는 오늘은 아무도 없었다. 암자 뒤곁에서 고양이 울음소리가 들릴 뿐이었다. 평상시 정자에는 신도인 듯한 아주머니 서너 분이 눕거나 앉아서 과일을 먹으며 이야기꽃을 피우고 있었는데 오늘은 아무도 없었다. 나를 위한 빈 자리는 아니었겠으나 빈 자리이기에 그냥 정자에 가서 잠시 앉았다. 그렇게 잠시 숨을 고르며 철지난 고독에 빠져 있었다.

그때였다. 그때사 매미소리 생각이 났던 것이다. 내 눈의 들보는 못 본다는 말처럼 내 귓가에서 따발총처럼 그리 따갑게 울리던 매미소리가 없어진 줄을 알아채지 못했다니! 정말 이상하다는 생각이 들어 귀 기울여 보았으나 매미소리는 들리지 않았다. 나는 수상한 고독을 깨고 나와 그렇게 많은 매미들이 어쩌면 그렇게 한꺼번에 종적을 감추었을까에 대해 생각해보기 시작했다. 그러자 이상하다고 생각하는 나의 생각이 이상하다는 것을 금방 알 수가 있었다.

나 같은 사람이야 욕심도 챙기면서 건강에도 신경 쓰면서 이리저리 이사도 해 가면서 사계절을 50번이나 겪지 않았는가. 그러고서도 또 다음 생(生)까지 들먹이면서 어쩌고저쩌고 하지 않는가. 그러나 매미에게는 주어진 시간이 그리 많지 않다. 사시(四時)는 명확하니 매미의 활동 공간인 여름은 봄, 가을, 겨울과 공평한 면적을 나눠 가질 수밖에 없다. 그런 조건 속에서 그렇게 집중적으로 살아가야 하는 매미에게 왜 이리 돌연한 집단 잠적이냐? 묻는 건 아주 공정하지 못한 처사였다. 매미 집단을 볼 게 아니라 단독자로서의 매미를 보아야 했다. 그렇게 매미는 각자 홀로 살면서 고유하고 위대하고 엄숙한 생을 완성한 것! 그리고 주어진 일생 동안 최대치의 용량으로 울음을 뽑은 것이었다. 그러니 한꺼번에 사라질 수밖에는!

내려오는 길에 신경을 멀리까지 뻗으니 매미소리가 몇 번 들리긴 했다. 아주 멀리서 희미하게 깜빡이는 등불처럼 그것은 약하고 가는 소리였다. 일부러 손가락으로 꼽으며 세어보았지만 열을 채 채우기도 전에 소리는 끊겼다. 이제 인왕산에서 매미는 올해의 소임을 다하고 끄무룩히 잦아지는 중인 것이다.

한편 소리를 모조리 쏟아내고 나무에서 땅으로 떨어진 매미의 시체들은 다 어디로 갔을까. 올 여름 인왕산에서 함박 터져나온 소리를 생각한다면 최근의 잦은 비에 쓸려 인왕산 아랫녘은 밟히는 게 매미들의 시체여야 마땅할 것 같았다. 그러나 그런 일은 일어나지 않았다. 대체 매미의 시신은 어디에 있을까. 비록 이미 나 있는 등산로로만 다니지만 석굴암까지는 그래도 제법 먼 길이다. 나는 그 길의 끝인 석굴암 입구 계단에서 겨우 매미 시신 한 구를 보았을 뿐이었다. 매미는 아무 것도 걸치지 않은 채 그대로 누워 있었다. 다른 곳 아닌 절 앞의 제단에서 풍장(風葬)하고 있는 매미한테 참 자리 한 번 명당일세, 해 보았자 다 부질없는 일이다. 후손이 없는 매미는 제 누울 자리만 미리 점지해 놓고 다른 세계로 가고 없는 것이다.

내 눈에는 띄지 않지만 지금 숲속에는 죽은 매미들이 즐비하게 누워 있을 터, 나는 인왕이 이를 잘 알고 현명하게 대처해 나가리라고 믿는다. 지금 분별없는 등산객들의 어지러운 발자국에 매미들의 최후가 더럽혀지지 않는 것은 인왕이 매미들에게 베푸는 최대한의 예의와 배려 덕분일 것이다. 숲은 숲에서 일어나는 모든 일을 감당하는 법이다. 그래야 내년에도 또 매미들이 시끄럽게 찾아오고 또 그래야 활기찬 여름도 장(場)을 펼치지 않겠는가. 2010. 8. 30

다시,
가을
✣
9월

잘 가거라,
알렙

비가 오락가락하는 인왕산에서 점심을 먹으며 한 시간 가량 머무는 동안 주로 매미에 대해 생각을 하였다. 그렇게 집중된 생각으로 털레털레 인왕산을 빠져 나올 무렵이었다. 해맞이 동산 옆 약수터에 잇닿은 가파른 계단을 불과 네 개 남겨둔 지점에서였다. 갑자기 휙, 뭔가가 내 밀짚모자를 건드렸다는 느낌이 들었다. 좀 과장되게 말한다면 투닥투닥, 귀여운 헬리콥터하고 부딪힌 기분이었다. 좀 어리둥절한 가운데 며칠 전 생각이 났다. 그때 나의 이마와 매미의 이마가 가볍게 충돌한 적이 있었다. 그 이후 인왕산 매미 사회에 소문이 좀 났을 텐데, 정보에 좀 어두운 녀석이었나? 하고는 풀섶 여기저기를 훑어보았다. 그러나 그 종적을 찾기가 바이 없어 관둘 수밖에 없었다. 그저, 매미들 생각을 많이 해주니 매미 대표가 나한테 고맙다는 인사라도 하는 건가, 뭐 이런 내 식대로의 터무니없는 생각을 하면서 사무실로 복귀했다.

나는 모자를 탁자에 던져두고 땀을 씻고 오후의 일에 집중했다. 오후 5시 무렵. 궁리에 종이를 공급해주는 지류회사 대표가 수금을 위해 방문했다. 그와 커피를 마시며 출판 경기에 대해, 종이가격 전망에 대해 이야기하는 중이었다. 무심코 모자를 치우려고 건드렸더니 퍼드덕, 하는 소리가 났다. 세상에나! 이럴 수가! 나는 모자 바깥에서도 지금 모자 안에서 나는 소리의 주인공이 누구인 줄을 단박에 알 수 있었다. 그것은 작은 매미였다. 가만 정리해보자. 아까 충돌한 게 매미라는 짐작은 맞았고 그게 풀섶으로 튕겨나갔으리란 추측은 완전 빗나간 셈이었다. 매미는 밀짚모자와 내 머리통 사이의 그 얇은 틈을 어떻게 파고들어왔을까.

궁리 사무실은 스킨답서스가 온통 천장을 휘감고 있다. 그 잎줄기에 매미를 놓아주었다. 그러나 이제 여름이 서서히 저물어가듯 매미도 힘을 잃어가는 중이었다. 매미는 울려고도 하질 않았다. 그저 얌전하게 천천히 줄기를 타고 오르던 매미는 형광등 모서리에 가만히 엎드려 쉬고 있었다. 형광등 불빛이 좋은 것일까. 여러 날 계속된 흐린 날씨에 몸이라도 좀 녹이려는 걸까.

지류회사 대표가 떠나고 전화가 왔다. "별고 없었느냐." "예. 참 이윤기 선생님 장례식에는 다녀오셨나요?" "응, 마지막 송별회에 갔다왔다." "그러셨군요. 첫 책이 나왔어요. 곧 가지고 한번 놀러 갈게요." "그래. 축하축하한다. 앞으로도 꾸준히 잘 하그라." 그는 능력 있는 편집자로 최근 독립하여 자신의 출판사, 알렙을 차린 후배이다. 알렙이란 남미의 유명한 소설가 호르헤 루이스 보르헤스의 소설에서 따온 이름으로 이 세상의 모든 사물, 상황, 모든 시간과 공간이 단 한순간으로 압축되어 있는 존재를 뜻한다.

문득 매미한테 이름을 지어주어야겠다는 생각이 들어, 그냥 알렙으로 정했다. 매미 나라에서 부르는 이름이 있을지도 모르겠지만 그걸 지금 내가 알 도리는 없다. 이봐, 알렙. 형광등이 따뜻해? 그러자 나와 매미의 거리가 급격히 가까워진 느낌이 들었다. 여섯 시가 지나 모두들 퇴근했다. 나는 금천교시장에서 저녁 약속이 있어 서둘러야 했다. 알렙을 어떻게 할까? 두 군데 유리창을 반쯤 열어놓기로 했다. 알렙이 밤늦게라도 나가고 싶다면 바람 들어오는 곳을 인지하고 밖으로 나갈 것이라고 짐작했다. 스위치를 내리고 화장실을 다녀오니 알렙이 어디로 숨었는지 보이지를 않았다. 곤충학자는 아니지만 매미는 불 꺼진 형광등은 좋아하지 않는다는 것을 나는 확실히 알 수 있었다. 이봐, 알렙. 어딨어? 소리쳐도 아무런 대꾸가 없었다.

문을 닫고 나가다가 그래도 걱정이 되어 다시 들어왔다 하기를 세 번인가. 알렙, 이번에는 진짜 간다 인마, 하려는데 열어놓은 창문 근처에서 푸드덕 하는 소리가 났다. 얼른 가보니 알렙이 유리창에서 미끄러져 창틀 사이에서 꿈틀거리고 있었다. 알렙은 별 저항없이 내 손가락을 붙들고 일어섰다. 알렙을 데리고 사무실을 나섰다. 알렙, 여긴 네가 있을 곳이 아니야. 얼른 인왕한테로 가. 알렙은 좀체 나에게서 떨어지려 하지 않았다. 나는 안다. 그건 내가 좋아서가 아니라 지금 알렙의 기력이 쭈욱 빠졌다는 것을. 모든 매미들이 걸어간 쓸쓸한 그 길로 알렙도 걸어가고 있는 중이었다. 그래도 네 자리를 찾아가야 한다, 알렙. 사무실 밖의 감나무 잎에 올려놓으려 몇 번 시도하는 와중에 알렙이 마지막 기운을 내더니 휙, 몸을 공중으로 띄웠다. 그리고 다행히 시내가 아니라 인왕산 쪽으로 날아갔다. 금천교시장에 이르러 나도 인왕산 쪽을 바라보고 마지막으로 중얼거렸다. 잘 가거라, 알렙! 2010. 9. 1

가죽나무를 위하여

지난 주말 태풍 곤파스가 서울을 덮쳤다. 그 여파로 길가의 가로수가 많이 쓰러졌다. 잠원성당 앞 횡단보도 옆을 지키고 있던 아름드리 가죽나무도 이번에 쓰러지고 말았다. 이른 아침에 그 가죽나무는 도로를 가로질러 누워 있었다. 서서 하늘을 찌를 때에는 몰랐는데 누운 나무를 보니 키가 어마어마하다는 사실을 알 수 있었다. 나는 가죽나무가 아무 생각 없이 그냥 쓰러진 게 아니란 것을 안다. 나무는 신통하게도 바로 곁에 있는 구두수선 가게를 피하고 성당도 피하고 행인이 지나다니는 보도도 피한 뒤, 그나마 지붕으로 방패막이를 하는 차들을 향해 필사적으로 방향을 틀어 넘어진 것이었다. 그것도 횡단보도와 평행하게 도로의 직선거리로 누운 것이었다. 그래야 부딪히는 면적을 최소한으로 하기 때문이었다.

마치 컴퍼스로 잰듯 아주 정확했다. 그것은 아주 오래전 시베리아의 겨울 호숫가에 비상 동체착륙하면서 승객들의 목숨을 구한 KAL 항공기 조종사의 필사적인 노력과도 같은 것이 아니었을까. 쓰러진 장소도 장소였지만 쓰러진 시간 또한 나무를 칭찬해야 마땅했다. 나무는 밤새 버티다버티다 학생들이 등교하고 직장인이 출근하는 시간대 직전에서 그만 맥을 놓아버린 것이었다. 그 급박한 와중에서도 차들의 통행이 가장 뜸한 순간을 찾아서.

그러나 이런 나무의 영웅적 행동에 대한 당국의 처사는 너무나 가혹했다. 지난 겨울 조금 내린 눈에도 교통대란을 경험한 이들이 속전속결로 나무를 토막내고 치운 것이었다. 나무는 여러 토막으로 절단되어 횡단보도 옆에 쌓여 있었다. 그것은 정육점에서 소의 다리뼈를 토막낸 것과 흡사했다. 우리 시대는 이런 사태를 이런 식으로밖에 처리할 줄 모르는 것이다. 수십 년의 세월을 견뎌온 나무의 상태를 살펴 나무의 상처를 치료하고 붕대를 좀 감고 굴착기와 기중기를 동원해서 다시 살리려는 것은 시도조차 않는 것이었다. 그러기엔 차들이 너무 빵빵거리고 승객들이 입이 너무 튀어나오기 때문이었다.

한편 이상한 일이 하나 있다. 버스를 타고 출근하는 동안 고속버스터미널 주위는 물론 반포대교 남단 등지에서 쓰러진 나무들이 한두 그루가 아니었다. 내가 목격한 것만도 30여 그루가 넘는 것 같았다. '삶의 질 세계 1등'이라는 서초구에서 왜 이런 일이 벌어졌을까. 반면 인왕산 자락에 도착하고 보니 효자동 일대에서는 가로수들이 너무나 이번 태풍을 잘 견디고 있었다. 왜 그럴까. 나는 희미하게나마 그 까닭을 짐작할 수 있었다. 그것은 산이 주위에 있고 없음의 차이가 아닐까. 산에 있는 나무는 물론이려니와 가로수도 산에 깃들어 살 때 힘이 나는 법이다. 그러니 차량에, 행인에 하루 종일 시달리는 서초구의 가

로수들이 의지처를 잃고 쓰러지는 것은 예견된 일이 아니었을까.

추운 겨울날 술 먹고 들어올 때 가로등과 나무를 한번 만져본 사람은 안다. 차디찬 가로등에 비해 껍질이 우툴두툴한 가죽나무는 한낮의 온도를 그대로 간직하고 있다. 그것은 언 손을 녹이는 난로도 되고 딱딱히 굳은 손가락을 펴는 지압기도 된다. 볼을 가만히 대면 가죽나무는 나의 얼굴에 저의 따뜻한 온기를 건네주었다.

위키백과사전에는 가죽나무를 이렇게 설명하고 있다. "가죽나무. 줄기는 밋밋하게 자라고 성장이 바르다. 나무껍질이 회갈색이다. 잎표면은 녹색이고 뒷면은 연한 녹색으로 털이 없다. 꽃은 단성화로 원추꽃차례를 이루며 6월에 백록색의 작은 꽃이 핀다. 열매는 적갈색으로 프로펠러처럼 생긴 날개 가운데 한 개의 종자가 들어 있다." 한자어로는 가승목(假僧木)이라고 하는 나무. 그래서인가. 고행하는 수도승처럼 묵묵히 길을 지키다 바람에 쓰러져 바람처럼 사라진 잠원성당 옆의 가죽나무. 올 겨울 추운 날이면 네 생각이 많이 날 것 같다. 2010. 9. 6

사과처럼 환하게
영글어가는 중

사과밭에 가면 사과나무 아래 두둑마다 반짝이는 은빛 비닐을 쳐놓았다. 이는 잡초의 발호를 막기 위하여 검은 비닐을 두르는 것과는 다른 것이다. 그것은 햇빛을 반사시켜 사과의 당도를 높이려는 것! 따라서 사과도 깊은 골짜기에서 영그는 게 훨씬 맛있다. 골짜기에 쏟아진 햇빛 알갱이들이 많이 우글거릴수록 사과나무가 훨씬 태양의 기운을 용이하게 흡수하기 때문이다. 거창에는 사과가 유명하다. 그만큼 골짜기가 좁고 깊다는 이야기다. 부친의 산소가 있는 곳은 자루골이다. 자루같이 생겼다 해서 자루골이다. 산소 바로 아래 큰종형의 사과농장이 있다. 그러니 자루골 사과맛이야 얼마나 더욱 좋겠는가. 벌초 마치고 까치가 쪼아먹은 것을 골라 낫으로 깎으면 사과에 꿀이 가득가득 박혀 있다.

  궁리에서 퇴근할 때 골목을 골라잡으며 간다. 통인시장을 통과할 때가 많지만 요즘 새로운 길에 재미가 들렸다. 그곳은 통인동감자탕집 옆으로 난 새끼골

목이다. 그곳에는 각종 화분이 잔뜩 놓여 있다. 화분에는 사과 같은 유실수는 없고 꽃과 넓은 잎사귀를 가진 식물들이 자라고 있다. 그리고 그 앞에는 야외 돗자리를 깔고 동네 아주머니 몇 분이 앉아 계신다. 돗자리는 고향의 사과나무 아래처럼 은빛이 나는 것이었다. 저녁밥을 준비해놓고 퇴근하는 가족들을 느긋하게 기다리는 모양이었다. 이젠 한낮의 지긋지긋한 더위도 모두 물러갔다. 그저 부채를 부치며 무릎을 치며 방울토마토와 포도를 먹으면서 이야기꽃만 피우면 되는 것이다.

   며칠 전 꽃이름을 몇 개 물은 뒤부터 아주머니들과 나는 아는 사이가 되었다. 지나칠 때마다 인사를 나눈다. 저녁이라 햇빛은 미미했지만 반짝이는 돗자리에 앉아서 아주머니들의 얼굴도 사과처럼 환하게 영글어가는 중! 어느새 빽빽해진 골목의 어스름은 동네 아주머니들의 마음을 부드럽게 어루만진다. 무사히 하루를 마감하는 평화와 여유가 골목에 가득 찼다. 2010. 9. 6

비 오는 날의
가뭄

주간지 《시사인》의 김은남 기자가 쓴 〈장마는 옛말? '우기' 접어든 한반도〉라는 기사는 이렇게 시작한다. "수수께끼 하나. 지난 8월 한달 서울에 비가 내린 날이 며칠일까? 놀라지 마시라. 무려 24일이다. 단순 비유하자면 사흘 비 오고 하루 반짝 맑은 날씨가 한달 내내 이어진 셈이다. 이는 기상청이 기상관측을 시작한 1908년 이래 8월 중 가장 자주 비가 내린 기록이기도 하다. 두 번째로 8월에 비가 자주 내린 때는 1936년(22일), 세 번째는 1998년(21일)이었다." 정말 그렇다. 비는 자주 오고 자꾸 왔다.

그러나 태양이 정확히 이 세상의 절반한테만 빛을 주는 것처럼 비도 이 세상을 골고루 다 적시지는 못한다. 반만 적신다. 비 오는 날 인왕산에 가보면 안다. 잎사귀의 뒷면은 웬만해서는 비에 젖지 않는다. 비는 그저 물뿐이어서 별다른 수단이나 장치가 없다. 해서 완고한 지붕이 있는 집 안이나, 문이 닫힌 방

안으로는 들어갈 수가 없다. 한편 비 앞에서 세상은 불공평하다. 빗방울이 바지에 튀는 것이 몹시 싫어 비 오는 날 외출을 삼가는 사람이 있는가 하면 그 빗방울에 목이 말라 밖으로 나가고 싶은 실내 화분도 있다. 실내에서 사람들의 귀여움을 받아먹고 사는 식물들한테 비는 그림의 떡이다. 그러나 제 고향에서처럼 감로수 한 방울 핥아먹고 싶은 화분 속 식물이 스스로 비 맞으러 나갈 방도는 사실상 없다.

사람들은 비가 많이 오면 머릿속도 그냥 흥건해져서 실내 화분에도 비가 뿌리는 것으로 착각하는 모양이다. 그래서 마음도 그냥 축축해져서 물 주기를 게을리하는 일이 흔히 벌어지기도 한다. 비 많이 오는 날이 정작 화분들한테는 가뭄인 셈이다. 〈내 친구의 집은 어디인가〉, 〈체리 향기〉로 유명한 이란 출신의 영화감독 압바스 키아로스타미는 사진도 잘 찍고 글도 쓴다. 그의 사진 에세이집인 『바람이 또 나를 데려가리』에 짧막한 시가 있다. "비는 먼 바다에 쏟아지고, 들은 바싹 타들어가고." 그 감독의 눈에도 비 앞에서 불공평한 세상, 비 오는 날의 가뭄이 눈에 들어온 게 아니었을까.

궁리 사무실은 유리창이 많다. 삼면으로 온통 바깥이 훤히 보인다. 비 오는 날, 빗소리가 잘 들리는 것은 물론 빗줄기도 잘 보인다. 요즘 서울 사람들은 비가 너무 자주 와서 힘들었고, 화분에 담긴 식물들은 너무 가까이에서 들리는 빗소리에 힘들어하는 것 같았다. "야, 요즘에 비 오는 것 조다카믄 한 대 얻어맞겠네." 하면서 시들어가는 화초의 얼굴과 눈 맞추며 물을 듬뿍 주었다. 2010. 9. 8

9월 10일의
시 한 편

2007년 정월 어느 날. 서울대학교 명예교수이신 이병한 선생이 원고뭉치를 가지고 궁리를 방문했다. 하루에 한 편씩 읽도록 중국과 우리나라의 한시(漢詩) 중에서 고르고 고른 365편이었다. 제철 음식 먹듯 절기를 고려하여 뽑은 명편들이었다. 이상도 해라. 원고를 일별하는데 그 시가 턱, 눈에 들어오는 것이었다. 선생의 원고에는 백거이 11편, 이백 10편, 왕유 7편, 소식 6편, 두보 5편, 두목 5편, 그리고 우리나라 시인으로 이규보 6편, 이옥봉 4편, 정몽주 3편, 이언적 3편, 서산대사 2편 등이 포함되어 있었다. 그 기라성 같은 시들 속에서 연암 박지원이 쓴 시가 쏙, 마음에 들어오는 것이었다.

아주 오래전, 〈새끼와 유전자〉란 제목으로 이런 글을 쓴 적이 있다. "아주 쉽게 설명하건대 유전자의 이중나선 구조는 새끼의 그것과 꼭 같다. 명민한 서양학자들이 노벨상을 다투며 실험실에서 고안하기 전 우리는 벌써 이 구조를 응용하고 있었다. 나는 지금도 선명히 기억한다. 겨울 골방 아랫목에서 기도하듯 두 손 모아 위로 뻗어올리면서 새끼를 꼬아나가던 모습들을. 가을날, 새끼줄이 탯줄인듯 주렁주렁 달린 지붕 위 열매들. 겨우내 오줌장군에서 하얗게 기화하는 짚들. 뿐인가 옆집 새댁 해산한 날 빨간 고추를 꽂은 금줄. 해동하여 상여가 오면 새끼는 더욱 많이 소용되었지. 자연과 인공의 접면에서 나부끼던 저 흔적 없는 바느질 자국." 그렇다. 요즘이야 유전자(DNA)의 이중나선 구조는 누구나 다 아는 너무나 흔한 과학의 상식이 되었다. 하지만 제임스 왓슨과 프랜시스 크릭이 이 가설을 처음 발표했을 때만 해도 과학도들조차 이 개념을 이해하고 받아들이는 데 적지 않은 어려움을 겪었을 것이다. 그때 그냥 유전자의 새끼구조라 했으면 훨씬 수월하지 않았을까.

연암의 그 시를 읽는데 위의 글이 저절로 떠올랐다. 그리고 나는 짧은 소견이었지만 확신할 수 있었다. 연암은 유전 현상을 이론으로 집대성하거나 실험으로 증명하지 못했을 뿐 그 원리는 이미 틀림없이 깨쳤다고. 이병한 선생의 원고는 『하루 한 수 한시 365일』이라는 제목으로 묶여 나왔다. 하루에 한 수씩 읽도록 편집되어 있다. 9월 10일의 시는 내 작은 시심(詩心)을 뒤흔들어놓은 연암의 그 시이다. 제목은 〈연암억선형(燕巖憶先兄)〉. 가수 이용이 〈잊혀진 계절〉을 부르기 위하여 10월의 마지막 날을 기다리듯 나는 이 시를 읽기 위하여 9월 10일을 기다린다. 이맘때쯤이면 어김없이 돌아오는 벌초와 추석 분위기와도 어쩜 그리도 딱 들어맞는지!

   我兄顔髮曾誰似(아형안발증수사) 형님 모습 누굴 닮으셨던가
   每憶先君看我兄(매억선군간아형) 아버님 생각나면 형님 바라보았는데
   今日思兄何處見(금일사형하처견) 그 형님 그리운데 어디에서 뵈올까
   自將巾袂映溪行(자장건몌영계행) 시냇물에 내 모습 비추며 나는 간다네

  2010. 9. 10

가을의
노래

"(아니리) 아무리 더듬어 봐도 뺑덕이네가 없는지라 심봉사 그제야 뺑덕이네가 도망간 줄 알고, 아이고 이년 갔구나. 갔어. (진양) 심봉사 기가 맥혀, 아이고 이를 어쩔거나. 허허 뺑덕이네가 갔네그리여. 예끼 천하에 의리 없고 사정 없는 요년아. 당초에 니가 버릴테면 있던 데서나 마다허지. 수백 리 타향에 와서 날 버리고 니가 무엇이 잘 되것느냐. 요년아 예끼 천하 몹쓸년아. 뺑덕어멈아 잘 가거라."※ 뭐, 이렇게 뺑덕이네처럼 가는 것은 아니겠지만 인왕산에서 매미들은 가고 매미소리도 사라지고 또 그렇게 여름이 물러가고 있다.

그렇다고 매미가 뺑덕어멈이고 내가 심봉사란 소리는 아니겠지만 한꺼번에 종적을 싹 감춘 매미 없는 인왕산에 오르자니 이처럼 판소리 한 대목이 생각나는 것이었다. 내가 겪는 여름의 풍경은 작년까지만 해도 예전에 으레껏 그래왔

듯 사정은 똑같았다. 매미만 하더라도 나에겐 그냥 매미요, 따가운 매미소리요, 그저 이 계절에 지나가는 하나의 곤충에 불과했다. 그러나 올핸 좀 달랐다. 저들이야 어떻게 생각할지 모르겠지만 나는 인왕산의 매미들과는 사연도 추억도 제법 만들었다. 아는 만큼 본다고 했지만 접촉한 만큼 느끼는 것도 많았다. 매미 울음이 그친 인왕산은 관객이 빠져나간 텅 빈 객석 같았다.

　그렇다고 다음 공연마저 끝난 것은 아니었다. 오늘 보니 다음 출연자가 벌써 모습은 드러내지 않은 채 저만치서 발성 연습을 하고 있었다. 그것은 귀뚜라미, 즉 실솔(蟋蟀)이었다. 매미가 좀 높은 공중에서 소리를 내었다면 귀뚜라미는 땅바닥에서 소리를 낸다. 관객들의 기호를 잘 파악하는 연출자는 벌써 스피커를 옮겨놓은 것이다. 개미가 기어가듯 땅으로 기어가며 내는 소리는 매미소리와는 음의 색깔이 달라도 너무 달랐다. 여름의 노래와는 또 다른 가을의 노래였다. 매미가 아주 높은 고음으로 합동공연한 트로트가수였다면 귀뚜라미는 은은하게 저음을 파고들며 여기저기에서 독창하는 성악가? 그래서 그런가. 이 클래식한 음악 사이로는 꾸꾸꾸엉, 꾸꾸꾸엉, 꾸꾸꾸엉. 우정출연이라도 하는 듯 꿩들의 남저음 목청도 간혹 섞여 들려오는 것이었다. 꾸엉꾸엉, 꾸꾸꾸꿩.
2010. 9. 13

※ 판소리 〈심청가〉 중 '심봉사 황성 가는 대목' 중에서.

해안선과
천안선

2009년 10월. 스위스 한림원이 노벨 경제학상의 공동 수상자로 엘리너 오스트롬 미국 인디애나대 교수를 선정했다. 노벨상에 경제학 분야가 추가된 이래 사상 첫 여성 수상자였다. 오스트롬 교수는 "우리는 여성도 훌륭한 연구를 해낼 능력이 있음을 확인했다. 첫 여성 수상자가 되어 영광이며 내가 마지막이 아니기를 바란다."는 수상소감을 밝혔다고 한다. 수상 직후 11월 오스트롬 교수가 우리나라를 방문했다. 노벨상이라면 한 수 접고 들어가는 우리나라에서 오스트롬 교수는 이곳저곳에서 많은 인터뷰를 하고 강연을 했다. 다음의 말이 무척 인상적이었다. "한국은 삼면이 바다에 둘러싸여 있어 매우 긴 해안선을 갖고 있습니다. 이는 미래를 위해 상당히 중요한 자원입니다."

오스트롬 교수의 대표작은 한글로도 번역된 『공유의 비극을 넘어』라는 책이다. 노벨상까지 수상한 그녀의 이론은 공공의 재산을 유지 관리하는 방법에 관한 획기적인 대안을 내놓은 것이라 할 수 있다. 그녀는 경제학자라기보다는 정치학자이다. 그녀의 이론에 따르면 공공의 재산을 관리하기 위해서는 중앙정부가 주도하기보다는 해당 지방정부와 주민들에게 맡기는 것이 더 좋다는 것으로 요약할 수 있다. 자식이 없는 그녀는 같은 대학 같은 학과 석좌교수인 남편과 함께 1층짜리 나무집을 손수 지어 지금까지 살고 있다고 한다. 그리고 노벨상 상금은 학교에 기증하였고 월급의 절반도 장학금으로 내놓는다고 한다. 공유의 의미를 철두철미하게 실천하는 셈이다.

2010년 8월. 오스트롬 교수가 세계산림과학대회 참석차 거의 1년만에 방한하였다. 노벨상의 경력뿐만 아니라 일상생활의 태도를 고려한 적합한 초청인사로 여겨졌다. 오스트롬 교수는 "정부의 개입으로 규제하는 방법은 자연자원 고갈을 막는 데 효과적이지 않다."며 "실제 국유화한 지역과 그러지 않은 지역을 비교한 결과 비슷한 수준으로 보존을 유지했는데 이는 잘만 하면 자발적 감시가 정부의 역할보다 훨씬 효과적일 수 있다는 것을 시사한다."고 어느 강연회에서 말했다.

지금 4대강을 두고 벌어지는 첨예한 논쟁에 많은 시사점을 던지는 것이라고 하겠다.

작년 오스트롬 교수가 우리나라의 해안선에 대한 한 특별한 언급을 듣고 나는 다음과 같은 글을 쓴 바가 있다. "구름의 분포도가 오락가락 하더니 여러 날 만에 하늘이 활짝 개었다. 인왕도 말끔하게 면도를 한 얼굴처럼 테두리도 선명하다. 멀리서 보기에도 기분이 좋은 듯하다. 해안선에 빗대 굳이 작명하자면 천안선(天岸線)인가. 그 흐뭇한 곡선이 무척 좋다. 자주 인왕산에 오른다. 등성이를 차례로 밟고 나가면 사직공원-북악스카이웨이-경비초소-선바위-치마바위-해골바위-깔딱고개-자하문으로 내려오는 완주코스이다. 이건 오늘의 코스이고 내일의 코스는 高城-강릉-포항-감포-固城-목포-군산-강화도이렷다." 그런데 그렇게 해안선을 밟아가는 거창한 계획을 짜고서도 좀 허전한 기분이 드는 것은 어쩔 수가 없었다. 항아리를 열었다가 뚜껑을 닫지 않은 기분이었다.

그런데 나의 찜찜한 기분을 일거에 날리는 소식이 날아들었다. 세계적인 여성 동물학자이자 환경운동가인 제인 구달 박사가 2010년 9월 말에 우리나라를 방문한 것이다. 구달 박사의 대표작인 『희망의 이유』는 궁리에서 2000년에 출간된 바도 있다. 그 구달 박사가 어느 특별대담에서 "생물다양성의 표본인 한반도 비무장지대(DMZ)를 사람들 손에 훼손되지 않을 세계자연유산(World Heritage Site)으로 두어야 한다."[88]고 제안했다는 뉴스를 보는 순간, 그래, 바로 이것이야, 하는 기분이 들었다. 한반도의 남은 테두리를 구달 박사가 화룡정점하듯 시원하게 이어준 것이었다. 그리하여 이제 세계적인 두 동갑 여성학자에 의해 우리 국토의 울타리가 새로운 의미를 획득하게 되었다. 그리하여 내 일생 안의 그 언젠가에 국토의 가장자리를 좇아 한 바퀴 돌아 서해물로 세수하고 동해물로 목욕하겠다는 여행길도 마침내 완성되었다. 高成-강릉-포항-감포-울산-부산-固城-여수-해남-목포-군산-인천-파주-철원-화천-양구-高成. 2010. 9. 15

---

[88] 《조선일보》 2010년 9월 29일자에서 인용.

내 지갑 속의 인왕산 계곡

아침에 눈이 번쩍 뜨이는 기사를 읽었다. "조선시대 한양의 '장동(壯洞)'은 인왕산 남쪽 기슭에서 북악산(백악산) 계곡에 이르는 지역이었다. 지금으로 따지면 효자동과 청운동 일대이다. 권문세가들이 모여 살면서 한양 최고의 부촌을 이뤘다. 겸재 정선도 이곳에 살며, 권문세가의 후원으로 작품 활동을 했다. 정선은 이 일대 유명한 명승지 여덟 곳을 골라 화폭에 담았다. (……) 이 가운데 〈수성동(水聲洞)〉은 지금의 옥인아파트 일대를 그린 작품이다. 수성동은 과거 '물소리가 빼어난 계곡'이라는 뜻에서 붙여진 이름이다. 작품 속 수성동은 우뚝한 바위산 사이로 급한 개울이 흐르고, 동자 하나를 데리고 나온 세 명의 선비들이 풍경을 즐기고 있다. (……) 지금은 옥인아파트를 비롯해 복개도로, 콘크리트로 뒤덮인 수성동 계곡이 옛 모습 그대로 복원될 예정이다. 서울시는 정선의 작품인 수성동에 그려진 모습대로 이 일대를 내년 6월까지 복원하겠다고 15일 밝혔다."는 내용이었다.

오랏줄 같은 넥타이를 벗어던진 뒤 복장이 간소해졌다. 그러다 보니 호주머니의 면적도 대폭 줄어들었다. 자동으로 지갑도 명함지갑으로 대체했다. 그 좁아터진 지갑에는 꼬깃꼬깃하게 접은 신문 스크랩이 하나 들어 있다. "서울시는 최근 문화재 위원회 심의를 거쳐 겸재의 그림에 등장하는 인왕산 수성동 계곡을 서울시 문화재로 지정하기로 했다고 29일 밝혔다. (……) 서울시의 문화재 지정 대상은 인왕산길 아래 계곡 상류에서 하류 복개도로 전까지 길이 190m의 계곡과 옥인아파트 옆에 있는 길이 3.8m의 돌다리다. 이곳은 세종대왕의 셋째 아들이자 당대 명필이었던 안평대군(1418~1453)의 집터로도 유명하며, 현재는 철거 예정인 옥인아파트가 들어서 있다. 겸재는 평생을 살던 곳인 백악산과 인왕산 아래 장동 일대를 여덟 폭의 진경으로 담아 '장동팔경첩(壯洞八景帖)'으로 남겼는데, 수성동의 풍경도 그중 한 폭에 담겨 있다. 추사 김정희와 규장각 서리 박윤묵 등 조선 후기 문인은 수성동의 아름다운 풍경을 시로 남기기도 했다. 옥인아파트 옆 돌다리는 안평대군 집에 있었다는 '기린교(麒麟橋)'로 추정되기도 했으나 최근 정밀감식에서 기린교로 단정할 증거는 없는 것으로 확인됐다. 서울시는 이 돌다리가 겸재의 그림에 등장하는 데다 사대문 내 유일하게 원위치에 원형 보존된 통돌다리라는 점에서 문화재로 지정했다고 설명했다."※※※는 것이었다.

알고 보니 그곳은 내가 인왕산을 오르내릴 때 뻔질나게 드나들었던 곳이 아닌가. 그곳에 기린교라니! 문득 짚이는 다리가 하나 있었다. 그곳은 석굴암에서 급한 경사로를 내려와 옥인아파트가 시작되는 지점이었다. 그곳에는 작은 소(沼)가 하나 있다. 비가 오고 난 다음에는 소에 제법 물이 풍부했고 꼬마들이 물장구를 치고 놀기도 했다. 어느 날엔 꼬마들이 민물새우를 잡아서 물병에 담아두기도 했다. 바로 그 웅덩이 옆에 그림속의 다리로 추정되는 것이 하나 있었던 것이다. 나는 그곳에 가서 신문 쪽지를 꺼내 비교해보았으나 너무 세월이 흘러 풍경을 비교한다는 게 불가능하다는 것을 알았다. 다만 확실히 아니란 증거가 나올 때까지 나에게 그 다리는 겸재의 그림에 나오는 다리이고 또 기린교로 삼기로 했다.

그러고 한참 지나 옥인아파트 철거 작업이 시작되면서 아파트를 통과하기가 불가능해졌다. 공사하는 아파트 주위로 높은 가림막이 세워진 것이다. 나는 얼른 기린교가 궁금해서 올라가보았다. 소는 이미 뭉개진 지 오래였고 내가 기린교로 추정했던 바로 그 다리는 차림막의 경계에 눌려 신음하고 있었다. 어디 고발이라도 할 때 증거가 되겠다 싶어 사진을 찍고 내려와서 인터넷을 뒤졌더니 내가 잘못 안 것이었다. 신문에서 말하는 그 다리는 내가 짚었던 것이 아니라 옥인아파트 단지 안에 있는 것이라고 했다. 계곡에 세워진 옥인아파트 단지에는 다리가 여러 개이고 그 중 하나인 듯했다. 다행이었다.

인왕산 자락에서 나고 자란 겸재 정선, 추사 김정희, 존재(存齋) 박윤묵 등 당대의 예술가들은 그림으로 시로 인왕산과 그 아래 계곡의 아름다움을 묘사했다. 비 오는 날의 인왕산을 노래한 추사의 시다. "골짝에 들어서니 몇 걸음 안 가서 / 발밑에서 우레소리 우르릉 / 축축이 젖은 산을 안개가 감싸니 / 낮에

가도 밤인가 의심되누나."

또 지금으로부터 꼭 2백 년 전인 1810년 여름 박윤묵은 장마가 그친 어느 날 술병을 차고 수성동을 찾은 뒤 다음의 글을 남겼다. "수십 일 동안 내린 비로 개울물이 불어서 얕은 곳도 세 자 깊이나 되었다. 나막신을 신고 우의를 걸친 뒤 술 한 병을 들고 몇몇 벗과 함께 수성동에 들어갔다. 돌다리에 이르니 개울이 넘치고 폭포가 장쾌하여 완전히 다른 세상이었다. 인왕산 백 개의 골짜기와 천 개의 개울은 수성동에 이르러 하나의 거대한 물줄기를 이룬다. 산을 찢을 듯, 골짜기를 뒤집을 듯, 벼랑을 치고 바위를 굴리면서 흐르니…… 그 기세는 막을 수 없다."

겸재의 수성동 계곡 그림에는 동자를 데리고 풍류를 즐기는 세 명의 선비가 등장한다. 내년 여름이면 서울시의 복원 사업도 끝날 것이고 수성동 계곡은 제 모습을 찾을 것이다. 비 많이 오고 갠 어느 하루, 나도 두 동무와 겸재의 그림 속으로 들어가야겠다. 그리고 그날 술값은 내 기꺼이 낼 작정이다. 지갑을 부시럭거리다보면 신문 스크랩이 나오겠지. 그땐 제대로 한번 그림 속의 풍경과 눈앞의 풍경을 비교해볼테다. 2010. 9. 17

❈ 《한겨레》 2010년 9월 16일자에서 인용.
❈❈ 《경향신문》 2010년 4월 30일자에서 인용.

내가 놓친 사람들, 나를 떠나간 얼굴들

오늘은 추석이다. 이날 내가 가장 있고 싶은 자리는 사실 인왕산 정상의 해골바위 옆이었다. 그곳에서 환한 보름달을 바라보고 싶었다. 팔짝 뛰어보면 하늘에 닿고 보름달로 건너갈 수 있을 듯도 싶었다. 그러나 어머니 모시고 형제들이 모여서 노는 자리도 또한 마다할 수는 없었다. 암사동 선사시대 유적 옆에 있는 큰형님의 아파트에서 인왕산을 그리워하면서 달구경을 하는 것으로 만족해야 했다.

황동규 시인의 『나는 바퀴를 보면 굴리고 싶어진다』는 20대 시절 내 옆구리에 오래 머물렀던 시집 중 하나이다. 이 시집은 시들도 시이지만 특히 뒷표지에 실린 시인의 짧은 산문이 그때는 좋았다. 좀 길지만 인용해본다. "사람을 있는 그대로 사랑하는 법을 배우는 데는 오랜 시간이 걸린다.(……) 상대방을 자기 비슷하게 만들려고 하는 노력을 사람들은 흔히 사랑 혹은 애정이라고 착각한다.(……) 그 노력이 실패로 돌아가게 되면 '애정을 쏟았으나 상대방이 몰라주었다'고 한탄하는 것이다. 동기야 어떻든 일단 있는 그대로 사람을 사랑하는 법을 배우면 그 사랑은 다른 사람, 다른 사물에로 확대된다. 어두운 건물 뒤로 희끗희끗 눈을 쓴 채 석양빛을 받고 있는 북악(北岳)의 아름다움이 새로 마음에 안겨온다.(……) 늘 무심히 지나치던 여자가 화장이나 옷차림에 과장이 없는, 다시 말해 낭비가 없는 여자라는 사실도 깨닫게 된다. 그리하여 사는 일이 바빠진다. 바빠짐이야말로 살맛나는 삶의 또 다른 이름인지도 모른다."

불안하고 대책없는 20대의 마지막 깔딱고개를 지날 때 이 문장들이 나를 많이 위로해주었다. 지금 생각하면 황동규 시인이 산문에다 북악 대신 인왕을 불러주셨다면 나로서는 더욱 좋았을 것이다. 하지만 나는 인왕의 아름다움을 넘치도록 섭취했으니 그건 지금으로선 그리 중요한 문제는 아니다.

며칠 전 책장 구석에서 이 시집을 오랜만에 꺼냈다. 지금에 읽자니 참 지당한 말씀이었음에도 옛 생각이 나면서 감회가 새로웠다. 내가 놓친 사람들, 나를 떠나간 얼굴들도 떠올랐다. 인생이 뭐 별건가. 철들고 난 뒤 60번 가량 추석 차례상 앞에서 엉덩이 쳐들고 절하다가도 어느 해부턴 병풍 너머로 가야 하는 것을. 그것도 6백 번이 아니라 고작 60번만인 것을. 저녁을 먹고 윷놀이를 하고 다시 술상을 소화한 뒤, 모두들 헤어졌다. 올림픽 대로에 들어서니 보름달은 오른편에 떠 있었고 멀리 남산이 왼편으로 보였다. 그 너머로는 나의 인왕산도 허전하게 있을 터였다. 오늘 밤엔 정상의 해골바위 옆에서 달맞이하는 이들이 몇몇 있으려나. 둥글고 환한 보름달을 마구 인왕산 쪽으로 굴리면서 나도 집으로 마구마구 달렸다. 2010. 9. 22

인왕산에서
다섯 시간 체류하다

　추석 연휴의 징검다리 날들을 내처 쉬기로 했다. 혼자 사무실로 나갔다. 아무도 출근하지 않아서인지 식물들도 편하게 쉬고 있었다. 벽시계가 3시를 가리키는 것을 보고 인왕산으로 향했다. 원래 계획은 저녁 무렵에 올라가서 달맞이를 하고 내려오는 것이었다. 그러나 애초 가기로 했던 두 친구가 안 오겠다고 해서 달맞이는 포기하고 미리 다녀오기로 한 것이다. 통인시장 부여상점에서 깐밤 반 되, 옥인슈퍼에서 카스 두 캔을 사고 냉장고에 있던 포도 한 송이를 배낭에 챙겼다. 그래도 혹시나 싶어 이마에 다는 플래시도 준비했다.

　오늘도 쉬는 사람들이 많아서 그런지 산으로 오르자니 휴일 기분이었다. 공기도 벙벙하고 바람도 천천히 불고 구름도 시간을 잊은 듯 제자리에 붙박혀 있었다. 좀 천천히 걸었나. 4시가 거의 다 되어 정상에 도착했다. 많은 사람들이 있었다. 모두들 편안히 앉거나 누워서 서울을, 하늘을 보면서 쉬고 있었다. 나는 해골바위 옆 탁자에 앉아 밤을 안주 삼아 맥주를 마셨다. 보초병이 지나가길래 물어보았다. "어제 달이 좋았나요?" "아, 장난 아니었죠. 추석날하고 어제가 대박이었습니다." 사례를 해야겠기에 불러서 밤을 한 움큼 주었다. 산정상에서 볼 때 모두들 조용하고 천천히 느리게 움직이는데 그중에서도 가장 빨리 변하는 것은 등산객들이었다. 사람들이 정상에 많이 있었지만 그 얼굴은 계속 바뀌고 있었다.

　한 캔을 비우고 나니 내가 오를 때 있던 사람은 나뿐이었다. 날씨가 조금 쌀랑하기는 했지만 휴일 아닌 휴일이 물어다주는 공기는 삽상하고 달콤했다. 더구나 여기는 인왕의 정상이 아닌가. 남은 캔을 따면서 오늘 인왕산 달맞이를 하기로 마음을 바꾸었다. 내일이면 달도 얼마간 이지러질테고 또 내일 저녁에는 약속이 있었다. 오늘이 아니면 인왕산 달맞이는 내년으로 미루어야 할 것 같았다. 포도도 먹고 천천히 맥주를 마시면서 메모도 몇 개 했다. 그러나 아무리 천천히 마셔도 이내 동이 났다. 해는 완전히 기울려면 아직 한 뼘 가량 남아 있었다. 그 한 뼘을 지우
려면 적어도 한 시간은 기
다려야 할 것 같았다. 시
간도 보낼 겸 정상 바로
아래의 헬기장 지나 선바
위 쪽으로 넘어갔다가 다
시 올라오기로 했다. 그쪽
길은 아주 가파르다. 그
길은 현재 성곽 복원공사 중이라 일부만 개통되어 있어 최근에는 가본 적이 없
는 등산로였다. 오랜만에 가보니 감회도 새로웠고 철구조물로 임시 계단을 만
들어놓고 있었다. 선바위가 지척이었지만 막혀 있고 인왕천 약수터로 내려가
는 입구에서 발길을 돌려 왔던 길을 되짚어 올라왔다.

　다시 정상에 오르고 한참이 지나 해가 드디어 완연히 지기 시작했다. 해는 멀
리 인천 바다에 한번 아랫도리를 담그더니 금방 그 속으로 퐁당 빠지고 말았다.
그러고도 한참 서쪽 하늘은 해가 튕겨놓은 물감으로 벌겋게 물들었다. 정상에
는 사람들이 하나둘씩 빠지더니 다시는 보충되지 않았다. 한두 사람이 오기는
했는데 그냥 정상을 힐끔 보기만 하고 머무르지도 않은 채 지나가는 과객이었
다. 그들은 달맞이에 관심이 없는 것 같았다. 나 말고 한 사람이 더 있었는데 그
도 내려가려는 눈치였다. 그때였다. 헬기장 쪽에서 야간산행이라도 하는지 열
명 가량의 무리가 떠들썩하게 올라왔다. 부장님, 과장님, 하는 말들로 보아 어
느 회사에서 단합대회라도 하는 것 같았다. 좀 시끄럽기는 했지만 반가웠다.

　이윽고 사위가 완전히 어두워졌다. 하나둘씩 불이 켜지던 시내 건물들도 이
제 모두 반짝반짝거리기 시작했다. 그때였다. 달을 찾아 두리번거리던 나의 눈
에 저 멀리 불암산과 아차산의 중간쯤에서 노란 띠가 나타났다. 그것은 이내
둥근꼴을 갖추더니 노란 달로 모양을 완성했다. 기다린 보람이 있었다. 달은
나의 기대를 저버리지 않고 둥글고 환하게 내 눈으로 들어왔다. 나의 육체가
주둥이가 길쭉한 호리병 같은 것이라면 누가 저 보름달을 따다 마개를 꼭 막아

주면 좋을텐데. 문득 배가 고팠다. 밤을 꺼내 견주어 보니 하늘의 달은 꼭 내 손에 든 알밤만 했다. 달을 먹는 기분으로 알밤을 깨물어먹었다. 세 개를 먹었다. 나는 마지막 남은 팀들이 막걸리를 마시고 사진을 찍고 하산하기를 끈질하게 기다렸다. 내가 오늘은 맨 마지막까지 인왕산에 남은 자로 기록되고 싶었던 것이다.

이제 인왕산은 완전히 깜깜해졌다. 한참을 기다리자 드디어 그들이 움직이기 시작했다. 이마에 전등을 하나씩 달고 그들이 내려간 뒤 나는 해골바위로 뛰어올라갔다. 그리고 탑돌이를 했다. 이젠 나도 내려가야 했다. 딸아이한테 걱정스런 전화가 여러 번 왔었다. 나에게도 전등이 있었고 무엇보다도 거문고 산조가 울려나오는 녹음기가 있었다. 그 노래를 들으며 가다보면 무섭증은 전혀 일어나지 않는다. 혼자서, 아니 인왕을 모시고 둘이서 달빛을 오붓하게 즐겼다. 사무실에 도착하니 식물들은 계속 조용히 그대로인데 시계는 제법 변해 있었다. 오고가는 시간을 포함해서 어림잡아 인왕산에서 다섯 시간 체류한 셈이었다. 직각이었던 침(針)들이 8시에서 5분 모자라는 시각을 가리키고 있었다. 2010. 9. 24

윤동주 시인의
언덕에서

여름 휴가와도 같은 일주일 추석 연휴를 끝내고 출근하니 인왕산 둘레의 공기도 전과 다른 것 같았다. '계절(季節)이 지나가는' 인왕산의 '하늘에는 가을로 가득 차 있'었다. 월요일이라서 석굴암에 갈까 하다가 공기도 다르니 행선지도 다르게 하자 싶어 인왕산 둘레길을 걸어 자하문터널 위에 있는 창의문 방향으로 갔다. 그곳에는 인왕산 호랑이가 보초를 서 있고, 인왕산에서 굴러내려온 돌을 모아서 조형물을 만들어놓은 청운공원이 있던 자리였다. 작년에 그 청운공원을 다시 꾸미고 '윤동주 시인의 언덕'으로 새로 개장했다고 했다는 소식을 들은 바 있었다. 그러나 그동안 가보지는 못했었다.

  얼마 전 궁리와 이웃하고 있는 '프레시안'의 대표와 점심을 먹는 자리에서였다. 그때 그분이 대뜸 "인왕산 자락하고 윤동주 시인하고 어떤 관계인가요?" 하고 물었었다. 나는 그냥 그러려니 했는데 역시 기자들은 다르구나, 하는 생각을 가졌더랬다. 물론 인왕산을 잘 안다고 감히 혼자 자부하는 나로서는 약간 자존심의 상처를 입은 자리이기도 했다.

  어쨌든 그 연유도 알아보고도 싶었다. 윤동주(1917~1945) 시인의 언덕은 체육시설을 지나 팔각 정자를 지나 야트막한 동산에 꾸며져 있었다. 잔디가 잘 조성되어 있었고 나무 계단과 나무 울타리마다에는 시인의 시 구절들이 빼곡이 새겨져 있었다. 풍성한 말의 성찬이었다. 그리고 큰 바위의 시비에는 〈서시〉가 새겨져 있었다. 규모가 그리 크지는 않았지만 성곽을 끼고 전망대에 서보니 북한산과 인왕산이 눈썹을 긁을듯 가깝게 다가왔다. 언덕은 작았지만 전망은 넓고 웅장했다.

  입구의 안내판에는 시인의 언덕을 이렇게 소개하고 있었다. "종로구는 2009년 7월 11일 윤동주 시인의 문학정신을 기리기 위하여 인왕산 자락 청운공원에 '시인의 언덕'을 조성하고 시비를 건립하였다. 윤동주 시인은 연희전문학교 시절, 누상동에 있던 소설가 김송의 집에 하숙하면서 〈서시〉, 〈별 헤는 밤〉

등 대표작을 쓴 것으로 알려져 있다. 당시 윤 시인은 인사동과 광화문, 인왕산 자락을 거닐며 시상을 구상했던 것으로 보인다."

　시인의 대표작인 〈별 헤는 밤〉에 이런 구절이 있다. "나는 무엇인지 그리워 / 이 많은 별빛이 내린 언덕 위에 / 내 이름자를 써 보고, / 흙으로 덮어 버리었습니다." 나는 그 언덕이 인왕산 자락에 있는 지금의 이 언덕일 것이라고 주장할 생각은 전혀 없다. 다만 윤동주 시인이 누상동의 하숙집에서 나와 인왕산 자락을 거닐었다면 오늘 내가 지나온 길로 경유했을 가능성은 아주 클 것이다. 문득 윤동주 시인의 시에 등장하는 하늘, 별, 구름, 바람, 길, 잎새 등의 소재가 인왕산과 전혀 무관치 않으리라는 생각이 들면서 예사롭지 않은 감정을 느꼈다. 돌아가는 한 걸음 한 걸음은 그 어느 때보다 심사와 숙고의 걸음들이었다. 한참이나 늦은 시간, 70여 년의 시차를 두고 대시인의 뒤를 따라 걸으면서 '나한테 주어진 길'에 대해서도 생각해보았다. 2010. 9. 27

모든 게 그대로인데
나만 사흘을 더 늙었네

"어둠은 새를 낳고, 돌을 / 낳고. 꽃을 낳는다. / 아침이면, / 어둠은 온갖 물상을 돌려 주지만 / 스스로는 땅 위에 굴복한다. / 무거운 어깨를 털고 / 물상들은 몸을 움직이어 / 노동의 시간을 즐기고 있다. / 즐거운 지상의 잔치에 / 금으로 타는 태양의 즐거운 울림. / 아침이면. / 세상은 개벽을 한다." 고등학교 교과서에서 배운 박남수 시인의 〈아침 이미지〉라는 시이다. 나흘 전, 인왕산에서 다섯 시간을 체류하고 내려올 때의 생각이 나서 점심 무렵에 그 길을 되짚어 올라가보았다. 깜깜하고 컴컴했던 어제의 어둠이 오늘 아침에 인왕을 새로 낳더니 벌써 반나절이 지난 시간이었다.

   나흘 전, 그날 나는 인왕산 정상에서 세상이 오후를 지나 저녁을 지나 어둠 속으로 잠기는 것을 자세히 관찰하였다. 하늘의 구름이 어디에서, 어떻게, 어

디로 소멸해 가는지도 볼 수 있었다. 자동차처럼 어디 멀리로 굴러가는 구름도 있었지만 있는 곳에서 스러지면서 생을 마감하는 구름도 있다는 것을 비로소 알았다. 세상의 밤이 새, 돌, 꽃을 하나로 집어삼키는 어둠을 잉태하고 있는 것도 보았다. 그리고 또 보았다. 멀리서부터 어둠의 배가 점점 불룩해지고 있는 것을. 그 속으로 많은 것들이 자꾸 들어가기 시작하는 것을. 아주 깜깜해져서 내려올 때 나는 관(棺)처럼 보이는 것에 깜짝 놀라기도 했었다. 거문고 산조 가락에 마음을 실어두지 않았더라면 무서운 생각에 혼이 빠질 법도 했던 순간이었다.

    오늘 밝은 한낮에 그곳을 되짚어가다보니 관은 평상처럼 생긴 작고 좁은 벤치였다. 헛웃음이 나왔다. 아직도 나는 내 마음의 완전한 주인이 아니었음을 깨달아야 했다. 드문드문 등산객 몇몇이 보이고 온갖 물상들은 조용히 제자리를 지키고 앉아 있었다. 모든 게 그대로인데 나만 사흘을 더 늙었네, 생각하면서 해골바위 쪽을 향해 계속 올라갔다. 2010. 9. 29

세상의
모든 퇴근

오후 6시. 세상의 모든 곳에 저녁이 왔다. 라디오에서 울리는 〈세상의 모든 음악〉 시그널 음악을 들으면서 궁리 식구들은 퇴근 준비를 한다. 종로구 통인동 우남빌딩 2층 사무실에 불이 꺼지고 모두들 퇴근하는데 인왕산 자락의 다른 이들은 어떻게 퇴근할까. 문득 궁금한 생각이 들었다. 요즘은 해가 많이 짧아졌다. 6시만 되어도 벌써 어둑어둑해진다. 궁리 사무실 출입문 벽에 붙은 모나리자 아지매한테 꾸벅, 인사하고 문을 닫고 나서면 찬 기운이 이마를 친다. 인왕산의 하늘에도 불이 꺼지고 인왕은 어둠 속에 잠긴다.

나는 배낭을 매고 허위허위 걸어간다. 이상하다. 자꾸 인왕산 쪽을 자꾸 돌아보게 된다. 큰길로 나가기까지 서너 번은 꼭 뒤돌아본다. 이 시간 통인시장으로 가면 하루를 마감하는 손길들로 분주하다. 나처럼 퇴근하는 길에 찬거리를 사는 주부들도 몇몇 눈에 띈다. 대체적으로 시장은 한산하다. '전주중앙반찬가게' 주인 부부는 시장 바닥에 앉아서 무, 배추를 다듬고 있다. 내일 팔 김치를 담그는 모양이다. '손맛김밥' 아주머니는 오이를 길게 썰고 있다. 손님들은 다 퇴근했는데 이분들은 야근하면서 내일을 준비하느라 야단이다.

오늘 나는 일부러 더덕 가게에 들렀다. 할머니의 퇴근을 확인하고 싶었던 것이다. 할머니도 준비를 마치셨는가 보다. 아주 오랜만에 할머니가 서 있는 모습을 본다. 할머니는 마지막 남은 두 봉지의 더덕을 떨이로 팔고 있었다. 가격은 그대로인데 봉지가 평소보다 조금 더 불룩해 보였다. 파라솔도 걷고, 돈통도 챙기셨다. 쓰레기 봉투에 꼭꼭 다져 넣은 더덕 껍질은 우체통 옆에 세워두었다. 두 봉다리가 꽉 찬 걸로 보아서 오늘도 재미가 쏠쏠했던 것 같다. 하늘의 신호등에는 이미 불이 났다. 가로등 불빛이 환하다. 자동차들도 모두 라이트를 켰다. 할머니의 더덕 한 봉지는 내가 샀다. 나머지 남은 한 봉지도 주인을 찾아갈 것이다. 이제 곧 할머니는 모자를 벗으실 것이다. 그리고 퇴근을 하실 것이다. 나도 이제 진짜로 퇴근한다. 2010. 9. 30